陈信凌◎总主编

“十三五”新闻传播学类研究生教材

GAOJI XINWEN CAIBIAN SHIWU

高级
新闻采编实务

王卫明　主编

合肥工业大学出版社

目　录

第一章　新闻采编基础理论

第一节 新闻采编的底线与责任

当下,正是传媒格局激烈变动之际,也是中国社会转型的关键时期,传媒(尤其是传统媒体)面对前所未有的挑战与机遇、压力与诱惑,一些传媒人因此迷茫、焦虑、妄动。

在这种情势下,传媒人只要不断追求卓越并成为卓越传媒人,就无须为前途担忧。卓越,并不只是业务水平的卓越,还包括道德水准的卓越,这就要求传媒人:守住底线,担当责任,创造价值。

守住什么底线?

一是法律底线。新闻敲诈、受贿、侵犯名誉权、侵犯著作权、泄露国家机密等,都是在法律底线之下的不当行为,传媒人不得为之,否则恐有牢狱之灾。从法律层面讲,传媒人守住底线,就是守住平安,底线就是安全线。

二是道德伦理底线。收受红包和重礼,都是有悖于新闻职业道德的。在灾难新闻的报道过程中,"生命至上、勿扰悲痛"是其基本伦理。有传媒人曾言:"在至高无上的生命权面前,空谈任何新闻自由都没有意义。这就是底线。"不对未成年人、性侵案件受害人、病人、贫民等特殊人群造成"二次伤害",不过度采访,也是新闻报道的伦理底线。

三是职业底线。确保真实、恪守中立、公正报道,是新闻职业对传媒人的底线要求。新闻造假,就在传媒职业底线之下,因为真实是新闻的生命。从专业层面讲,传媒人守住底线,就是守住本分。

担当什么责任?

监测环境、传承文化、协调社会、提供娱乐,是大众传媒的四大功能,也是传媒人价值实现、责任担当的四个方向。事实上,不同的传媒,不同的版面、栏目,各有其不同的责任,但传媒人有一个普遍的社会责任:促进社会进步,增进人类福祉,让世界变得更加美好。这种责任,要求传媒人必须坚持底线,不断追求卓越,努力创造价值。

创造什么价值?

对传媒人来说,光是坚持底线是远远不够的。坚持底线,仅仅是获得在传媒行业立足的资格。能否立得稳,还要看其为本单位、为受众、为社会创造了多大的价值。这里所言的"价值",当然不单指经济价值,有时既包括经济价值又包括公益价值,有时则单指公益价值。创造价值的过程,其实就是满足需求、挖掘需求、引领需求、创造需求的过程。

底线之下,危机重重。底线之上,尽情卓越。创造价值,底线须守。

担当责任,既需智慧,又需勇气。欲求卓越,必思创新,善立潮头。

第二节　新闻报道的动向与趋势

一年一度的全国两会也是各媒体争奇斗艳的竞技平台。2016 年两会的中外媒体记者数量逾 5000 人,面对媒介新格局下的传播环境变革,诸多记者均使出看家本领满足受众需求,争夺受众目光。

一、智能新装备,开启新模式

2016 年两会伊始,各路记者纷纷扛着新式报道装备进京。会场内外不乏各种神器"撞脸",VR 头盔、360 全景相机、手持云台手机稳定器、机器人等层出不穷的新事物让受众大饱眼福。

VR 头盔是虚拟现实头盔中的一款,利用头盔显示器使人对外界的视觉、听觉封闭,引导用户产生一种身在虚拟环境中的感觉。[1] 目前国内外的众多厂商如 upano、三星、Google、索尼、diy-streetview、tache 等都看好 VR 智能设备的广阔市场,不断加大投入。两会期间,此设备一经现身便引来众人围观,头戴 VR 头盔(如图 1 -1)的记者亦成为新闻主角,被争相报道。

360 全景相机是用于拍摄全景照片的专业相机,可以 360 度无死角记录现场的每个细节。360 全景相机形状各异(如图 1 -2),有的全景相机好比一块平板电池,如 inst 360 全景相机——全球首个 360 度全景相机,因其结构简洁大方、性价比高受到央视、新华社、《人民日报》等媒体的青睐;有的全景相机长相酷似魔方,如

GoPro 360 度全景摄像机因其主打运动属性，在动态拍摄中表现尚佳而被中新网、光明网等媒体启用。

图 1 －1　头戴 VR 头盔的记者

图 1 －2　手持 360 全景相机的记者

手持云台手机稳定器是专为智能手机设计的高精度三轴云台，用以规避进行运动拍摄时画面的抖动和摇晃。此外，该设备精巧的结构设计，一改以往记者长枪短炮的艰苦形象，为优雅的“单手模式”提供了便利。2016 年两会上，在航拍无人机市场占有霸主地位的大疆公司推出的手持云台（如图 1 －3）备受多路媒体喜爱。

此外，智能机器人“度秘”（如图 1 －4）也在此次两会上赚足了眼球。此款机器人由新华社客户端联合百度共同推出，以贴心小秘书的身份出现，通过人机对话的形式，对两会进行权威形象解读。

图 1-3　拿手持云台的记者

图 1-4　智能机器人“度秘”

智能新装备的应用,对传统的新闻传播模式具有较大的颠覆。传统的新闻体验有赖于记者的专业素养与个人视角,而 VR 传媒时代,带路者角色才是记者的适配,受众视角将得以解放,受众将成为记者身后的记者,既可以看到他所安排的内容,也可以发掘他未注意的细节,使得会场视角更直观全面。比如在会场上,既可关注主席台上各位代表的神情,亦可一窥场内代表们听报告时的情形,诸如“哪位代表打瞌睡”“哪位代表玩手机”“哪位代表早退”此类细节可能更易引发受众兴趣。这是对传统平面媒体或视频传播方式的极大突破。

二、应用新技术,生产新文本

此次两会,《人民日报》、新华社、CCTV、光明网、《法制晚报》、腾讯、网易、新浪等多家媒体,争相采用 VR 全景技术对两会进行报道。

VR 技术和 VR 视频。VR 是 Virtual Reality 的缩写,也称虚拟现实技术。虚拟现实技术综合了计算机图形技术、计算机仿真技术、传感器技术、显示技术等多种科学技术，在多维信息空间上创建一个虚拟信息环境，能使用户具有身临其境的沉浸感[2]。VR 技术被应用到新闻领域，对还原新闻现场具有极大的益处。该技术通过调动用户全身的感知功能，使其有置身其中的立体空间体验，为观众提供了一种前所未有的沉浸式和体验式的新闻获取方式。此外，在内容的展现方式上，既可以利用视频平台如优酷、乐视视频 APP、爱奇艺等，也可使用自己的媒体平台，或通过制作 H5 页面供受众观赏与分享。

VR 视频可以为观众展示 360 度的全景镜头，其最大特点就是使观众感觉身在其中。VR 视频在电影中早有应用，此次两会 VR 视频新闻的出炉与几何级传播，使 VR 视频大范围地走入了受众。网友点击鼠标，或是在手机屏幕上用手指滑动，就可以拉近发布会的任意视角。3 月 1 日政协发布会刚结束，《光明日报》融媒体作品《政协新闻发布会 VR 实况》就已通过微信、微博传开了。不到 1 小时，就有了 12 万次浏览量[3]。此外，新华网 2016 全国两会特别专题中专门开设“VR 视角”，对其重视程度可见一斑。

全景技术和全景图像。全景也称为全景摄影或虚拟实景，是基于静态图像的虚拟现实技术[4]。全景技术优势众多：一是可对真实场景三维展现；二是有一定的交互性，用户可以通过鼠标选择自己的视角，任意放大和缩小，如亲临现场般环视、俯瞰和仰视；三是播放方便，一个小小的 java 程序，自动下载后就可以在网上观看全景照片；四是全景图片生成文件较小，既利于网络传输，又节省用户流量。

全景图像是把相机环 360 度拍摄的一组照片进行拼接，用一个专用的播放软件在互联网上显示，让使用者能用鼠标控制环视的方向，可左可右、可近可远观看物体或场景。2016 年两会各媒体使用的全景相机，具备即拍即传功能，无须后期即可合成 360 度无死角的全景影像。

三、新闻报道趋势及相关建议

（一）趋势：日益智能化

全景相机、VR 头盔、云台手机稳定器等新式报道装备在 2016 年两会的闪亮登场，昭示了新闻报道的大趋势——日益智能化。

此次两会上，VR 技术及全景技术的应用使得拍摄内容更加生动有趣，极大地增强了观众的进入感与互动性。随着 VR 硬件设施的不断更迭及相关配套产品的完善，VR 视频会成为未来的常见报道文本。VR 技术在新闻领域的应用必然会催生出满足受众更高需求的内容形式。

但当下该技术存在明显制约，如视频画质普遍较差、使用过程易晕眩等问题有待解决。此外，内容的缺乏使 VR 技术陷入了宣传噱头的尴尬境地。因此，业内人士预言,VR 视频要进入消费市场,还有很长一段路要走。

(二)建议:及时跟进

媒介新格局下的受众具备更加强烈的主体意识,伴随新的媒体运作模式的产生,受众在整个传播过程中更加注重自身体验。在报道日益智能化的趋势潮流面前,有远见的媒体应当紧跟热潮采购相关设备,丰富自身的报道形式,满足受众不断提高的需求。各高校相关专业亦需接轨现实热点,采用此类设备,学习现下媒体报道新技术。

2016 年 2 月 19 日,习近平总书记在新闻舆论工作座谈会讲话中强调,要尊重新闻传播规律,构建舆论引导新格局,创新方法手段。[5] 此次两会上新装备、新技术、新文本的涌现,正是从理念到内容、从体裁到形式、从方法到手段的一次有益尝试。

(三)可行性:不难实施

新装备价位适中。目前国内外有包括乐相、索尼、HTC、三星等近 20 个 VR 头盔生产厂家。从价格方面来说,从百元到数千元不等(如图 1-5)。

VR头盔							
国内	厂商	产品	价格（官网）	国外	厂商	产品	价格（元）
	乐相科技	大朋DeePoonE2	1799		Facebook	Oculus Rift	6889
	虚拟现实科技有限公司	3Glasses	2199		SONY	SonyPlayStation VR	3886
	虚拟现实科技有限公司	蓝铂Blubur	1000		HTC&Valve	HTC Vive	7200
	蚁视ANTVR	蚁视头盔	1499		Razer	OSVR	2888
	掌网科技股份有限公司	VRSHINECON	168		Starbreeze&infintEye	Star VR	尚未发布
	掌网科技股份有限公司	星轮ViuLuxV1	1499		FOVE	FOVE	2590
	北京维拓信息科技有限公司	蜂镜K1	1598		Aveganl	Gtyph	4999
					创新科技	BtasterXVR	3900
					VisesVR	VISUS	967
					Gamefacelabs	GameFace	尚未发布
					Samsung	Gear VR	645

图 1-5 国内外 VR 头盔生产商及产品与价格

此外,为其提供内容供给的专业级 360 全景相机,如此次两会上获媒体青睐的 inst 360 全景相机、GoPro 360 全景相机价格在数千元到万元不等。这些对于众媒体来说在其可承受范围之内。

全国人大代表、泰豪集团董事长黄代放预言"VR 产业在未来 5 年会有爆发性增长"[6]。随着像三星、Google、索尼等全球各大科技公司对消费级全景相机和 VR 硬件设备的不断投入,其性价比将不断上升。

新技术简单易学，例如，360 全景相机用法与普通相机无较大差异，但机身设计更为简洁，按钮更加清晰，既可手持灵活拍摄，又可固定于三脚架进行长时稳定拍摄。此外，多款全景相机具备实时自动拼接技术，形成 360 度无死角的全景影像，可避免后期处理的烦琐工作。

参考资料：

[1]《当虚拟照进现实　Three Glass 虚拟现实头盔体验评测》，http://mo.techweb.com.cn/phone/2015-01-09/2114312.shtml，2015-01-09/2016-03-13。

[2]张玉森：《基于虚拟现实技术的多维信息空间探析》，《网络与信息》2010 年第 10 期。

[3]李平沙，刘冰雅：《光明日报两会报道引燃融媒体“三把火”》，《光明日报》2016 年 3 月 3 日。

[4]王卫仪：《基于静态图像的互动虚拟全景技术及其应用》，《电脑知识与技术》2006 年第 1 期。

[5]新华社：《习近平：坚持正确方向创新方法手段提高新闻舆论传播力引导力》，新华网：http://news.xinhuanet.com/politics/201602/19/c_1118102543.htm，2016-02-19/2016-03-13。

[6]《当“两会”与“VR”相遇　看江西 VR 产业前景》，江西网络广播电视台：http://m.jxntv.cn/pcvideo/7734485，2015-03-13。

第三节　手机媒体的决胜策略

手机报、新闻客户端、微信公众号等媒介形态，都以手机为传播平台，可谓典型的手机媒体。当下，人们接触信息的渠道越来越向手机媒体集中。中国互联网络信息中心发布的《第 36 次中国互联网络发展状况统计报告》显示：截至 2015 年 6 月，我国手机网民规模达 5.94 亿，较 2014 年 12 月增加 3679 万人，网民中使用手机上网的人群占比由 2014 年 12 月的 85.8% 提升至 88.9%。随着手机终端的大屏化和手机应用体验的不断提升,手机作为网民主要上网终端的趋势进一步明显。[1]

手机媒体难以尽数,如何在空前激烈的媒介竞争中获胜,是许多媒体人需要思考的命题。设置悬念,就是手机媒体决胜媒介市场的一条路径。

图1-6 央视新闻
微信公众号界面

图1-7 今日头条
手机客户端界面

图1-8 《江门日报》
微信公众号界面

一、手机媒体新闻传播,特别需要设置悬念

新闻传播设置悬念是媒体惯用的写作手法。尤其是新媒体时代,媒体人如果能够针对新闻素材有效进行悬念设置,将对信息传播有良好的促进作用。

(1)手机媒体首页的版面语言有限,悬念设置可以弥补这种不足。手机媒体是网络媒体的延伸,但手机媒体的新闻传播不同于PC端的网络媒体:标题几乎没有字体、字号、颜色的变化,难以像PC端网络媒体那样突出重点。手机媒体的新闻传播,也不同于报纸等纸质媒体:由于屏幕面积有限,版面语言受限,信息往往首先以"标题+图片"形式由上至下逐条滚动出现,受众刚开始是看不到正文的。因此在最开始进入受众眼球的时候得足够精彩才能够让受众花流量花精力点击阅读。

(2)在媒介过剩的环境中,善用悬念是快捷有效的导流方式。众所周知,媒介格局发生变化,各大传媒集团制作和运营手机报、客户端、微信公众号等手机媒体,这也客观上造成媒介过剩的情况。然而受众接收信息的过程是消费文化的过程,选择是消费文化进行的前提,受众的主动性增强。李普曼在《舆论学》中提出"拟态环境"的概念,认为人们所感知的世界是媒介传播中的世界,并非完全等于真实世界。受众第一眼接触信息,就会瞬间做出思考,判断自身是否进入该传播语境中。设置悬念正是媒体有效引导受众进入相关语境的路径。中共江西省委网信办官方微信号"江西发布"联合大江大数据研究中心,监测从9月6日至9月12日的江西省160多个媒体的微信公众号,统计得出一周传播力及互动影响力第一名是《江南都市报》,文章最大阅读数有7万多,而倒数第一的公众号文章最大阅读数仅为35。对比悬殊,关键问题出在信息内容上。受众对媒体信息具有绝对的选择权,手机媒体要想增强受众黏性比传统媒体更具挑战性。

图1-9　凤凰新闻客户端界面

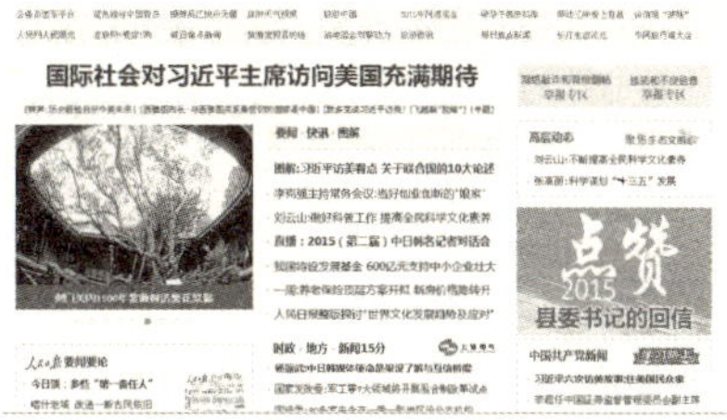

图1-10　人民网网页版界面

图1-11　江西手机报界面

(3)受众对手机媒体的阅读是一种碎片化、快餐式的文化消费,悬念可以瞬间抓住受众眼球。手机的最大技术优势就是便于碎片化阅读。在信息爆炸的新媒体时代,手机传播的信息对受众来说是一种快餐文化,通过快速消费信息来满足自身需求。在碎片化、快餐式的文化消费中,受众阅读信息的习惯呈现感性化选择特点。感性化选择,是指受众对快餐文化的选择更加感性化,容易被某些关键词或较为敏感的事件吸引。在碎片化、快餐式的阅读中,受众往往在一秒之内便会决定是否点开某条信息(不妨称之为"一秒定律"),对悬念答案的追寻恰好可以引导受众点击。因此,在碎片化阅读方式占领手机用户时,手机媒体做好导流"入口"异常重要。

(4)悬念设置,可以满足受众阅读信息时的探奇心理。新媒体时代受众周围每天充斥着各种各样的信息,面对指数爆炸型的信息量、同质化的信息与快节奏的生活,更多的读者往往只会对那些与自己相关、自己感兴趣的网络信息进行关注浏览。手机媒体由于硬件条件限制,信息都是逐条呈现,受众最先根据标题来决定自己是否点击阅读,人们本身的窥探心理以及好奇心会促使其进入文章阅读,进入文章界面后又再次根据具体内容来决定是否读完。那么如何勾起读者阅读的馋虫?最有效的方法之一便是在新闻报道的相应位置进行悬念设置。近三年来,各类明星真人秀节目相当流行并非没有原因,受众对于明星的探奇心理对真人秀节目具有重要的推动作用。例如《爸爸去哪儿》《极限挑战》《偶像来了》等节目，在播放前期的宣传很卖力，尤其是擅长在手机媒体新闻报道中“透漏”些许花絮，激起受众的观看欲望。

(5)手机媒体的受众黏性天生不足，而悬念设置可吸引受众增强黏性。将近九成的网民是手机网民，超过八成的手机网民上网会浏览新闻。手机媒体让受众接触信息的渠道更加简便化、多元化、成本低廉化，这也让受众对于某个手机媒体的忠诚度降低，因此才涌现出众多的“僵尸粉”，对手机媒体“订而不阅”。精通微信运营的人就知晓，判断一个公众号是否具有生命力并非看它总体粉丝数有多少，而是看它近三个月涨粉多少。手机媒体如何尽可能增强受众黏性，需要在新闻报道战略上做出反应。

二、什么内容适合手机媒体设置悬念

媒体人在第一时间接触到信息的时候，心中需要有杆秤，能够掂量出什么信息内容适合设置悬念，从而达到较好的传播效果。

(1)有悬念的图片。手机媒体中无论是手机报、新闻客户端还是微信公众号，首页内容都是“图片+标题”格式。图片配发得好，具有良好的吸睛效果，能够引发读者兴趣。通常情况下，编辑记者选择代表性图片为文章配图，图片感染力强，但图片本身并不能完全展现事物原貌，反而更富有神秘色彩。受众因为图片的感染力，进一步点击阅读，一探究竟。

图 1－12 《人民日报》
手机客户端界面

图 1－13 《温州都市报》
微信公众号界面

（2）新奇有趣的文字内容。如 2015 年 9 月 18 日《人民日报》客户端的报道《被指“汉奸”　周杰伦索赔六十万》，周杰伦被指汉奸，看到这样的新闻标题不免让人吃惊与好奇，读者会想要了解其中究竟发生什么事，当事人反应如何。这些通常令人难以想象的内容，进行悬念设置再好不过，然后再一步步解开谜团，并起到以正视听的作用。2015 年 9 月 21 日，《凤凰新闻》客户端的一篇报道《中国人民大学教授发公开信息与弟子断绝师生关系》，同样非常具有悬念性的报道内容，读者纷纷思揣内情，然后点击阅读解决疑惑。

（3）惊险的情节片段。如 2015 年 9 月 18 日江西手机报客户端文章《南昌一盗贼藏身茶叶店内，为拘捕持刀砍伤巡防员》，正是通过描写了民警与盗贼交锋的场面，以一步步细致的情节描写引起读者对事件的关注。犹如电影中为了突出紧张氛围，镜头在不同主体之间迅速来回转换，报道中的对文本进行悬念设置有着异曲同工的效果。2015 年 11 月 25 日，《江南都市报》微信公众号文章《交警封路，特警连开 16 枪　江西高速路上惊险一幕》讲述了 24 日在高速路上，一头性格凶猛暴躁的西藏牦牛在快车道行走，阻碍车辆通行，甚至对前来驱赶的民警发起攻击的事实情节。

（4）不合常理的新闻事实。常言道“人死不能复生”，但是如果现实生活中有人可能“起死回生”，必定令人唏嘘不已，这种事实与认识的极大不符本身就能带给读者很多悬念。2015 年 9 月 17 日，江西手机报的报道《中国首例！重庆著名女作家冷冻遗体等待 50 年后起死回生》，报道内容本身具有超强的反常性，给读者颠覆三观的感受，同时能够传播新的知识，是很好的悬念设置题材。

（5）紧扣新闻热点的关键信息。2015 年 9 月 10 日教师节前后，许多媒体纷纷以教师节为题材传播信息。《人民日报》微信公众号的报道《最好的教师节礼物！中小学教师职称改革有了时间表》，设置悬念“何时才会改革中小学教师职称”，取得了 1000000+的阅读量，1593 个点赞数。无独有偶，《温州都市报》教师节当天的微信文章《老师究竟想要什么礼？知道真相的家长沉默了……》阅读量超过 70000，获 670 个点赞，上千网友参与互动评论，这种传播效果与悬念“什么礼”的设置有很大的关系。

三、手机媒体的新闻传播如何设置悬念

新媒体时代的信息通过手机媒体传递，不仅对信息传递的质量提出很高要求，对制造悬念、引导读者、收获效果的套路运用更是炉火纯青。如何进行有效的悬念设置，成为越来越多手机媒体新闻工作者的共同着力点。

（一）在标题部分设置悬念

人们习惯快速阅读以及碎片化阅读情况下，好的标题能为报道吸引至少一半的读者，能让读者对报道产生“第一兴趣”。在标题上面设置悬念，具有先声夺人的效果，从而使受众对此信息“一见钟情”。标题进行悬念设置有不同方法：

（1）提问法——通过提出疑问来吸引读者思考以及产生阅读兴趣。如2015年9月21日澎湃新闻微信公众号报道《传媒大亨默多克开微博关注了谁?》和之前的微信公众号文章《13个月被习主席检阅两次，这个方队什么来头》、2015年11月26日《人民日报》客户端文章《怎样的同学会会被视作为违规组织？中纪委这样回应》以及《“超级推销员”李克强如何推介中国高铁?》、江西手机报文章《南昌要调整公交票价　公交地铁能否免费衔接换乘》等，这些文章采用疑问或者设问的方式拟定标题，激发受众疑问，促使受众带着好奇阅读，获取答案。疑问法通常构成悬念，并且引发思考，是手机媒体新闻传播吸引受众眼球、引起受众关心和关注以及隐性表达想法的重要手段之一。

（2）情境带入法——通过一个情景的描述将读者带入情境，激起阅读欲望。如《已婚男闲得无聊，微信摇到“美女护士”，结果……》《温州一住宅楼突发大火，两住户从4楼跳下……》，文章标题牵引着读者进入信息情境当中，并让读者迫切想要了解后文。2015年11月21日，《温州都市报》微信号文章《男子周旋于6个情人之间，姑娘们为他生儿育女！其中两个情人意外相遇了……》，新闻故事由此拉开序幕。情景带入法，笔者认为更多的是在标题中通过情境描写、故事速写，将受众注意力集中起来，情绪由此也铺垫了。好的情境带入式标题，要求编辑记者熟悉文章内容的情况下在标题中讲出故事。

（3）归纳总结法——将文章内容进行条理清晰的总结归纳，并在标题中突出归纳结果。如2015年9月17日《人民日报》客户端报道《不靠谱，强加给中国的五谬论》，某微信公众号的《关于中美关系，习近平的十个判断》《手机总没电？这三招让你的手机续航更长久》等。如同晒干的茶叶，等待开水泡开才知其香茗。归纳总结是思考的结晶，受众点击阅读，才能知晓里面的奥秘。《人民日报》微信公众号的文章《千万小心！15个最新大骗局，有人倾家荡产》，标题概括出了“最新”“15”个骗局，读者一看，不由得想要点击进入一解疑惑。兵法中“三十六计”的总结，历代研习兵法之人必然会深入了解，一一记住。因此，归纳总结法对于标题的悬念设置是一大法宝。

（4）突出亮点法——针对报道内容的亮点即吸睛点放在突出的标题位置，让受众一下直接接触最亮点、最关心、最在意的信息。例如2015年9月17日江西手机报的一篇报道《南昌地铁1号线6站点更名》，此时更名是信息的亮点，因为受众会想要了解和自己出行密切相关的站点名改成什么了。2015年9月18日《温州都市报》微信号的文章《3岁女童手指被螺帽卡住，仅用一条棉线就将螺帽取下》，这篇文章标题显示的亮点就在于小小棉线解除了燃眉之急，引起读者好奇与学习的欲望。标题中的亮点信息具有画龙点睛的作用，是标题中活生生的信息，富有生命力，富有感染力。

(5)巧用修辞法——利用比喻、拟人、对比、借代甚至夸张等修辞手法来吸引受众注意。2015年9月21日，《凤凰新闻》客户端的报道《习近平访美前夕，中国民众收三个"红包"》，将利国利民的三个政策红利比作"红包"，令受众眼前一亮。这种方法能够很好引起受众积极思考，产生兴趣。2015年11月26日，《人民日报》微信公众号文章《冬天，原来洗羽绒服可以这么简单！比洗衣店还好！》这个标题采用了两次比喻。第一是拿普通家庭洗衣与洗衣店洗衣对比，第二是事实洗衣的"简单"与人们想象冬天洗羽绒服的"困难"对比，形成强烈反差，直击受众内心。

(6)借用代词法——利用代词来对标题设置悬念引发受众探知兴趣。"这""他""他们"具有一定的指向性，但又不完全点明对象，是手机媒体新闻传播中常用的标题设置悬念时使用的代词。例如，2015年9月20日《人民日报》客户端的报道《谢谢！请帮这284名孩子回家》用了代词"这"，倡导大众关注"这些"孩子，受众接触到这样的信息，就会产生了解的欲望，从而更好地实现媒体传播目的。2015年11月26日江西手机报文章《江西这5个县市区上榜全国五百强，你服吗?》文中的"这5个"，到底是哪5个呢？很好地引导读者自己去文中寻求答案。

2015年9月21日，《人民日报》微信公众号上的一篇文章，标题中也用了代词，标题为《好消息！今天起，这几家银行网上转账免费了!》。另一篇《军医教授总结的8句抗衰老箴言，这样吃"永远35岁"》，这个标题设置悬念就采用了归纳总结法("8句")、突出亮点法("抗衰老""永远35岁")、借用代词法("这样")。一个个方法直击受众内心，点击阅读便是水到渠成了。

(7)适用程度副词法——适当利用程度副词来强调信息对人的诱惑性或利弊性，从而引起读者阅读兴趣。如《江南都市报》微信公众号在2015年10月20日推送的两篇文章《这时候的江西，绝对会让你受不了》《一条微信告诉你如何在车展上买到心仪的车！不看绝对吃亏……》，同时采用"绝对"这样的程度副词，突出了信息对读者的利弊性大小。与此同时，在制作新闻标题的时候，手机媒体编辑记者还可以使用的副词有：保管、超级、百分之多少、尤其、最、万万没、从来没、非常等。

（8）欲擒故纵法——希望受众点击阅读但在文本上却让受众别读，反而更加激发读者点击欲望。类似于“好心提醒式”——“前方高能，请绕路走！”受众一看这样的提醒难免内心痒痒，阅读欲望就这么被勾出来了。

在新闻传播实践中，对标题设置悬念是吸引受众深入阅读的第一步，也是关键一步，然而并非所有媒体都擅长在一系列新闻事实中找到合适内容进行悬念设置。例如某微信公众号的一篇报道，标题为《军训也出新花样了，各种好玩的军训方式，你知道哪些?》。文章内容展现了学生军训时候的图片，其中一张图片显示学生们踢正步姿势——脚尖上放着自己手机。军训利用这种方法来调整学生的姿势，当然新奇好玩，但是标题并没有突出亮点，阅读量也仅一百上下。这篇报道看似用了设问法，但问题的本身缺乏亮点，难以让人产生点击的欲望。因此，在编辑时可以将标题改为《用脚“踢”手机？他们还真舍得！》。

（二）在开头段落设置悬念

文学中提到作文时，往往要求“凤头、猪肚、豹尾”。其中“凤头”就是指文章开头部分需要足够精彩，足够吸引人。通常在报道开头段落展现报道亮点信息、关键信息，从而引起受众读者注意，就是牵引读者受众参与信息空间，赢得受众的关注、思考，甚至互动交流。开头段落的悬念设置有以下几种方法：

（1）设问法——这种写法通常针对现实问题的消息，先提出一个或多个问题，再交代有关事实。例如2011年《江南都市报》的报道《文化遗产日全省各地看“非遗”》的导语：“你见过在蛋壳上作画，用头发绣画吗？11日，我国第六个‘文化遗产日’到来之际，22项‘赣字号’绝活将同时在南昌洪客隆商场亮相。不仅如此，市民还可将喜爱的手工艺品买回家。”问题一出，亮点也出，悬念随之而来，受众的兴趣也带动起来。

（2）先声夺人法——将人物的话语作为文章开场，把受众注意力由声音转移到发声人物上，具有一定的悬念效果。这好比《红楼梦》中王熙凤的出场：“我来迟了，不曾迎接远客”，未见其人，先闻其声，引得黛玉好奇万分。手机媒体的新闻传播内容也是如此，在开头段使用直接引语，增强悬念以及对受众的吸引力。需要注意，手机媒体新闻传播的载体主要还是文字，但是文字不同于在影视当中可以靠音色、音调、声调、说话人特点来彰显表现力，因此，在文章开头段使用直接引语的时候，需要选取本身富有特点的话语才更能实现先声夺人的效果。

（3）倒金字塔法——新闻报道的倒金字塔结构有着在导语设置悬念的意味。将最吸引人的亮点或最关键的结果摆在开头，再引导受众慢慢阅读，找寻自己想要深入了解的信息。如《人民日报》客户端在“九一八”纪念 84 周年之际推出报道《九一八,追寻抗日义勇军》,开头直接写在外孙女眼中的抗日英雄姜厚本变卖家产安顿家人后没再回家。这样的情节凝练且富有悬念,这样的人到底变卖家产独自离开家做什么,引发读者阅读兴趣。

再如 2015 年 9 月 17 日一点资讯客户端的《70 岁老人拾 20 岁智障女为妻,生娃拴树上》报道了一个特殊的三口之家,导语部分讲述在河南某县一个三口之家:女人 20 岁,男人 70 岁,儿子仅 2 岁。其中女人为智障,4 年前被男人“捡”回家,2 年前生下儿子小庆太,不断吸引读者阅读下去,一探究竟。其中参与评论的网友将近 2000 人,效果甚好。

(三)在主体部分设置悬念

我们通常说,标题是一句话式的新闻,那么正文则是详细内容。主体部分是整个传播内容的细节所在。在各细节处,编辑记者找寻到信息之间的联系,从而进行悬念设置,能够增强文章的感染力,妙趣横生,并让读者对文章欲罢不能。主体悬念设置也是有方可循的:

(1)倒叙手法的运用。像文学写作中的倒叙手法,打乱顺序讲故事,先讲结果后再抽丝剥茧引出过程。如《70 岁老人拾 20 岁智障女为妻,生娃拴树上》,主体部分多次根据事情的发展与联系来进行悬念设置,读者跟随报道一一了解事情始末,整篇文章围绕“设置悬念”与“解开悬念”行文,布局与解局运用非常巧妙。受众在接触信息的时候往往存在窥探心理,了解事物结果往往不能够满足受众欲望,而针对结果反探前因和过程,能够迅速集中受众注意力,并牵引他们的阅读视线,从而实现一定的传播效果。

(2)修辞手法的运用。通过对比等修辞手法渲染烘托背景进行悬念设置,讲好新闻故事。如《现代快报》对 2015 年女排世界杯中国队对韩国队比赛的报道,通过描写比赛的紧张局势,为中国队能否夺得胜利故设悬念:“本届女排世界杯,中国队遭遇前所未有的困难,之前的大奖赛,替补接应杨方旭意外受伤,张常宁被迫从主攻改接应……”既表现比赛的激烈胶着,又拨动读者心弦。2015 年 11 月 25 日,《江南都市报》微信公众号的文章《“80 后”爸爸生完二胎后悔了! 生二胎前,千万要看!》首先讲述这位“80 后”爸爸生二胎前的幸福生活,接着描述“80 后”爸爸二胎后的生活。尽管二胎前的生活着墨较少,但依然与后面的故事形成了鲜明的对比,增加了读者阅读兴趣。

(3)叙述片段的运用。通过详略得当的叙述,即突出和省略部分内容制造悬念。如 2015 年 9 月 17 日齐鲁壹点就调侃性地报道《青岛火车站打出奇葩空白车票》,描写网友买到空白车票的“遭遇”,这本身听着稀奇,但是读者更想了解究竟怎么回事,报道接着在文章后面揭晓答案并且交代遇到类似的情况如何寻求解决途径。将事情的小插曲优先讲述出来,调动读者阅读兴致,接着继续深入了解。

四、手机媒体设置悬念必须力避“标题党”误区

悬念设置犹如雾里看花,牵引着受众的心,但媒体设置悬念要警惕沦为标题党。所谓“标题党”,即是媒体为了博取受众眼球,在制作标题时用夸张、耸动的标题作为“诱饵”,引诱受众阅读。

“标题党”以标题为“诱饵”欺骗受众的例子有很多,相当多的媒体利用“性”相关字眼刺激受众的眼球。例如,以《那对情侣在阳台做了什么?全程被房东偷拍》为标题的新闻是有对白头鹎在一居民楼阳台筑巢、生子、哺养,市民看到后,用相机拍下来了。以《高潮来临前一群兴奋的男女(慎入)》为标题的新闻实情是:钱塘江大潮巨浪拍岸、观潮者四散逃跑的照片。

设置悬念与“标题党”制作标题,有较为明显的界限区分。例如,接触到一篇文章标题产生阅读兴趣,但是进入阅读后发现题文大大不符,受众顿时会感觉受到欺骗。标题党使媒体形象大打折扣,同时伤害受众。长久下去,受众会丧失对该媒体的信任感以及阅读兴趣。“标题党”更是媒介传媒环境的一大污染源,手机媒体在设置悬念但避免沦为“标题党”时要做到:不恶意夸大事实;不利用低俗恶趣博眼球;不捏造与文不符的信息。

新闻报道的悬念设置,是有效吸引读者阅读的手段之一。媒体新格局中,尽管受众的阅读形态具有多样性,但是媒体可根据受众每一种阅读形态特点进行相应的悬念设置,引人入胜,让受众在疑惑中找寻问题的答案,提升受众的参与感和满足感。在任何传媒生态环境下,新闻报道的悬念设置都不会过时。

参考资料:

[1] 中国互联网络信息中心:《第 36 次中国互联网络发展状况统计报告》,http://www.cnnic.net.cn/hlwfzyj/hlwxzbg/hlwtjbg/201507/t20150722_52624.htm,2015-07-22。

第四节　新闻报道的选题方法

在新闻报道领域，选题是指值得报道的新闻（记者采写开始之前）、计划采写的新闻（记者向部门主任报选题时）、正在采写的新闻（部门主任在编前会报选题时）。我们可以总结出这样的公式：寻找选题=找新闻，筛选选题=选出特别值得做的新闻并放弃暂不值得做的新闻。

与采写相比，找选题甚至更难一些。很多记者都不擅长找选题，但找选题是记者必须掌握的本领之一。

如何找新闻选题呢？我们认为，找选题的方法至少有如下几种。

一、向新闻单位同事要选题

（一）上级指定或安排选题

这种选题，一般是重大新闻选题，而且一般由优秀记者负责采写，新记者和通讯员可以作为助手参与其中。

（二）向编辑要选题

在一些新闻单位，编辑要负责新闻策划，要组织重大新闻选题，甚至要提醒、指挥记者采写有关新闻，他们手里往往会有好的选题。

即使不是重大新闻选题，也不是特殊的新闻策划，见多识广的编辑往往也能在工作过程中和工作之余发现新闻，但他们并不参与采写。因此，记者就可从他们那里得到有关选题。

（三）向新闻热线接听员要选题

很多新闻单位，都设置有新闻热线电话，专门接受民众提供的新闻线索。例如，省级都市报的新闻热线就能接收到许多新闻线索，如果记者充当热线接听员，或者向热线接听员索要，就能得到新闻选题。

（四）向资深记者要多余的选题

资深记者的人脉广泛，又善于发现新闻，所以手头往往有多个选题，但又没有时间或兴趣一一采写。这时，通讯员、新记者就可以与资深记者合作采写，或者干脆独立采写。

二、靠自己寻找选题

(一)通过“扫大街”用眼睛发现选题,通过聊天从别人口中用耳朵发现选题

为了找到合适的新闻选题,记者应该经常进社区、市场,进村、店、厂,进校园,进寝室、办公室、教室、实验室、会议室、报告厅、音乐厅、体育场馆、图书馆、食堂、广场,进基层,驻足观看布告栏,在网上浏览,到被很多人遗忘或忽视的角落,多与人聊,多问人,多想问题,在闲谈中捕捉信息。

耳朵比眼睛更能发现新闻。2005 年 11 月 13 日中午,《今日早报》记者劳国强与通讯员聊天,获知浙江林学院一学生背母上学一事。当日 13 时,记者驱车赶往临安通过诚挚的交谈很快与刘霆交上朋友,当晚 21 时出稿。后来此稿(即《大一男生,背起母亲上大学》)获得中国新闻奖二等奖。

第十九届中国新闻奖通讯类二等奖《一个灾区农村中学校长的避险意识》,也是记者与四川省桑枣中学教师闲聊时偶然发现的。

(二)从自己经历的事中找选题,但不要写成作文,须以第三方立场采写

记者在工作时的身份是一名新闻工作者,而在平时,记者和普通受众一样,也会遇上趣事、难事,这些记者平时遇上的有新闻价值的事也能做成新闻,加以报道。但是,这种记者亲身经历的事,在写作时不能写成作文,而在站在旁观者的角度,用第三人称进行写作。

(三)从自己身边的事中找选题,从同学、亲友、老师(研究成果)、保安等人群中得到选题

新闻是新近发生的事实的报道,这个“近”不仅能理解为时间上的近期,还能理解为距离上的“近”,新闻线索的取得同样能从身边的同学、亲朋好友中获得,毕竟校园新闻的主角就是在学校工作的人们。在和同学的聊天过程中,有些同学不经意说出的一些话往往能够做成一则不错的新闻。

(四)培养线人,让其提供选题

记者应该广泛接触社会上的人(各个单位、各个行业),广交朋友,广发名片,以“诱之以利、动之以情”的方法发展相当数量的信息员。

2010 年 1 月 25 日,《赣东都市报》A2 版刊登报道《在省第四届中小学生艺术节上〈飞翔! 飞翔!〉获一等奖》,这则新闻是一个舞蹈学校的老师告诉记者的,记者平时经常和这位舞蹈老师接触,彼此间有着密切的联系。

(五)从即将发生的事件中找选题

新闻是新近发生的事实的报道,这是否意味着将来的新闻就无法报道? 并非

如此，很多新闻的发生，记者是可以预见的，比如，一些重大的节庆日子、具有纪念意义的日子（如汶川大地震两周年等），为了庆祝或是悼念即将到来的特殊日子，市民和政府会有所作为，这时，记者只要留心观察，注意搜索，就能找到具有新闻价值的选题。

例如，《信息日报》2010 年 9 月 30 日第 11 版，就以《全国中学生沙排赛下月在昌激战》为题报道了即将发生的校园体育新闻：2010 年 10 月 3 日至 9 日，全国中学生沙滩排球锦标赛暨全国青少年沙滩排球夏令营将在江西省西山学校举行。

（六）找“季节性”新闻选题

所谓“季节性新闻”，是那些去年报道过，今年、明年也会报道的新闻，有关的新闻事实会像季节变换一样定期发生。

例如，2010 年 3 月 27 日晚上 8：30 到 9：30 是一年一度的“地球熄灯一小时”活动时间。深圳市几家中学联合组成的一个“深圳星火绿色联盟”从这一天下午开始就奔走在深圳几个居民区宣传“地球熄灯一小时”活动，并在熄灯的一小时内举办了一场演出。当天，《深圳特区报》政文部的记者联系到这个学生组织的相关负责人，对他们的宣传活动进行了全程报道。

为便于寻找“季节性”新闻选题，记者有必要制作一张特殊日历表，记载每年的重大节日、纪念日、节气变化等信息，以此作为寻找选题的参考资料。

（七）从网上找新闻选题

浏览各类网络信息，进入本地生活资讯网站、政府网站、公司网站、学校网站、聊天室、BBS、名人博客等，看看最近网民在关注什么事情，哪些帖子是点击率最高、跟帖最多的，从中可以发现线索。

《深圳特区报》在 2010 年 5 月 19 日的“今版城事”刊登了一篇题为《百名学生秀街舞四分钟后齐“闪人”》的报道，讲述的是深圳大学管理学院的学生在教学楼前表演“快闪”街舞的事情经过。这一新闻素材来源就是优酷网上的一段视频。

2010 年 5 月 16 日，记者从优酷网上看到这一视频，在视频最末的短暂黑屏后，屏幕上出现主办方和承办方分别是“深大管院学生会”和“深大管院学生会舞蹈队”的字样。正是根据这一线索，记者联系上了深圳大学团委的老师及其他相关人士进行采访。

再如，从 2010 年 8 月 19 日起，一篇题为《我是深大学生，我为深圳收集 100 个生日祝福》的帖子在深圳新闻网、深圳论坛上迅速蹿红。根据网帖的内容，《深圳商报》记者联系上发帖的学生，并对其进行采访，将她为特区庆生的想法和做法报道出来，于 8 月 26 日当天见报（题为《深圳大学生：收集百个祝福庆祝深圳生日》)。

(八)从多年以前的报道中寻找选题——可以故地重游或故人重访

某个事件、某个人物、某个校园,原先接受过新闻媒体的采访报道,甚至引起很大的轰动,多年以后,是否发生变化,发生了什么变化?这些疑问,若通过回访,即可获得颇具新闻价值的解答。

这类新闻选题常常出现在岁末年终的媒体上。例如,1998 年至 2004 年,《南方周末》选取河南省唐河县古城乡小常庄、四川省彭州市白鹿镇、福建省晋江市安海镇成功路作为个案,每年回访报道一次,通过多年观察的方式记录中国发生的变化。[1]

三、通过看新闻从同行那里找选题

经常看报纸新闻、看电视新闻、听广播新闻,最容易形成新闻敏感——类似新闻原先发表过,就可以作为新闻选题。

(一)从异地媒体报道过的异地新闻中寻找“克隆(孪生)选题”

外地发生的事情,本地也可能发生,而且同样值得报道。

“走别人走过的路”,有时很容易成功。例如,《信息日报》2010 年 6 月 3 日第 28 版的《哥跑的不是腿,是双赢　贫富差距催生高校“跑腿族”,网友对此褒贬不一》,就是对杭州《青年时报》等媒体的类似新闻选题[2]的“本地化克隆”。

(二)从最近报道的新闻中寻找“第二落点”

记者应当经常看报、听广播,从刊播出的一些小消息中找新闻线索,仔细采访,彻底挖掘,小稿做大。

前面提到的《百名学生秀街舞四分钟后齐“闪人”》,记者在采写这篇新闻时了解到,深圳大学的这群同学们之所以上演一段四分钟左右的快闪,主要是为几天后的学生活动——管院首届深大才艺达人比赛做聚集人气。

报道见报后,深圳卫视娱乐频道的记者打电话到报社要了舞蹈队同学的电话,对其才艺大赛进行了报道。这就是一个典型的从别的媒体已报道过的新闻中找到线索,挖掘出的新的报道角度。然而,《深圳特区报》没有做才艺大赛的后续报道。

(三)寻找外地新闻和全国性、全球性新闻的“落地”选题

这里所说的“落地”,其实就是“使全国性、全球性新闻和外地新闻本地化”,是对新闻价值中“贴近性”这一要素的实现,更是对全国性、全球性新闻和外地新闻的本地化处理。

例如,发表于江西报纸《信息日报》2010 年 6 月 4 日第 10 版的《南非世界杯指定用球原是江西造》,就是一篇“落地新闻”:将发生在南非的世界杯新闻,与本地

联系起来，采写出具有本地化信息的报道。《信息日报》2010 年 10 月 9 日第 11 版的《嫦娥二号火箭燃料江西造》，也是一篇“落地新闻”。

（四）寻找前所未有的“首例新闻”选题[3]

所谓“首例新闻”，是经记者的独特视角所发现并报道的反映某一领域的新事物、新现象、新趋势、新规律的新闻。从哲学上讲，首例新闻是反映事物由量变到质变、经渐变而突变，进而引起事物性质发生根本变化的新闻。首例新闻可以分为“外显的首例新闻”和“潜在的首例新闻”两类，前者如杨利伟进入太空、三峡合拢等十分明显的重大事件，容易被发现，但生活中大量存在着的潜在的首例新闻，它就潜藏在我们身边，但却往往被我们忽视。记者们大量的采写经历表明：不是缺少“首例新闻”，而是缺少发现“首例新闻”的眼睛。

在新闻界，“首例新闻”很容易被评为月度或年度好稿。在全国各类获奖新闻作品评奖活动中，“首例新闻”占了很大比例。不少报社总编更是明确提出：能否报道“首例新闻”是衡量一个记者水平高低的重要标志。

联系时代背景找“首例”。报道新闻事件时，如果陷入就事论事的窠臼，单凭孤立的事件难以找到“首例新闻”的“启发源”。但是，如果善于联系时代背景，把一个新闻事件放在大时代背景中来考虑，就可能跳出小圈子的束缚，找到“首例”的根据。如 2001 年 9 月初，记者吴锋采访时碰到这样的事件：湖北随州某考生在网上查询高考录取结果，得知他已经被一所大学录取，可就是没有收到录取通知书，最后又被告知根本就没有被录取。网上录取的结果跟实际录取结果完全相反！开始他也认为没有什么怪的，因为每年高考录取中都会出现各样的录取错误，人们已经“见怪不怪”了。但仔细一想，问题就来了，2001 年是实行网上录取的第一年，人们一般认为网上录取由计算机网络软件操作，应该是精确无误的；但这个事例告诉人们，网上录取也会出错！于是一篇 4000 多字的《网上录取首曝错案》稿件构思完成了。该稿见报后迅速被全国数十家报纸转载或摘编。有关单位看到该报道后知错就改，纠正了这个错案，该考生又被补充录取。可见，紧密联系时代背景，可以帮助我们发现“平常”事件的“非常”之处。

从事物最显著的特征中找“首例”。当一个新闻事件呈现在我们面前的时候，要尽力深刻地感知它最显著的特征。在立意构思时，可以从事物最显著的特征中引发首例新闻。如 2001 年 10 月，记者吴锋采访陈瑞的故事：他 9 岁遭电击失去双手，却学会了用脚写字。高考考出好成绩，但是没有一所大学愿意录取他。绝望中他给湖北省省长写了一封信，经省长亲自批示后才被录取。前来报道这则新闻的记者很多，再加上一段时间里报纸刊登的残疾人事件比较多，如果吴锋的报道缺乏新意，就难被采用。经过思考吴锋发现，陈瑞最显著的特征是“用脚参加高考并获得成功的考生”，于是，一篇5000多字的《“中国用脚高考第一人”喜圆大学梦》稿件构思成功了。文章见报后引起广泛关注，《今晚报》等数家报纸转载，湖北电视台为此专门制作了电视专题片。

向专业行家的请教中找“首例”。记者天天跟一些“超常规”事件打交道，新闻感官受大量新闻事件刺激后反而可能变得麻木，经常发出“这太平常了”的感叹。但有时候，“首例新闻”就是这样从眼皮下溜走了。2002年2月，记者吴锋采访到一个官司：74岁的老年人有两个儿子争着要赡养他，大儿子因未获对老爸均等赡养机会，多次探望七旬老爸被拒，一纸诉状递法院，状告弟弟侵犯了他对七旬老爸的“探视权”和“赡养权”。开始见到这样的案子，吴锋觉得这只是一个家庭纠纷，没有太大的价值。但吴锋把这个材料拿去请教一位法学教授时，他提醒说这样的案例在法制史上很少见；又找到几位法学专家核实，得出“首例”的结论。这样，《中国老年人“赡养权”第一案》稿件很快写成了。文章不久被数家报纸竞相刊用。这篇报道的成功，主要得益于几位法学专家和律师的指点。

从复杂事件的“卖点”找“首例”。一般来说，记者采访新闻事件时，很容易被事物复杂的表象所迷惑，进而难以找到关注点。新闻事件如同一个多面体，作为记者，我们不可能把事物的每一个侧面都展现出来，我们必须有所选择，最重要的是要找到新闻事件的“卖点”。2003年8月，记者吴锋采访到这样一个好心人没有好报的感人事迹：湖北崇阳人刘正良带着先富带后富、报答家乡人的思想，自投资金为家乡人修路，花了整整10年。但他万万没想到的是，路修好的时候，他却从首富变成了一个“乞丐”，孩子上学没有钱，还经常被银行告上法庭。该新闻在当地被多次报道过，如何出新意？吴锋仔细分析后发现：刘正良不是一个简单的人物，他是我国“公益修路第一人”，他耗尽了自己的所有资产，花费10年为乡亲修路，这在公益活动中是绝无仅有的！于是，《从富翁到乞丐：中国修路第一人的人生巨变》稿件构思完成了。该文在《华西都市报》刊登，并在国内30多家报纸同步发表，引起社会共鸣，主人公收到众多来自全国各地的读者来信。

要而言之，寻找首例新闻的过程也就是寻找独家报道视角的过程。可以借用数学上的“多面体”概念来分析每一个新闻事件，仅仅把新闻事件都看成多面体，经过仔细的逻辑推理与分析，就会发现，在这个多面体的诸多侧面中，肯定能找到一个最引人注目、最有新闻价值的一个小侧面，它才是新闻事件的“发光面”，也就是我们要找的独家报道视角。只要我们善于运用这样的逻辑思维，那么，在“常见”的事件中也能找到“首例新闻”。

根据以上方法找到一个或多个选题后，我们要确定“是否展开采写”。这时，我们必须考虑六个问题：新闻价值大不大？成本（预期投入）多少？有何回报？可行、可操作吗？是否会被毙稿，能否发表？传播效果预期如何，受众会给予关注吗？

如果采写成本过高，而回报过少，则可放弃选题。如果障碍过多、阻力过大、难度太大，难以操作，也可放弃选题。如果采写出来的稿件，与所在媒体风格不合，极可能被编辑毙稿，也可考虑放弃选题。如果新闻价值较大，预计传播效果较好，且预计受众将给予关注，则值得报道。当然，新闻选题开始操作之前，最好与编辑沟通一下，获得对方支持后再开展采访。

另外，在找到的新闻选题中，有的可能比较敏感，这类选题有三个风险：一是采写难度大，甚至有安全之忧；二是上级阻挠报道，甚至强令不得采写、停止采写；三是采写所得稿件，难以发表。

对于敏感选题，可以采取如下三种处理措施：一是注意平衡报道，用事实说话，留存证据，确保自身安全和稿件安全，注意社会效果，追求建设性（而非破坏性）。二是顾全大局，服从纪律，放弃报道，但可以去现场了解一下，以后也许可以报道部分事实。三是放弃在本地媒体发表，改向全国性媒体和外地媒体投稿，或是向各种内参刊物投稿，或将新闻稿改写成新闻评论、杂文发表。

还需要提醒的是，在没有到达新闻现场前，不要贸然断定“那里没有新闻”或者“那里绝对有新闻”，因为新闻的出现与消失，存在偶然性，有时就是出乎意料的。也许，即便现场没人、没事，本身就是新闻。

参考资料：

［1］有关报道详见 http://www.southcn.com/weekend/culture/200212260029.htm。

［2］详见《青年时报》2010 年 5 月 26 日 B03 版文章《为有钱同学跑腿赚取小费　校园形成生生雇佣关系有人赞同更有人批驳》。

［3］本部分文字作者系吴锋，略有修改，原文刊于《传媒观察》2004 年第 2 期。

第二章　深度报道

第一节 记者为何敢公布问题奶粉的名称

他的一篇报道，揭开了"三鹿婴幼儿配方奶粉重大安全事故"的黑幕，打破了奶粉行业的一个潜规则，引发了食品免检制度的废止及一批失职官员的下台，保护了奶制品消费者的身体健康和生命安全。

这个人，就是《东方早报》国内部记者简光洲；这篇报道，就是《甘肃14婴儿同患肾病 疑因喝"三鹿"奶粉所致》(以下简称《简文》)。这名记者，这篇报道，创造了质疑性揭丑报道的光辉范例，无疑将载入中国新闻史。

现在，让我们翻阅刊登此文的《东方早报》2008年9月11日A20版，全面剖析这篇报道的成功之道(采写技巧)，总结其特殊的可贵之处和专业价值，思考其中暗藏的"未解课题"。

一、勇气可嘉

以往在批评性报道中，特别是涉及知名企业的负面报道中，常常以"某企业"之类的模糊说法代替直指其名，这样做，当然有利于避免得罪有关机构，避免新闻官司，但舆论监督的效果却会因此大打折扣，甚至完全无效。

2008年8月28日，湖北的《长江商报》B12版刊登《3个婴儿同一种病 婴儿奶粉是元凶?》一文，报道了3名婴儿可能因奶粉而患肾结石，但没有在报道中点出奶粉品牌的名称，只有这样的表述："孩子们一直都喝着同一个品牌的奶粉，家长怀疑，导致自己孩子发病的原因很有可能是这种奶粉。"

《简文》的可贵之处在于，率先在相关报道中点了"三鹿"这个奶粉品牌的名，该文的主标题便是《甘肃14婴儿同患肾病 疑因喝"三鹿"奶粉所致》，此举抛弃了"某"式监督，突破了"批评性报道常常不点名"的习惯性思维，表现出难得的职业勇气，不仅是记者有勇气，参与编发《简文》的编辑和报社领导也表现出这种勇气。

"目前新闻环境下，记者在工作中是很矛盾的"，简光洲表示，"通过这次事件，也觉得媒体还是有力量的。"《简文》的成功，有力地证明了如下观点：对社会不正常现象，新闻记者及其报道并非无能为力；新闻记者及其报道可以促成社会问题的尽快解决，维护人民利益，推动社会的不断进步。

二、勇气之源

在证据尚不确凿、信息没有被确认之前，媒体点名批评企业，很可能被企业告上法庭，导致巨额赔偿。但如果媒体的报道手法得当，则不会陷入如此尴尬的境地。《简文》就是一个成功的例子。该文见报后，三鹿集团只是要求记者从网站上撤稿，并未提起诉讼，最后甚至低头认错，承认自己的产品有问题。

《简文》之所以能够立于不败之地，就在于采取了以下几种可靠的报道手法：

一是只报道质疑，但不下结论。通观全文，《简文》只是提出质疑（“疑因”），用事实说话，自始至终都没有一口咬定“肾结石的病因是三鹿奶粉有问题”，文中有“目前尚不知患儿所食用的奶粉是否为假冒伪劣产品”的表述，同时，使用了“或许”“可能是”“不排除”等推断性词语对有关质疑进行限定。

二是做平衡报道，向各方求证。对争议性事实的报道，对争议双方的说法予以“平衡报道”是最保险的手法。一方面，《简文》报道了患儿家长和医生的怀疑；另一方面，报道了三鹿集团对有关质疑的回应。对于三鹿强调“产品质量没有问题”的回应，几乎一字不落地照登，并在副标题中加上“三鹿集团称产品‘没质量问题’”等字句。此外，该文“厂方回应”小栏目的新闻标题《无证据证明婴儿因吃三鹿奶粉致病》，强调了三鹿集团的结论——“目前还没有证据证明患病婴儿是因为吃了三鹿奶粉而致病”。

三是注意保存证据，及时追问可疑之处。在民事及刑事诉讼中，掌握了对己有利的证据，才能胜诉。据记者简光洲介绍，他在采访“三鹿奶粉事件”过程中全程录音。这样，就保存了可能的诉讼中会用到的证据。《简文》见报前一天，简光洲打电话到三鹿集团传媒部，确认三鹿奶粉是否真的存在质量问题和对婴儿可能因为吃了三鹿奶粉而患肾病的情况是否知情。三鹿集团传媒部的杨小姐回答说：“三鹿公司已经委托了甘肃权威质检部门进行了质量检测，结果证明奶粉质量是完全合格的。”记者没有因此信以为真，就此打住，而是继续追问：“甘肃的什么权威质检部门？是在何时做的检测？”

有以上三个采写措施的“保驾护航”，记者就有底气直面被批评对象挑起的新闻官司，至少无须担心被控诉，故而可以放心大胆地在新闻媒体发表相关报道。

当然，也还有其他可靠的报道手法，但主要是以上三点。与“本地舆论监督”相比，“异地舆论监督”更不容易受到地方党委政府、经营压力和人情因素等的强力干扰，相关报道更不容易“胎死腹中”，记者更有勇气采写相关报道。

三、保护“揭丑”记者

《简文》的成功，为新闻记者树立了正面形象，也为英国剧作家汤姆·斯托帕德的以下观点提供了有力佐证：“如果你的目标是改变这个世界，那么新闻工作是一件比较直接、能短期见效的武器。”

《简文》取得巨大成功，采写该文的记者本人也可避开新闻官司的困扰，但记者的人身安全，却令人（记者本人、记者的亲友等）担心。

如前所述，《简文》触犯了许多人的既得利益，记者会不会因此遭到暴力报复？正如有人说的那样：“很多企业的利益遭受严重损害时，可以丧心病狂不顾一切。”

从事“揭丑”报道的记者，为维护社会公共利益做出了巨大贡献，让他们独立面对这样的威胁、危险，是不公平的，也是不合适的。

保护“揭丑”记者，就是保护“社会良心”。我们设想一下，能否建立一种保护“揭丑”记者的公共安全机制？例如，在必要的情况下，动用警方力量，暗中或公开保护简光洲这类记者。

若“揭丑”记者的人身安全都能得到足够保障，将给予“揭丑”记者更大勇气，将会有更多记者投身于“揭丑”这一事业。

参考资料：

［1］《我为什么要公布问题奶粉“三鹿”的名字》，http://blog. tianya. cn/blogger/post_show. asp? id Writer=0&Key=0&Blog ID=87956&Post ID=15141092。

［2］《甘肃14婴儿同患肾病疑因喝“三鹿”奶粉所致》，《东方早报》，http://epaper. dfdaily. com/dfzb/html/2008-09/11/ node_21. htm。

［3］《深度对话简光洲——第一个敢指名报道三鹿的记者》，http://www. kaola. cn/u/sizhu/398580。

［4］简光洲简历，http://art. kaola. cn/u/sizhu/398580. html。

［5］简光洲博客，http://blog. tianya. cn/blogger/view_blog. asp? Blog Name=is-tilldream。

［6］《3个婴儿同一种病　婴儿奶粉是元凶?》，《长江商报》，http://www. changjiangtimes. com/htm/2008-8-28/104099. htm。

第二节 记者巧“说话” “无声”胜“有声”

虽然新闻报道做不到绝对客观，难免带有主观性，但“尽量客观”依然是新闻报道的终极追求之一：除非以评论形式出现，记者的主观性意见一般不能直接出现在新闻报道中。

与“记者出场发言”相比，“用事实说话”更为客观，实施难度也更大，是新闻报道的较高境界。

英国剧作家汤姆·斯托帕德曾经说过：“如果你的目标是改变这个世界，那么新闻工作是一件比较直接、能短期见效的武器。”不过，即使是“用事实说话”，也不一定能取得较理想的社会反响。

美国新闻巨擘普利策（1847—1911）有句名言：“倘若国家是一条航行在大海上的船，新闻记者就是船头上的瞭望者。他要在一望无际的海面上观察一切，审视海上的不测风云和暗礁险滩，及时发出警告。”作为重点揭露不正常的社会现象的新闻体裁，调查性报道可以说是新闻媒介践行“瞭望”职责的利器。

《中国青年报》2006 年 12 月 27 日一版刊发的独家报道——调查性通讯《忻州煤矿安监局好气派》，就做到了“巧用事实‘说话’，践行‘瞭望’职责”，并取得了较好的社会反响。

一、技巧：用六种方式“说话”

《忻州煤矿安监局好气派》正文仅 1098 个字，却将山西忻州煤矿安监局不正常的“气派”交代得清清楚楚，原因何在？

第一，用数字“说话”。“10 名员工 36 套住宅 9 辆公车 人均办公面积达到 200 平方米”，这是文章的副标题，包含 4 个数字，极具说服力地反映出忻州煤矿安监局的“不正常”。此外，还有其他数字来说明新闻事实：“房间面积最小的 140 平方米，大的 180 平方米”，“整个办公楼的建筑面积 2000 平方米”，“该局正在建设的宾馆……建筑面积在 3000 平方米以上”等。

第二，用对比“说话”。“整个办公楼的建筑面积 2000 平方米，只比朔州的（煤矿安全监察局办公楼）大一点儿，全省 11 市除运城外，条件算是最差的。”文中这句话表明，忻州煤矿安监局超标准建办公楼的严重违纪行为，在本省还不是最严重的。换言之，还有更加严重的违纪个案。

此外，还用忻州煤矿安监局辖区内“近两年每年都有一两起特大煤矿安全事故发生”的新闻背景与该局不正常的“气派”作对比。读者看完后，会情不自禁地想：“工作做得这么不好，实在不该这么‘气派’。”

第三，用权威部门和权威人士提供的信息“说话”。“记者在忻州市车管所调查得知，共有 9 辆公车挂在该局名下”，这是引用权威部门提供的信息，其真实性和权威性毋庸置疑。

“忻州市煤矿安全监察局刘副局长在接受记者采访时表示……他强调说……刘副局长说……刘副局长说……”这是报道对象（忻州煤矿安监局）内部的高级别人士在介绍情况、做出解释，或是直接引语（原话），或是间接引语，其提供的信息，代表了报道对象所涉机关的表态、声音，起到了与记者记述相对应的“平衡报道”的作用，有助于巩固报道内容的真实性、客观性，有助于避免报道的片面性。

“有知情人士透露……”则是匿名消息来源提供的信息，也是外部人士不容易了解到的内幕，此信息揭露了忻州煤矿安监局不正常“气派”背后的“不正常”原因。

第四，用图片“说话”。“一图胜千言”“百闻不如一见”，都说明了新闻传播的一个规律——在证明调查性报道的真实性方面，图片独具优势，具有相当强的说服力、可信度。

《忻州煤矿安监局好气派》配发了记者拍摄的三张彩色照片，分别为忻州煤矿安监局的办公楼、忻州煤矿安监局的住宅楼及正在兴建的宾馆（即忻州市煤矿安全监察局职工培训中心）。这三张图片，不但给读者以真实细节、直观印象，而且给相关报道的版面编排增光添彩。

第五，用暗讽“说话”。文章主标题《忻州煤矿安监局好气派》中的“好气派”，明为褒扬，暗作贬抑，这比“太气派”或“过于气派”等直白词语效果更好。

第六，让匿名消息来源“说话”。《忻州煤矿安监局好气派》中“有知情人士透露……”的写法，是对消息来源的“匿名化”处理，虽然会影响相关信息的可信度，但却可以保护消息来源，也是不得已而为之。

二、效果：“此时无声胜有声”

值得一提的是，《忻州煤矿安监局好气派》不仅注意“巧说话”，还有“必要的不说话”——记者自始至终没有“站出来”对新闻事实发表评论或对报道对象进行性质界定。

尽管如此,这样一来,反倒取得了"此时无声胜有声"的效果——虽然记者没有把话说透,但读者能够体会到文中的"潜台词",同样形成了不可低估、不容忽视的监督之势。

这是作者的高明之处,既达到了传播目的,又可以在很大程度上避免因判断失误而陷入新闻官司。

有位新闻学专业的大学生看完此稿后说:"看了这篇文章,我是彻底明白了'记者的职责是什么'——如实、有技巧的记录。至于问题该如何解决,那不是记者必须考虑的事情。"

三、反响:多个部门介入处理

据《中国青年报》2007 年 2 月 8 日报道,《忻州煤矿安监局好气派》一文引起非同一般的社会影响:

其一,被全国多家媒体和网站转载,舆论反响强烈。

其二,2007 年 2 月 1 日,中央电视台《焦点访谈》栏目报道了忻州煤矿安监局被此文披露的违规行为。

其三,引起安监总局党组的高度重视,局长李毅中先后在全国安全生产视频会和总局机关及在京单位干部大会上,对山西忻州煤矿安监局予以严厉批评。

其四,安监总局安排调查组二赴山西,会同山西省纪委调查组核查。

其五,中央纪委监察部驻总局纪检组监察局对有关责任人员立案调查。

其六,忻州煤矿安监局被此文披露的违规行为全部被纠正。

其七,中国安监系统进行自查自纠。

对新闻报道来说,以上 7 种反响,只要引起其中任何一种,都足以令人称道、令作者自豪。《忻州煤矿安监局好气派》一文,却将这 7 种反响一一纳入"囊中",当然了得,此文收获中国新闻奖通讯类二等奖,实至名归。

忻州煤矿安监局好气派

10 名员工 36 套住宅 9 辆公车　人均办公面积达到 200 平方米

山西省忻州煤矿安全监察局最近两年"财气"暴涨。

几年前,忻州煤矿安监局还是忻州煤炭安全监察站的时候,四处租房办公,常为房租与房东发生不快,工作人员也大都是骑自行车或步行上下班。现在,忻州煤矿安监局仅有10名工作人员，却有四五十间带卫生间的超大面积的办公室，有36套超大面积住房。

与此同时，近两年，每年都有一两起特大煤矿安全事故发生在忻州。

2005年7月2日14时20分，忻州市宁武县阳方口镇贾家堡煤矿接替井发生特别重大瓦斯煤尘爆炸事故，造成36人死亡，11人受伤。事故发生后，矿主和有关部门瞒报事故死亡人数，转移藏匿遇难者尸体。

2005年10月31日16时50分，忻州市原平市长梁沟镇坟合峁煤矿发生瓦斯爆炸事故，造成15人死亡，1人受伤。

2006年11月5日11时45分，大同煤矿集团轩岗煤电公司焦家寨矿（地处忻州市原平县境内）发生瓦斯爆炸事故，47名被困矿工全部遇难。

忻州煤矿安监局的办公楼和住宅楼及正在兴建的宾馆，位于忻州市经济技术开发区内。靠近（五）台忻（州）公路的是该局正在建设的宾馆（正式名称是：忻州市煤矿安全监察局职工培训中心），地下1层，地面已经建起5层，建筑面积在3000平方米以上。"培训中心"后边的一幢欧式建筑，是该局的办公大楼。在办公大楼的后边，是一幢6层的住宅楼。住宅楼共3个单元36套房，房间面积最小的140平方米，大的180平方米。该局有10名正式职工、五六名临时工，记者在忻州市车管所调查得知，共有9辆公车挂在该局名下。

忻州市煤矿安全监察局刘副局长在接受记者采访时表示，该局办公楼在2003年由山西煤炭安全监察局后勤处负责动工兴建，直至今年秋天才启用。由于一些配套工程还未完工，大楼的一些设施还未完善。他强调说，整个办公楼的建筑面积为2000平方米，只比朔州的（煤矿安全监察局办公楼）大一点儿，全省11市除运城外，条件算是最差的。目前，大楼的装修装饰工程还未完工。完工后，"条件会改善一些"。

对于职工住宅楼，刘副局长说共有36套住房，但"那是由局里职工和其他单位的一些工作人员集资兴建的"。至于每平方米1100元的房价，是由于该地"地处荒郊野外，那时候（2003年）忻州的房价还没涨起来时制定的"。住宅楼后共有22间私家车库，刘副局长说："分给住户后，想做车库做车库，不想做车库安上门窗可以当住房，放杂物也可以。"统一封了塑钢阳台，是为了使单位的建筑显得整齐、美观。

刘副局长是今年才被提拔的，所以他对办公大楼的资金来源、投资多少、装修花费、购置办公设备和职工住房补贴等问题都"不太清楚"。

不过，有知情人士透露，建设资金中有小部分是向部分乡镇和煤矿"借的"，忻州市宁武县某乡镇就"借给"该局5万元。而被该局监管的宁武县的一煤矿，则花了35万元购买了该局的一些旧的办公设施。

（《中国青年报》太原2006年12月26日电，作者高山）

参考资料：

[1] 程刚：《本报独家报道〈忻州煤矿安监局好气派〉引起重视　安监总局通报调查结果　忻州煤矿安监局的行为严重违规　有关责任人被立案调查　安监系统将进行自查自纠》，http://zqh.cyol.com/content/2007 - 02/08/con - tent -1671406.htm。

[2] 高山：《忻州煤矿安监局好气派　10名员工36套住宅9辆公车　人均办公面积达到200平方米》，http://zqh.cyol.com/content/2006-12/27/content 1624756.htm。

第三节　新媒体时代的暗访报道

伴随着新媒体的迅速发展，媒体格局与用户的媒介使用习惯产生强烈冲击。在当前的媒体融合的格局下，记者如何在新媒体挑战下更好地生存和发展？暗访，俗称隐性采访，与显性采访相对，是指记者为了获取事实真相，隐瞒自己身份，采用秘密的合法手段，获取新闻材料的调查方式。常说的偷拍、偷录、卧底调查等，都可称作暗访。

毫无疑问，身处新媒体时代，记者暗访的专业性层次与要求也更进一步。笔者认为，在遵从合法性的前提下，利用新媒体庞大的信息优势与巧妙的技术优势，真实有效地获取第一手关键事实材料，并加以传播"造势"，是做好暗访报道的必经之道。

一、新媒体时代下暗访的合法性分析

关于新闻暗访的合法性的讨论，新闻界一直争论不休。众所周知，暗访能够有助于记者取得更高价值的新闻事实。为了获取事件的第一手材料，尤其是内幕曝光事件，记者不得不冒着较高的安全风险进行暗访活动。尽管这种采访方式的优

点显而易见，但确保合法仍是进行一切暗访报道的基础与前提。

新闻暗访是媒体进行舆论监督的一把利剑，然而在实际操作中，一直饱受争议。在我国，法律，甚至司法解释都没有明确规定新闻暗访是否合法。只要是没有侵犯个人隐私，在现阶段并不犯法。那么，在暗访过程中，记者应敏锐地对该暗访方式进行分析判断，即是否触及法律底线。若合法，则注意方式手段以保证安全有效顺利进行暗访；若不具备合法性的可能，则及时规范自身暗访行为。

值得注意的是，在争议性的介入式暗访调查中，必须对合法性具备清晰的认识。比如，关于隐私权的判断：公开场所不算闯入侵权，私人空间算闯入侵权。在公共场合盯视、跟随、拍照并试图与采访对象交流，不属闯入行为；若处于私人住宅、卧室等地方偷拍就犯法，则侵犯隐私权。

即便动机是为了曝光违法行为，其暗访手段和过程也不能违反法律，跨越法律的底线。记者暗访歌舞厅、红灯区，可以扮作嫖客进入去观察、谈价钱等，但不能嫖娼，实施了嫖娼行为就是违法；记者若是参与暗访捕杀野生动物事件，当山民捕杀野生动物时，可以观察、了解，但不能加入山民之中参与捕杀。

二、新媒体时代下暗访的前期准备

俗话说，凡事预则立，不预则废。新闻暗访的对象大多是不为人所熟知的内幕，也就是我们常在新闻标题中看到的：某某行业惊天内幕曝光。这种采访方式与显性采访方式相较而言，安全系数小，灵活多变，要求较高的处理应变能力。故而暗访的前期准备工作也就占据至关重要的地位了。前期准备工作做得好，能够大大降低安全风险，为记者暗访工作的顺利开展提供便利与基础。

第一，发挥新媒体“穿针引线”作用，积极发掘恰当线索、寻找“线人”，并报备暗访选题。过去传统意义上的新闻暗访报道，线索大多来源于别人口中的事或是自己身边的事。步入新媒体时代，寻找新闻暗访选题的途径与范围进一步拓宽，我们可以利用网络媒介快速及时准确地寻找选题与“线人”。例如，浏览各类网络信息，进入各大门户网站、微博、聊天室、BBS、博客、论坛等，看看最近网民关注什么事情，哪些帖子是民众反应热烈的。选题可以从中寻找得出，更能吸人眼球，夺人耳目。此外，记者可利用新媒体的社交性质，广泛结交社会群众，培养并发展相当数量的“线人”，为暗访选题的报备工作多点“料”。

第二，记者暗访必须有准备地选取恰当暗访手段。国内外媒体暗访的常规手段有：变换身份、乔装打扮、偷拍偷录、蹲点守候、应聘打工等。《南方周末》实习记者刘志毅潜伏富士康28天后写下《富士康“八连跳”自杀之谜》，震惊了全国新闻界，而这次成功的暗访，起因于当时《南方周末》对于富士康“八连跳”自杀原因的系列调查。《南方周末》的记者们因年龄限制未能进入富士康工厂,而20岁的刘志毅因年纪较轻,符合招聘条件,且应聘打工式暗访手段有助于自杀原因调查,恰当暗访手段的选取是此次暗访的成功保证。

第三,采取恰当的安全保护措施,保障暗访记者的人身安全。2013年10月,在香格里拉一日旅行团上,导游上车后要求缴纳藏民家访费,最少320元。暗访记者拒绝强制消费,被导游在荒郊野岭硬拽下车。荒郊野岭,无人问津之处,暗访记者人身安全如何保证?原来他们早已做好了安全措施,一辆来自暗访团队的面包车紧紧尾随旅游大巴,记者被硬拽下车后,紧接着上了这辆车。当然,最保险的前期准备是进行暗访工作前,联系警方并与之配合,提高突发事件的应对能力。

南方周末

广东转型:悬崖上的战役

南方周末潜伏全球最大代工厂28天,探寻新生代打工者的死与生

富士康"八连跳"自杀之谜

图2-1 《南方周末》关于富士康员工自杀的报道

三、新媒体时代下暗访的设备操作技巧

俗话说,工欲善其事,必先利其器。同理,为了配合记者更有效地进行新闻暗访,将珍贵的第一手新闻事实得以保存和记录,暗访设备必不可少。随着科技的不断发展,各式各样的暗访设备层出不穷,常见的暗访设备包括手机、DV,专业的暗访设备包括手表、打火机、纽扣、偷拍笔、偷拍包等。

步入新媒体时代,暗访设备的操作技巧更是不尽相同。如何选择暗访设备与掌握不同暗访设备的使用技巧,是作为一名新媒体时代下合格暗访记者的必修课。笔者从操作技巧与场合要求两方面入手,介绍新闻暗访中的设备操作问题。

巧妙使用新媒体，利用“新”功能来上传稿件以及音视频材料，使暗访报道焕然一“新”，更具安全性与保密性，成功概率大大提高。在形态不一的众多暗访设备中，偷拍偷录是其主要功能。

值得一提的是，即使是普通的智能手机，也具备偷拍偷录的技巧。以苹果手机为例，除去传统意义上我们所熟知的录音机、照相机等具备偷拍偷录的功能，苹果手机还暗藏一些十分巧妙的偷拍“小窍门”：启动 iPhone 的静音键，接下来启动相机，按两下 Home 键进入多任务管理界面，在这里向左或向右滑动界面，将相机应用调至中间位置。当我们抓到可以偷拍的画面时，按音量键快速拍照。就这样，记者便可以神不知鬼不觉地记录下重要暗访画面，降低一定安全风险，保障暗访实施过程的真实有效性。

此外，信息备份也是暗访设备实践操作中十分重要的一环。若遇突发情况暴露身份，被暗访对象强制要求删除偷录画面时，信息备份的重要性关乎此次暗访的成功与否。例如，苹果手机添加邮箱后，可将手机中的各类音频文本资料上传至邮箱，达到信息备份的目的。

暗访设备的选择与搭配，在不同暗访场合是不同的。例如，南昌三套政法频道特攻组记者深入“绝味鸭脖”生产一线，披露“绝味鸭脖”生产经营过程中的种种内幕，然而其暗访过程十分艰难，记者进入生产仓库前，双手均必须戴上长至手肘的橡胶手套，且经搜身后方可进入。这样的场合，应选用哪一种暗访设备呢？事实上，偷拍眼镜成为此次暗访收集材料的重要突破口。后续内幕得以曝光，呈现于荧屏之上，作为暗访设备之一的偷拍眼镜在很大程度上可谓功不可没。

图 2－2　“绝味鸭脖”暗访画面

通过对国内外媒体一系列暗访调查报道中暗访设备的使用分析，多种暗访设备在不同场合中的使用也是值得讲究的。比如在桑拿洗浴、涉黄场所中，不宜使用偷拍式手表、眼镜，而在跟踪调查、直面暗访的场所设定中，手表、眼镜无疑是最佳选择。

四、新媒体时代下暗访的后期“造势”

后期处理一般指利用实际拍摄所得的素材，通过三维动画和合成手段制作特技镜头，然后把镜头剪辑到一起，形成完整的影片，并且为影片制作声音。通过新闻暗访取得的材料也必须进行上述步骤后再“曝光”，以便向公众展示。但是，作为新媒体时代下的暗访报道，经历这一道“工序”必然不够。笔者此处阐述的，正是暗访结束后将收集整理后的暗访材料利用新媒体平台进行传播，达到为其“造势”的效果。

微博：实时报道新闻暗访，揭露内幕，利用微博话题与转发评论的功能，使公众舆论向暗访对象施压。

微信：及时推送新闻消息，后经“朋友圈”迅速发酵，引发网友关注。

网站：通过视频网站在线直播，各大媒体与门户网站纷纷转发，提供实时讨论与转发分享的渠道，进一步为新闻造势。

“绝味鸭脖”事件曝光后，凭借微博微信强大的舆论力量，新闻转发量阅读量节节升高，越来越多的公众知晓并参与其中，门户网站、各大媒体给予重大关注，网友如此反应强烈，促使企业在巨大的舆论压力下向民众做出解释与承诺。

新媒体时代下，暗访调查不仅要报道还要学会“造势”，利用网络媒体扩大其影响力，借用公众的力量施压，引发各部门与企业的强烈重视，在收获巨大传播效果的同时，取得良好的社会效果，发挥暗访的力量。

五、新媒体时代下暗访的其他注意事项

第一，保证绝对合法，不能以身试法。进行新闻暗访报道不能突破道德底线，也必须遵循暗访报道的合法性原则。记者没有特权，记者也不能违法。虽然法律法规并未对新闻暗访进行规范，但并不代表记者暗访可以跨越法律的底线。

第二，保证客观公正，证据扎实全面。新闻暗访所获得的资料是否能够作为司法依据，关键在于证据是否扎实全面。作为最直接的事实材料，新闻暗访材料的真实性毋庸置疑。但是，记者在暗访过程中，证据收集必须全面真实，毫无漏洞，避免落下话柄，引来司法之祸。

第三，暗访资料的保密问题，是新闻暗访中不可忽视的细节。暗访资料的保密性工作尤为重要，比如，暗访稿件与音视频材料存入电脑时应设置密码，暗访资料后期处理时不能触及相关利益人士的肖像权、隐私权，必要时打上马赛克，注明“非正常拍摄”等字样。拿特攻组记者暗访的严格保密机制来说，新闻暗访的选题报备只对组长一人负责，其他同级或是利益相关方通通不知情。

第四，虽说暗访记者应把保护暗访资料放在第一位，通过各种巧妙途径使暗访资料得以保存，但当人身安全遭到威胁时，最重要的仍是人身安全。“绝味鸭脖”事件中，暗访记者不慎暴露身份，被要求删去暗访材料，面对此种情况，记者保持冷静，不与之发生激烈冲突，借用上厕所的理由成功将信息上传至邮箱，随后在暗访对象面前删去音频材料，既保护了材料的安全，又保证了人身安全。另外，还可争取警方支持，暗访过程中警方始终“蹲点”于四周，一旦发生危险，警方立即出现可抑制事态的进一步失控。

新媒体迅速发展的时代下，新闻暗访记者要想做好暗访调查报道，在保证合法性的前提下，必须从前期准备、设备操作技巧、后期“造势”等方面掌握一定暗访策略。新媒体时代暗访报道之道，在于充分利用新媒体庞大的信息优势，在于发挥新媒体巧妙的技术优势，在于借用公众的力量“造势”，扩大影响力与传播效果。

参考资料：

[1] 刘承，姚宏：《隐性采访的前期准备与操作技巧——如何做好暗访调查报道》，《中国传媒科技》2012 年 22 期。

[2] 蔡斐：《记者暗访的类型与使用原则》，《中国广播》2012 年 12 期。

[3] 陈莲：《新闻暗访的合法性问题分析》，《中国报业》2013 年 04 期。

第三章　财经新闻报道

第一节 财经新闻采编的入门路径

广义的"财经新闻"覆盖全部社会经济生活和与经济有关的领域,狭义的"财经新闻"则重点关注资本市场、金融市场以及与投资相关的要素市场,并用金融资本市场的视角看中国经济生活。[1]

从结构上,财经新闻可分为宏观(整个国民经济全局新闻)、中观(区域经济或产业新闻)、微观(公司新闻)三大类。内容上,财经新闻可分为政经(政府层面的经济信息)、产经(房地产、汽车、有色金属等行业公司类新闻)、财经(涉及资本市场公司投资决策)、金融(银行、保险、基金、期货、信托债权等)、消费(日常消费类物价走势等)五大类。

一般而言,产经新闻、公司新闻、消费类新闻更易入门。就报纸的性质而言,党报偏爱政经新闻,都市报偏爱消费类新闻,财经专业媒体则关注财经领域的各个方面。

当前,中国已成为全球第二大经济体,经济市场化程度不断提高,市场对财经信息和报道的需求不断加强,《21 世纪经济报道》《经济观察报》《财经》等一大批财经媒体迅速发展,由此激发出对财经新闻人才的强劲需求。

由于专业要求程度较高,财经新闻人才在新闻职场目前处于并将长期处于稀缺状态(最缺的是能将财经新闻当作故事来讲的财智记者,产经新闻、公司新闻不缺乏新记者)。财经记者的流动性大,积累了一定行业人脉、知识经验的财经记者往往被相关机构"挖走"。

相对于其他类型新闻人(如社会新闻、科教新闻、文化新闻等),财经新闻人的采访对象多为财经高级管理人员,工作地点多为写字楼、高档酒店、政府部门、银行等高端机构,收入较高(月薪上万元是常事,月薪 3 万元也不罕见),转行后的收入通常会翻番。

财经新闻的内容,通常与国计民生有密切关系。财经新闻的采访对象,常常是对国计民生有重大影响力的人。所以,财经新闻领域,也是实现新闻理想的一块“宝地”。

目前国内比较出名的财经记者,大多并非财经专业出身。例如,在新浪网财经频道评选的“中国资本市场20周年最具影响力财经传媒人奖”[2]获奖者中,胡舒立、贺宛男、水皮均为新闻院系毕业生,钮文新更出身于数学系,左安龙则毕业于中国人民解放军艺术学院。

综上所述,迈入财经新闻领域做财经新闻,不但是当前诸多新闻学子的上佳选择,而且是诸多记者转型的上佳选择。

但是,我们发现,“财经新闻如何入门”一直困扰着有志于从事财经新闻的人,特别是在校新闻学子。为此,我们采访了已经迈入财经新闻领域的黄利明、官平、曾福斌、刘玉林、文梨梨、张力、胡飞军、张剑锋、黄伟胜等南昌大学新闻系毕业生。通过对他们相关经历的分析,我们找寻到财经新闻的入门路径。

如果下定决心做财经新闻,该如何迈入这个领域呢?

一、做好财经知识的积累

英国财经新闻人亚历克斯·布鲁默认为,“财经记者一定要精通数理方面的知识,要能够看得懂百分率、价益比、股息收益等经济术语,并且,写作能力要强。最重要的是,你要对财经报道、对商业感兴趣”[3]。

如果要做财经新闻,就一定要“懂行”:一是了解财经领域各个行业的发展历史及重要人物;二是要了解有关行业的各个环节;三是要掌握有关的概念、理论、术语、行话等。

优秀的经典教材可以让知识积累事半功倍。曼昆的《经济学原理》是财经媒体人强力推荐的,这本经济学经典教材备受赞誉。

美国经济学家罗伯特·弗兰克的《牛奶可乐经济学:最妙趣横生的经济学课堂》,非常适合作为经济学入门读物。该书提取日常生活经验中100多个事例,通过妙趣横生的分析,教读者用经济学的眼光看待生活和工作,并在不同的环境下巧妙地应用经济学原理,同时体验到作为“经济学家”的美妙之处。

经济学家梁小民的《经济学是什么》《黑板上的经济学》,茅于轼的《生活中的经济学》,也是比较通俗易懂的,与生活结合得比较紧密,特别值得初学者阅读。

吴晓波撰写的《激荡三十年》《大败局》等书,记录了改革开放以来中国商界的重要人物,阅读此类书可以提高初涉财经新闻者的报道热情。胡飞军说:“《激荡三十年》一书看着他们的人生起伏,以后也想把自己报道的领域那些商业人物记下来,财经新闻也可以写得不那么枯燥。”

中国创业投资行业和证券行业领袖人物阚治东撰写的《荣辱二十年》，可在证券股市方面给入门者以感性的认识。

初学者可以买少量股票，在炒股的过程中，不断增加对股票、证券等财经知识的了解，有意识地接触一些产业知识，深入了解某些行业的重点公司（这个公司的原材料供应商、代理商、零售商、竞争对手、合作伙伴等）。《创业家》杂志记者曾福斌，就是这样起步的。

担任《江西晨报》财经新闻记者、编辑职务的文梨梨，则建议学弟学妹们多看些心理方面的书。

要懂行，必须多做功课。胡飞军现在《证券市场周刊》采写财经新闻，他的一个体会是“研读招股说明书是了解一个行业最快的方法”，“因为招股说明书虽然很长，但上市公司要吸引普通投资者买股票，至少招股书要写得让人看得懂，里面有关于行业的介绍，包括多少家企业、管理企业的机构，怎样的竞争格局、怎样的上下游产业链等”。

研读“水晶球卖方分析师评选”（《证券市场周刊》主办）、“新财富最佳分析师评选”（《新财富》杂志主办）各行业排名前三名分析师的研究报告，也是一个迅速了解有关行业基本情况的捷径。研读这些最佳分析师的研究报告，可以使初涉财经领域的新闻学子迅速成长。

对财经新闻的初学者而言，辅修、旁听财经课程也是值得去做的。《南方日报》记者黄伟胜在 CCTV 实习前，曾在南昌大学辅修金融学专业第二学士学位课程。曾在《国际金融报》《第一财经日报》采写财经新闻的张剑锋说，在校学生大可去经济管理类学院旁听，充分利用学习资源，“班上有同学辅修了经济学课程，告诉我老师讲得很有意思，于是我去旁听了一节课，觉得很有趣，便买了《经济学原理》，开始了旁听和自学”。

二、做好财经新闻采编知识的积累

除了财经类专业书籍，专业的财经媒体新闻作品也是需要熟读的。例如，《21世纪经济报道》《经济观察报》《新世纪》《经济学人》和路透社、FT 中文网等媒体的作品。

研读各类财经媒体作品时，可以自发地对各种不同财经媒体进行分类比较，比较不同财经媒体对同一新闻事件的不同报道方向和报道手法，分析有关报道的选题来源、采访技巧、写作技巧和不足之处。

抄写佳作，是新闻学子迅速提高财经新闻写作能力的有效方法，这一点已被不少财经新闻人成长经历证实。

张剑锋推荐说:“《新世纪》、《财经》杂志、《经济学人》杂志、《经济观察报》等周报,这些出版周期比较长的刊物,稿件质量一般较高,经过细细打磨的,可以从中选出比较优秀的新闻稿件进行抄写。”

莫林虎《财经新闻经典报道选读》一书中收录了中国改革开放以来在国内外引起了巨大轰动的财经新闻稿件,抄写这些文章不但可以帮助初学者了解财经新闻,还可以帮助初学者梳理中国经济史,因为一篇好的新闻报道往往反映了那一阶段的经济形势和热点。此书经史结合,不论对入门者还是对转型者都大有裨益。

在经典财经文章模仿和抄写的过程中,须对文章的逻辑、文风、表达方式进行总结和模仿。

先后供职于《东方早报》《都市快报》《中国证券报》的记者官平,曾连续三个月抄写财经新闻佳作。遣词造句、句法文法、谋篇布局、写作思路、逻辑思维等都是他在抄写过程中思考和学习的东西。他认真琢磨:这篇报道采访了多少人,什么身份?在文章中不同的采访对象分别起到了什么作用?谁是核心和关键人物?怎么去寻找和联系这些关键人物?写作模式是什么?因为坚持抄写,官平的写作功底非常扎实。只要能采访到东西,他能很快地套用相应的写作模式(比如故事体、议论文体等),迅速成稿。

实际上,固定地长期阅读(观看)某一财经媒体的作品,大量地抄写这家媒体或某一位财经记者的新闻作品(例如100篇),还会有另外一个好处:由于熟悉有关媒体和记者的行事风格,初学者有很大可能获得有关媒体人的信任,进而获得这家财经媒体的实习机会和入职机会。网易网财经记者刘玉林,在进入《经济观察报》社实习前,就曾在两三年内长期购阅《经济观察报》。

初学者还可以涉猎一些口碑较好的财经新闻书籍。例如,《〈华尔街日报〉是怎样讲故事的》是一本非常好看的书,对于学习财经新闻采写技巧很有帮助。

胡飞军认为,贺宛男的《财经报道概论》这本书“全面介绍了财经新闻写作的经济知识”,几乎覆盖了财经的各个领域,从宏观经济到微观经济的介绍可以带给入门记者和学子启发。

要成为一位合格财经新闻记者,除了财经专业知识之外,良好的英文阅读听说能力也是必要的,诸如CPI、PPI、IPO等常见的英文术语必须明白其含义。《校园新闻实战手册》这本书收录的“英文采访的常用语句”(详见该书第二章第七节),也值得初学者熟记,因为财经新闻记者有很多机会采访外籍人士。

毋庸讳言,积累财经知识和财经新闻采编知识是比较痛苦的学习过程。因此,除了自己的坚持不懈、刻苦学习，初学者不妨与志同道合者结伴而学，以便相互鼓励、相互探讨、相互监督、相互促进。

三、在实习中逐渐走向独立采编

“Learning by Doing（在实践中学习）”“实践远比纸上谈兵有效”已成为世界许多传媒院校和传媒业界人士的共识。要成为合格的财经新闻人，实习是不可或缺的。当然，财经领域的实习机会，不仅限于财经媒体，也可以去银行、企业等财经机构实习。

确定“主攻财经新闻”的发展方向后，大可广而告之，这样的好处有二：一是给自己压力，督促自己在财经领域不断学习和提高；二是为其他人提供相应的机会。央视财经频道记者张晓楠就是这样广而告之的，也因此得到迈入财经新闻领域、进入央视的机会。

进入财经新闻领域实习前，可以先从社会新闻领域开始实习，积累一定经验后再到财经媒体实习。例如，财经记者官平大二暑假在《法制日报》驻江西记者站实习，大三暑假在《东方早报》大都会新闻中心（也就是社会新闻部）实习，使自己具备了基本的新闻采写功底。胡飞军先是在《江南都市报》实习，后到《东方早报》《第一财经日报》实习。张剑锋先是在《江南都市报》实习，后到《国际金融报》《南方周末》《第一财经日报》实习。南昌大学新闻学子张力，先在《江南都市报》《西安晚报》实习，后在《21 世纪经济报道》实习。

熟悉社会新闻的采写要领后，转做财经新闻依然是个很痛苦的过程。记者官平曾在北京的《第一财经日报》实习 5 个月。这 5 个月，吃住条件很差，交通不方便，每天要坐好久的公交和地铁。对财经知之甚少的他，想办法恶补功课，他经常跟着师兄曹开虎采访，回来自己尝试着写稿。与此同时，他抓紧时间了解基础知识，熟悉行业情况，抄写财经新闻佳作。经过近 3 个月的磨炼之后，他自己独立做了 10 多篇稿子，从选题到成稿，都是自己一个人做。

《江西晨报》财经记者文梨梨说：“做财经新闻，要采访的人不是企业家就是企业，打交道都很麻烦，遭拒绝也是常有的事情，所以心态一定要好，一次不成第二次，二次不成过断时间再去。”

《21 世纪经济报道》的一位资深财经记者向初入门者建议：“在实习、试用过程中，要设法建立行业人脉图谱：找到监管者或者行业的领军人物、关键人物，与之建立非常紧密的关系，用自己的专业素养、人品、智慧引起对方的注意，最好能够使其只愿意跟自己打交道；访遍有关行业每一个环节的中层领导，甚至具体操作的人，为以后的采写奠定人脉基础；当自己的品牌建立起来后，就不要写无关痛痒还让人反感的稿子，而是要拿出掷地有声的作品，哪怕一个月不写，也不写倒自己牌子的东西。”

在财经媒体实习时，要一直保持学习者的姿态，不能不懂装懂。面对采访对象，坦陈自己的不知，可给人真诚之感，可使其放松警惕。

实习时，可以先写些较为简单的产经、公司新闻，然后逐渐过渡到证券等难度较大的领域。当然，也可以直接迎难而上。

实习过程中，多浏览一些财经网站（如和讯网、中国货币网、中国证券业协会网、中国财经信息网、所在行业条线的监管机构和行业协会的网站）和财经论坛、股吧，这些都是很好的财经信息资源，实习生不但可以了解财经动态，而且可以从中发现财经新闻选题。

参考资料：

[1] 胡润峰：《财经新闻报道与写作》，复旦大学出版社 2006 年版。

[2]《中国资本市场 20 周年最具影响力财经传媒人奖》，http://finance.sina.com.cn/stock/t/20110106/13259213424.shtml。

[3] 引自崔莹的《做最职业的记者——对话英国名记者》，南方日报出版社 2009 年版。

[4]《21 世纪经济报道》：《21 世纪新闻学院培训教程》（内部资料）。

[5]《21 世纪经济报道》：《创世纪：一张财经报纸和她的世纪梦想》，南方日报出版社 2011 年版。

[6] 胡润峰：《财经新闻报道与写作》，复旦大学出版社 2006 年版。

[7] 莫林虎：《财经新闻经典报道选读》，浙江大学出版社 2010 年版。

[8] 贺宛男：《财经专业报道概论》，复旦大学出版社 2009 年版。

[9]（美）威廉·E·布隆代尔：《〈华尔街日报〉是如何讲故事的》，华夏出版社 2006 年版。

[10]（美）罗伯特·弗兰克：《牛奶可乐经济学：最妙趣横生的经济学课堂》，中国人民大学出版社 2008 年版。

第二节　公司新闻的采写[1]

公司新闻的写作特殊性主要在于其写作的方向:我们围绕影响股价的因素去写公司新闻,我们每次写作之前都要思考:我写这个新闻,会给投资者带来什么价值?

什么因素影响股价? 营收因素:公司销售、净利润、主营产品的销售、人员扩张。经营因素:新产品的研发、重要的投资项目进展、公司的兼并重组、公司分支机构的扩展计划。管理层:人事变动。

写公司新闻,应该将具体事件的影响写出来,这个分析不能是记者自己的想法,必须通过采访分析师获得,而且应该是高密度的采访,不是1~2个,而应该是5个以上的公司分析师所得,我们不能只关注董秘和证代的回应,因为他们的回应往往是非常官方且没有真实信息的,对于我们对公司深层次解读无益。

我们也不主张记者等待新闻稿,靠撰写新闻稿过活,记者需要寻找自己的选题思路,通过密集和大量的采访,形成新闻素材,基于素材去撰写优秀的新闻。

比如:万达集团今年力争收入超2000亿元,继续跨国并购。简评:王健林当时说了很多东西,但我们关注于万达公司的营收,以及在并购AMC以后的新的跨国并购动作,如果还有机会,我们或许更关心,万达IPO排队的情况。

比如:三星和苹果陷入知识产权纠纷,苹果索赔百亿美元。简评:显然这个事情是非常重要的,但它的重要性在什么地方? 这并不在于知识产权本身,我们聚焦在:索赔的价钱100亿美元,谁输了,可能都要赔很多钱。

与此类似的还有中国上市公司,很多涉及法律纠纷的,如果对上市公司无关痛痒,我们也不需要花很大精力去报道,尽管后面可能演绎出很多江湖绯闻;如果会影响公司经营的,我们将注意力集中在法律纠纷涉及的“钱”,涉及的“营运影响”,以及法律判决的案例性、会给行业带来的影响。

比如:人事更替。简评:这类的新闻,按理说,我们读者知道谁上台、谁下台就行了,具体到上市公司,我们关注的重点是新的领导人上台的经营思路、运营目标、主营调整和内部架构重组等问题,而这些问题是否会导致公司营运发生动荡,影响业绩和营收。

对于一般公司的新闻,我们也要从销售、营运、利润、新产品的开发带来的预期收益等方面入手,考虑公司赚钱的能力。切记:公司新闻围绕“钱”去写新闻,这样就贴近终端的读者了。另外,凡是涉及上市公司的新闻,请在文章最后一段加上股票的报价。

精编上市公司新闻稿件时,要明确:什么时候异动需要精编了,怎么去精编,以及如何程度自己已经控制不了,需要记者参与协助自采,处理方法如下:

(1)明确大盘开盘的时候需要快讯报点数,早盘收盘快讯和全日收盘快讯必须发。另外,沪综指涨跌1%是属于大盘异动了,立即发快讯,并写精编,比如:沪综指早盘上涨逾1%,城镇化概念提升基建行业估值。

(2)行业板块升跌幅度达到3%需要马上快讯出去,接着精编。

(3)个股涨跌幅度超过5%需要马上快讯,然后精编。

样稿一:

华润电力早盘曾涨近7%　因今年盈利前景乐观

大智慧阿思达克通讯社3月20日讯　中国主要发电商——华润电力周三早盘曾涨近7%,因公司及分析师对今年盈利前景均表乐观。

香港时间11:29,该股升6.21%,报22.25港元;稍早一度触及22.4港元,并跑赢大市恒生指数0.23%升幅。

分析师称,对华润电力今年盈利前景表示乐观,因燃料成本持续下滑,且发电量增加。投行花旗将华润电力2013年度盈利预测上调5%,即按年增长25%至93.5亿港元。

华润电力周一公布去年度净利同比大增68%至74.8亿港元。管理层在记者会上称,受惠于煤价持续疲软,预计公司旗下电厂今年的单位燃料成本下降5%左右,将对业绩有正面作用。

其主要竞争对手兼中国最大发电商——华能国际将于今天稍后公布去年度业绩,根据汤森路透综合26名分析师对华能国际去年净利预测中位值为60.13亿元人民币,同比大增4倍。

华能国际 H 股今早亦涨逾 4%，报 8.01 港元。

注意：股票或者市场的异动，不是我们说异动就是异动，一定要在内文中说明涨跌的幅度、价格。告诉市场北京时间什么时候，股价是什么位置，涨跌多少等等。

禁止："截至目前"等等，因为出稿和写稿时间差别太大，目前出去以后报价肯定是错的年报业绩。重点关注几个数据：净利润（有些是归属上市公司股东，有些是归属母公司的，但都是净利润，这是为了适应新的会计准则，具体区别自己去查百度）、同比涨跌幅、主营业务收入、同比的变化、银行和金融板块，我们还会关注坏账率、拨备覆盖率、资本充足率这些基本数据，以及所有年报里面的管理层讨论，特别是对当年业绩重大变化的解释和对未来公司业绩的营运的展望。

注意：重要的公司业绩（比如 A+H 和沪深 300 的大公司），以及业绩发生重大变化的公司（盈亏变化 50% 的公司）请先发快讯。

样稿二：

（快讯）中国大型房地产企业万科（000002.SZ）称 2012 年实现净利 96.25 亿

元人民币

（10 分钟内的短新闻）万科去年实现净利 96.25 亿元人民币，同比增长 32.2%

注意：题目中一定写净利润数据，其中业绩变化幅度优先于净利润的绝对值，能在年报中找到业绩变化的原因，请写到题目里面。

大智慧阿思达克 1 月 7 日讯　中国最大房地产公司之一的万科企业股份有限公司（000002.SZ/200002.SZ）周一公布 2012 年业绩称，去年实现净利润 96.25 亿元人民币，同比增长 32.2%。

去年前三季度，万科实现净利润 35.84 亿元人民币，同比增长 9.53%。2010 年，万科实现净利润为 72.8 亿元。

公司稍早公告称，2011 年实现销售面积 1075.3 万平方米，销售金额 1215.4 亿元人民币，同比分别增长 19.8% 和 12.4%。不过按惯例，房地产公司当年预售及销售收入只有在项目竣工结算后才能转成公司营收，所以有部分销售滞后反映在公司业绩报表中。

万科 A 股周一收报 8.35 元，下跌 2.91%。

注意：内文中一定要有公司股票当日的报价。

样稿更新版(精编与记者配合,增加现场记者采访内容,或者是分析师对业绩的解读):

万科去年净利按年升32%符预期,对买地态度审慎

大智慧阿思达克1月7日讯　中国最大房地产公司之一的万科企业股份有限公司(000002. SZ/200002. SZ)去年净利润同比增长32.2%,与市场预期基本相符,而公司今年对买地仍抱相当谨慎态度。

万科并表示,虽然现时楼市已有所降温,但土地出让底价仍处高位,土地购置机会有待观察。

"我们目前的土地储备足够未来两至三年开发需要,但不表示公司不缺地……但我们宁愿错失机会,也不去冒险。"万科总裁郁亮在业绩发布会上说。

他表示,地价没有下跌的原因是地方政府的拆迁成本高,政府不能亏本卖地,所以地价下来更难一些。

截至去年底,公司的土地储备为3547万平方米。今年现有项目预计新开工面积1328万平方米,竣工面积890万平方米;去年度分别为1448万平方米和659万平方米。

万科在收盘后公布业绩,去年的净利为96.25亿元人民币,每股盈利0.88元,董事会建议末期息每10股派1.3元,前年度为每10股派1元。

今年楼市调控会否放松,是市场最关注的问题。国务院总理温家宝在工作报告中就强调,房地产调控处于关键阶段,要进一步巩固调控成果,促进房价合理回归,而住房和城乡建设部部长姜伟新最新表态,今年楼市调控不会再出新招,但也绝对不会放松。

郁亮相信,今年的楼市政策走势不会有大变化,市况会沿着政策性的方向前进,但他认为市场已开始走向健康,但仍要巩固,所以今年市况料跟去年差不多。

不过,他指出,多个地方政府先后都有想放松调控政策的举动,但都给中央叫停了,但另一方面银行对首次置业人士给予一定的信贷支持。

"这两个讯号表明政府(调控)政策会继续下去,但对首次置业的刚性需求仍会给予照顾的。"郁亮说。

万科2011年实现销售面积1075.3万平方米,销售金额1215.4亿元人民币,同比分别增长19.8%和12.4%。不过按惯例,房地产公司当年预售及销售收入只有在项目竣工结算后才能转成公司营收，所以有部分销售滞后反映在公司业绩报表中。

万科A周一收报8.35元，下跌2.91%。

金融类上市公司业绩样稿：

（快讯）中国工商银行（601398.SS/1398.HK）2012年度净利为2083亿元人民币（市场预期为2065亿元）

（快讯）中国工商银行2012年度每股盈利为0.6元人民币

（快讯）中国工商银行2012年度净利息收益率为2.61%

（快讯）中国工商银行去年末资本充足率为13.17%

（快讯）中国工商银行去年末核心资本充足率为10.07%

（快讯）中国工商银行2012年度不良贷款率为0.94%

工商银行2012年度净利按年增长26%，优于预期（短新闻）

大智慧阿思达克通讯社1月7日讯　全球市值最大的银行——中国工商银行（601398.SS/1398.HK）周一宣布，去年度净利按年增长26%，优于市场预期。

该公司的业绩公告显示，2011年全年净利为2083亿元人民币，优于此前市场多名分析师预测的2064.6亿元。上年同期则为1651.6亿元。

期内每股盈利为0.6元人民币。

去年末的核心资本充足率为10.07%，资本充足率为13.17%。不良贷款率为0.94%，净利息收益率为2.61%。

工商银行A股周一收报4.93元，跌1.6%，或0.01元。

样稿更新版（重要公司增加记者业绩解读）：

工商银行称今年净利息收益率

有望稳中有升，盈利增速料低于去年

大智慧阿思达克通讯社1月7日讯　面对今年相对复杂的经济金融环境，全球市值最大的银行——中国工商银行（601398.SH）行长杨凯生周一表示，该行今年的净利息收益率有望保持稳定,并有所上升。

他在工行(1398. HK)业绩发布会上并称,今年1—2月该行的净利息收益率为2.61%,与去年持平;目前为止该行的贷存比为63.5%;地方融资平台贷款目前质量亦稳定,不良率仅为0.73%。

"今年存款准备金率下调过了,也有预测会继续下调,可释放出更多资金,贷款收益比法定存准收益高得多,我对未来一个阶段净息差有信心。"杨凯生说。

他进一步解释称,工行现有贷款中69%将重新定价,将执行升息后的利率水平;36.8%的存款会重新定价,而需要重新定价的存款中有80%存款是一年以内的,故存款重新定价对2012年付息增加影响很有限。

广发证券一银行业分析师表示,工行净息差今年整体走势会比较平稳,但也不会有明显的增长,其研究报告预计,商业银行今年在各季度的贷款节奏将较往年更为平均。息差预期在今年一季度见顶,之后环比稳中趋降。

此前,中国建设银行(0939. HK/601939. SH)就预计今年净息差扩大势头很难延续。"今年保持利差增长压力较大。"建行副行长庞秀生称。

建行年报显示,去年该行净利息收益率由2010年的2.49%稳步上升至2.70%。

年报显示,工行2011年全年净利按年增长26%,为2083亿元人民币,优于汤森通讯社I/B/E/S综合多名分析师预测的2064.6亿元。上年同期则为1651.6亿元。

"预计今年工行的盈利增长在20%左右,处于行业的平均水平。"上述广发证券银行业分析师说。

截至去年底,工行的不良贷款率为0.94%。杨凯生并称,该行房地产开发贷款不良率为0.82%,按揭贷款不良率为0.35%,房地产贷款质量稳定。

一券商金融业分析师表示,对中资银行的资产质量应有一个客观的判断。不能回避的是近几年信贷大规模扩张,在这种情况下,银行的不良余额和不良率往下走也是一个正常现象,"但是全行业在1%的水平是不是正常的,这个值得商榷"。

此前公布年报的交通银行(3328. HK/601328. SS)称,截至去年底,该行不良贷款率为0.86%,比年初下降0.26个百分点。

工商银行截至去年末的核心资本充足率为10.07%,资本充足率为13.17%。杨凯生并表示,该行目前没有股本融资计划。

"若采用新资本协议的内部评级法,工行的资本充足率将有所上升。"董事长姜建清说。

工行并称，截至去年底，该行地方政府融资平台贷款余额为6800亿元，比上年下降2400亿元；其中现金流全覆盖的达90.4%，全覆盖和半覆盖的达97%。

业绩公布前，工行A股今日收跌0.7%，报4.28元人民币，过去一个月累计跌逾3%。同期，H股跌1.6%，报4.93港元，过去一个月累计跌逾11%。

参考资料：

[1] 此部分内容引自《大智慧通讯社写作规范》。

第三节　金融新闻的采写

金融新闻是财经新闻的一个分支领域，但国内几乎没有专著专门研究金融新闻，国内专门开辟金融版面的媒体也屈指可数。

贺宛男等在《财经专业报道概论》中说："金融报道的内容具有政策性强、专业性强和受众面广等特点，属于财经报道中的'高、精、尖'科目。"[1]

一方面，金融报道要把枯燥复杂的金融问题深入浅出地呈献给读者；同时，金融领域为投资者关注的重要领域，金融报道还要体现专业性、实用性，为投资者提供关键信息，便于投资决策。

狭隘的金融新闻是指金融机构的新闻。《财经专业报道概论》中说："金融机构是金融记者面对的第一道'考题'，业内所称的'金融条线'也主要是发掘来自金融机构的一些新闻。"[2]

在中国，金融机构包括央行、银监会、保监会、证监会、银行、保险公司、信托公司、融资租赁公司、地方政府融资平台、期货公司、PE（私募股权投资基金）、融资类担保机构、小额贷款公司、农村中小金融机构以及相关的行业协会等。

金融机构的政策出台、兼并重组、设立退出、经营行为、机构丑闻、人事任免、数据发布等方方面面的事情，都是金融新闻的报道对象。

广义的金融新闻还包括对证券市场的报道。有些媒体会将金融机构的新闻报道与证券市场新闻报道划归在一个部门。

所谓金融,就是资金的融通,一般公司的金融行为也是金融新闻的报道对象。比如向银行贷款、民间借款行为等,2011 年各地的房地产公司的资金链危机一直是《21 世纪经济报道》金融部的选题来源。

此外,还有各地不断爆发的金融犯罪,比如非法吸收公众存款罪、集体诈骗罪等,也是金融新闻的选题来源。

现实生活中的金融现象是多层次、多方面的,把握住资金融通这一核心概念,金融记者的视野才能打开。

一、金融新闻的选题来源

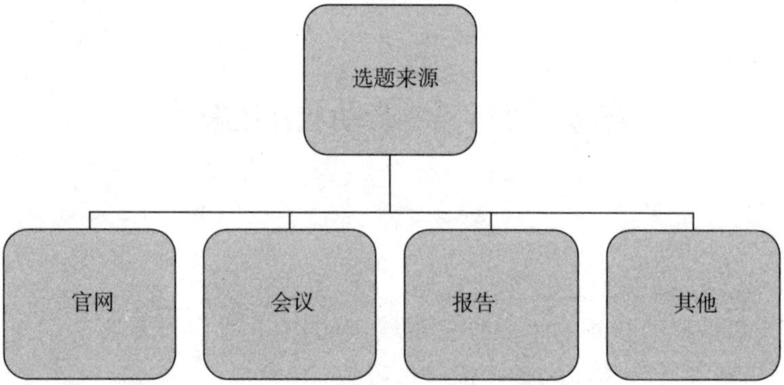

图 3－1　金融新闻选题来源

(一)来自金融机构官网的新闻选题

所谓“巧妇难为无米之炊”,在金融报道中,“米”就是金融新闻信息来源,而信息的主要发布渠道,便是从事金融活动的组织,即金融机构。

在世界上,金融业因其系统性风险会带来毁灭性的打击,因而也是监管最为严格的行业,监管政策层出不穷,监管层人士更是媒体追逐的焦点人物,因为其一言一行都时刻牵动着市场的神经。

中国也不例外。中国银行业金融机构的监管机构为银监会,保险行业为保监会,证券市场为证监会,而中国人民银行则有总括一切的监管职责,但跟美联储这样的混业金融监管机构相比,我国央行的混业金融监管职能还比较弱。“一行三会”又在地方设有很多分支机构,例如人民银行在县一级政府都设立分行。

除了中央的监管机构,还有隶属于地方各级政府的金融监管机构——地方金融工作办公室、地方金融工作局。此外,还有一些金融监管机构以外的但又跟金融行业息息相关的党政机关,如中共中央金融工作委员会、财政部金融司、国家发改委财政金融司等。

不同的监管机构负责监管的金融行业不同。例如，银监会负责监管国有大型商业银行、政策性银行、国家开发银行、邮政储蓄银行、股份制银行、城市商业银行、农村信用社等农村中小金融机构，还有信托公司、企业集团财务公司、汽车金融公司以及消费金融公司等非银行金融机构。保险行业自然负责对各类保险公司的监管。

地方金融办则负责对融资类担保机构、小贷公司等机构的监管，同时还承担着协助中央监管机构对属地的金融机构进行监管、帮助地方企业融资等职能。

搞清楚了监管机构对应的行业，还要搞清楚监管机构的工作内容。例如，银监会无非是对银行业金融机构设立、退出、分支机构发展进行行政准入监管；同时还要设立各项监管指标，例如银行的存贷比、资本充足率、拨备覆盖率、流动性比率、贷款流程管理等指标；还有对行业的日常风险的监测，对问题机构的指导，对风险机构的处置；对银行高管人员任命的资格审查以及对其的处罚等。

熟悉了监管机构，对它出台的政策就不会摸不着头脑，才能对号入座。政策新闻是金融新闻很重要的一部分，作为一项必备动作，笔者每天都会刷新几遍央行、银监会、保监会、财政部、发改委等机构的官方网站，了解每日的各类动态，以便及时给编辑报题。

例如，自 2011 年末保监会换帅之后，新任主席项俊波便打出了一系列旨在保护保险消费者、挽回行业形象的组合拳。一天内会发布多条监管动态，这就需要记者及时去捕捉这些信息，以防漏题，且漏题是要被处罚的。

其他部委的官网也要随时关注，说不定就会有与金融相关的政策出台。例如，2012 年 3 月 21 日和 22 日，最高人民法院分别发布了《关于审理道路交通事故损害赔偿案件适用法律若干问题的解释（征求意见稿）》和《关于适用〈中华人民共和国保险法〉若干问题的解释（二）》（征求意见稿）。《21 世纪经济报道》记者包慧第一时间捕捉到这一信息，写出《最高法出台保险司法解释：业界激辩赔付压力效用》[3]的文章，引起较大反响。

除了部委的官网，行业协会的官网也是要常去看的，上面的协会动态，往往会有意想不到的新闻线索出现。

还有金融企业的官方网站，如果是上市公司的话，就更要刷新它的官网。因为作为上市公司，它必须按规定及时披露信息，这种公告一般在炒股软件以及证券交易所的官网上都能找到，这就需要每天去关注这些网站。

（二）来自各种会议的金融新闻选题

会议是出新闻的地方。在一些重量级的会议上（有重要任务或者重要议题），往往是新闻的富矿地。

在2011年12月1日举行的第九届中小企业融资论坛上，中国银监会银行监管二部张海川处长针对城市商业银行的现状及监管情况发表了演讲。关于城市商业银行上市的政策，张海川认为：这符合绝大多数人的利益，对于股东实现了股权的价值发现，同时符合监管部门的利益，符合客户的利益，目前为止所有报上市申请的城商行，符合标准的都发通行证。

张海川当时说出这段话的背景是，自北京银行、南京银行、宁波银行2007年上市以来，4年里还没有任何一家城市商业银行上市。同时，由于齐鲁银行案的爆发，监管层对城市商业银行的扩张也提出严厉批评，要求城市商业银行苦练内功。

张海川这段话的放出，无异于监管层已改变之前对城商行的糟糕印象，批量上市已指日可待，这在当时可谓爆炸性新闻。

还没等到第二天，类似《银监会：城商行只要符合上市标准都予通行》这样的标题开始出现在各大财经新闻网站的首页，纸媒在第二天的报道更是不遗余力。不过，后来据可靠消息，张海川处长受到了监管内部的批评。

在笔者参与一次会议上，通过极力捕捉，既拿到了高层人士独家的料，也捕捉到了当时还在延续的重大事件的独家信息。

在北京中担事件的余波尚未平息的时候，北京信用担保行业协会在4月10日、11日召开理事会年会，笔者当时也在场。4月10日的会议未提及中担事件，只说了北京担保业2011年的面上的情况，令笔者大失所望。

但晚上的晚宴，笔者有幸与银监会融资担保部一副处长同桌，酒过三巡后，记者问及了监管方面的一些事情，他告诉记者融资性担保机构部际联席会议马上要出台《融资类担保机构保证金规范管理办法》，笔者再追问了一些细节，一篇独家新闻的轮廓便已形成。

虽然已经快晚上8点，但笔者还是给编辑打了电话，报了选题，编辑也很给力地把另一条稿件撤了，而在登上了笔者的《多部委拟出台担保公司保证金管理办法》[4]这篇文章，虽然是篇不到800字的小稿，但该文章后来也被广泛转载。

第二天的分组讨论会，笔者一直紧跟核心人物——北京信用担保协会会长李世奇。终于，他没令笔者失望，深刻地分析了中担事件，最为重要的是谈及了对北京担保业的影响，笔者抓住了北京担保业代偿率将上升这一关键点，写出了《中担毁于恶性膨胀：北京担保业代偿率或将上升》[5]，由于视角独到，脱离了之前媒体集中于中担这一轨道，而引到了整个北京担保业，所以转载较多。

所以，会议不但是金融新闻的富矿，而且也是结交业内人士的最佳场所，做个有心人，就一定能够有更多的收获。

（三）来自各种报告的金融新闻选题

如果你所关注的金融机构是上市公司，就要写机构的季度性的定期报告，因为按照证监会的要求，上市公司必须披露自己的年报、半年报、一季报、三季报等经营业绩报告。年报发布时间一般为一年的3月至4月份；半年报为7月至8月份、一季报为4月份、三季报为10月份。这些月份当然就是金融记者的富矿月了。

目前为止，中国A股上市银行共有16家，分别为工商银行、农业银行、建设银行、中国银行、交通银行、招商银行、民生银行、浦发银行、中信银行、光大银行、华夏银行、兴业银行、深圳发展银行、北京银行、南京银行、宁波银行。加上在香港上市的重庆农村商业银行，共17家上市银行。

上市的保险公司为：A股上市的中国人寿、中国平安、中国太保、新华保险；H股上市的保险公司为中国财险（即人保财险）。上市保险公司共5家。

因为定期报告里有很多可写的内容，所以媒体会从各种角度进行解读。编辑策划能力比较强的媒体甚至会以专题的形式呈现同类上市金融机构的综合报道。例如，在5家上市保险公司2011年年报公布完毕之后，《21世纪经济报道》便做了整版的保险专题，分别从财险、寿险以及偿付能力三方面对上市机构年报进行深度解读，取得了很好的效果。

在新人入行的时候，老记者一般会要求新人阅读各家上市金融机构的年报，一是熟悉行业情况，二是加深对各种名词的理解。笔者刚入行时便读完了2006年到2010年的银监会年报，从此知道了监管的工作内容，明白了监管的内涵与边界，了解了监管的历史与行业变迁，这对日后理解银监会出台的各项政策大有裨益。

一资深金融记者A曾告诉笔者，优秀金融记者一定是懂历史的，因为只有懂历史，写出来的东西才会有厚重感，才不会成为历史的碎片。

除了上市金融机构的定期报告，日常看的更多的是券商的研究报告，券商往往会对热点问题进行分析，也会对上市金融机构的定期报告进行分析。因为其专业性强而得到媒体的大量引用，甚至报告本身成为媒体报道的内容。

例如，在2012年2月份，媒体报道时任副主席习近平访美后，中美双方发布《关于中美经济关系的联合情况说明》[6]，显示中方决定对外资保险公司开放交强险，引发市场广泛关注，此背景下，兴业证券撰写专题报告《交强险开放影响几何?》，解读交强险开放究竟影响多大。该报告对交强险的经营情况、亏损原因以及开放后对外资的影响进行了深入的分析,并大胆预测对外资车险业务带来的扩张空间为150亿元,因为其权威性和专业性而得到了媒体的大量引用。

在券商分析师对行业进行长期的关注时,各家券商也往往在自己的强势领域形成品牌。例如:中金公司的银行业分析报告、中信建设证券的保险业分析报告等,一般而言比较权威。大的券商一般而言出的报告较为靠谱,但中小券商的报告往往会以独家视角取胜,这需要你认真筛选。

此外,国际性的著名咨询机构出的行业研究报告,一般也是各家媒体争相报道的内容。例如惠誉、德勤、毕马威等大型国际咨询机构会定期出一些行业研究报道,甚至会有发布会或者电视电话会议的形式进行,因其权威性与专业性而引来媒体广泛关注。

例如,2012年伊始,德勤便以新闻发布会的形式发布了《2012年中国保险业十大趋势与展望》,罗列了2011年保险业的热点问题与2012年的发展趋势,笔者在当日写出了《德勤称:2012保险公司或迎来股市融资潮》[7]的报道,后多家媒体不断引用该报告的内容。因其权威性、专业性及涉及热点较多,笔者在后面写文章时也多有引用。

对于新人而言,研读各类报告能够加深对行业的理解,尤其是加强对行业常识的了解。

(四)来自其他渠道的金融新闻选题

其实更多的独家猛料还是通过私人关系获得的,这就要看这个记者与行业的接触程度如何。接触得越深,获得的料就越多。甚至很多监管机构的内部资料,与监管官员私交甚好的记者也能够拿到。

还有就是"炒冷饭",对于已发生的新闻,如果能够寻找第二着眼点或者能够发掘新的猛料,那也可以写出很好的稿子,关键还是看内容。

另外就是对于即将发生的事情进行预报道,通过报道推动事件发展。比如对于银监会目前正在推动的银行业新资本协议,虽然还没有具体出台时间,但媒体早已不遗余力地持续进行报道,因为它关系到银行业未来经营管理模式及风险控制的改革,对银行业可谓是根本上的影响。

再就是线人的主动爆料,一般而言金融新闻的爆料,多为利益纠纷,需要记者仔细辨别真伪,防止被别人当枪使而自己浑然不知。

《〈华尔街日报〉是如何讲故事的》里面提到,与其按照一个已经形成的思路去采访某人,不如和某人坐下来聊天,保持和这些信息源平日的联系很重要,有时往往会有意外的收获。前者是一种商业交换,采访对象必须考虑自己的利益,或者敷衍或者合作；而后者则使采访者成了学生，采访对象成了老师，记者关注的是如何奉承对象，而不是威胁对象。[8]

笔者就在一次与采访对象的聊天中，得知了国务院的行政法规《机动车交通事故责任强制保险条例》有望在6月启动修订的重磅消息，随后便写出了《交强险条例修订将启动：经营模式、费率改革成焦点》[9]这一独家新闻。

其实，金融新闻与其他新闻选题的来源有很多相通的地方，只是报道的领域不同。发现新闻线索的能力源自对行业的感知能力，也就是新闻敏感性。而敏感性又源自对行业持续的关注，这不是一两年的事情，一位《21世纪经济报道》的副总编曾表示，成为一个成熟的财经记者至少需要5年的时间。在她看来，一般财经记者的路径应该是产经新闻—财经新闻—金融新闻，但现实中没有人这么做，这就需要金融记者同时学习更多的其他报道领域的专业知识，因为金融与实体经济息息相关。

二、金融新闻的采访技巧

对记者来说，金融行业相对而言是很封闭的，除了上市公司会按规定发布公告、报告外，很多信息媒体往往不得而知，或者只是浅层次地获得信息。

俗话说，七分采、三分写，金融新闻更是如此，过硬的采访能力成为媒体制胜的关键。前述资深金融记者A曾对笔者表示："经常要问自己这样一个问题，金融圈的人为什么要接受你采访、为什么要告诉你真相？你要知道，大多时候，对他们而言接受采访只有坏处没有好处啊。"在本部分，笔者将讨论金融新闻的采访技巧。

（一）突破能力——金融记者的核心竞争力

怎么突破，是记者常问的问题。《21世纪经济报道》一位资深编辑A认为，记者最核心的竞争力就是突破能力，金融记者就更是如此。

越是重大的新闻，采访难度越大、价值越大。而容易采访的新闻，除非有特殊的信息渠道、有特殊的人脉关系，否则就价值不大。在一个公平的起跑线上，面对一个没有资源的新闻事件，谁有突破能力，谁的匕首最锐利，谁能拿来最核心的材料，谁的文章就最猛，谁的文章就有价值。[10]

金融行业是高风险行业，风控要求高，严格的风控文化也多少影响了金融从业者对媒体的态度。对金融记者而言，四处都是铜墙铁壁，没有过强的突破能力，往往写不出有重大影响力的稿件。圈内人士慎言的原因在于多说对他有害无益，反而会引来麻烦，甚至是失业。

《21世纪经济报道》金融部一位资深记者B认为，金融记者要实现采访突破，一是自己的专业素养，二是自己的信誉。

（二）丰富的知识储备与能力储备

人家为什么要接受你的采访？让对方觉得自己是一个懂行的人，往往是取得对方好感的第一步，这也是人之常情，因为人们往往都喜欢跟能够理解自己观点的人交谈。

做大人物的专访更是得拼专业素养，对方可能从采访提纲中就能看出你对行业的理解能力。

笔者亲自参与了对新任中国农业银行行长蒋超良以及国内知名信托公司平安信托董事长童恺的专访。

指导记者首先让笔者查找所有关于农行及平安信托的报道，甚至他们在一些行业杂志上发表的署名文章。这项工作就做了两天，但细细研读下来，你就会对采访对象有个大致的了解，写提纲也会游刃有余。

上面说的也就是快速学习的能力，在笔者入行第一天，指导记者便告诉笔者要具备快速学习的能力。比如，对第二天要去采访自己完全陌生的领域，就必须在第一天通过快速学习消化掉，方法无非是查找消化陌生的专业术语，看以前的相关报道，快速翻看相关的专业书籍。其实，我们的记者大多时候都是在快餐式地学习。

不过，平时的积累更为重要，比如专访农行行长，你要对起码的银行的相关知识有所了解，还要知道银行的重要经营指标如总资产回报率、资本充足率、不良贷款率、拨备覆盖率、存贷比、净利息差、中间收入占营业收入比重等，基本的信贷知识等。

在笔者刚进入《21 世纪经济报道》实习的时候，指导记者便送了笔者一套银行业的专业书籍，包括《银行从业人员资格考试系列丛书》《优秀信贷经理必备》等工具类图书以及《三十而立——中国银行业改革开放征程回放》等学术类书籍。

此外还要对农行的情况有所了解，包括历史情况、现在的情况，在脑海中要建立对农行的时间轴。还有就是对采访对象的了解，包括对方的履历、言论等。

新闻专业出身的财经记者，尤其是新记者，其实每天都过得很焦虑，因为你每天都要采访你知之甚少的行业，临时抱佛脚式的学习以及每天的日常学习成为日常生活的一部分。不过，久而久之，你会发现很多东西自己已经日渐熟悉，行业的全貌自己已经可以相对看清。但如果你是个上进的人，你就会不断挑战自己，不断做深入研究，因为你接触的采访对象会不断向高端延伸。

时刻记住，金融的水真的很深很深，全世界最聪明的人也大多混迹金融行业，你要做的就是不断学习、超越自我。

现在的世界金融业已经你中有我、我中有你。不光是世界的金融企业巨头纷纷投资中国,国内的金融机构也在不断往外走。同时,金融监管也开始出现跨国监管的趋势。能说一口流利的英语,对一个金融记者来说无异于撒手锏。

在前《21世纪经济报道》资深记者罗绮萍看来,身怀外语能力,是一个很大的优势。她精通普通话、广东话、英语。在一次演讲中,她告诉即将跨入新闻行业的学生:“你们一定要找机会放胆子用英语采访。”

2004年,她去采访东盟的一个活动,找到了当时的东盟秘书长王锦荣说要采访她。王接受采访有一个前提,那就是:“你能用英语采访吗?”罗说:“为什么不能?”王说:“太好了,你是第一个这样说的中国记者。”就这样,一项语言优势搞定了一次高端采访。[11]

笔者刚到北京时参加了一次IMF(国际货币基金组织)的电视会议,但会议是英语交流的,由于笔者英语实在太差,什么也没听懂。相反,在座的其他中国记者则用英语积极提问。回来后把录音给指导记者,指导记者问笔者能不能翻译出来,笔者难堪得说不能。她只能自己来翻译了,后来报纸上出现了笔者的名字,但面对那篇文章,笔者真是羞愧难当。

精通英语,不仅有去香港、纽约、伦敦驻站的机会,更重要的是你获取信息的范围被放大到全世界了。在巴塞尔银行监理委员会、金融稳定理事会、世界银行网站找资料不会再是一件难事。每每听到别的记者甚至实习记者打越洋电话,心里真不是滋味,以后这一课得补上。

(三)把握时机,秀出自己

有了兴趣,也很勤奋,平时积累也不少,那就该去现场练练了。如果不去现场,即使你文章写得好也没用,因为你的采访对象不认得你。如何让人家当场认得你,这就需要一些小技巧了。罗绮萍的经验就是秀自己。在她看来,所有的记者脸皮都要够厚,可是也要心细,在适当的场合秀一下,人家就记得你了。

首先要在着装上秀一下,要尊重你所在的场合。坦白地说,部分老总还是对外形比较看重的,一个好看的人问一个笨问题,一个不好看的人问对了问题他还是会回答笨问题,没有办法,所以好看的人问错了问题人家还是同情他的。

人眼之间还是看第一印象比较多,相对在一群人当中打扮比较靓丽的就比穿的比较普通的容易被记住一些。一次会议见到你的潜在采访对象就有第一印象,两次会议再见就有第二印象,次数多了,他就会觉得这个记者我总见到他,我印象中他很勤奋,很尊重这个场合。你尊重人家,人家也会尊重你。如果你穿休闲鞋,背一个背包,除非你像犀利哥一样帅也行,否则人家不会记住你。当然大部分人还是看实力的,他看过你的文章,知道你的为人,就好办事。[12]

《21世纪经济报道》前资深记者罗绮萍在21世纪财经新闻奖学金班的一次讲课中说:"为什么很多银行家对我印象比较好,愿意接受访谈呢?就是因为我的突破能力比较强,你问问题的时候,要想方设法让对方开口。"

如何锻炼自己的突破能力呢?还是秀,尤其是在做直播、比较大型的活动中把握时机去秀。

例如,罗绮萍曾经连续两年两会期间争取到提问央行行长周小川的机会。2008年3月份,她就问他,"周行长,我很高兴还能在这见到您,您还是这个头衔",台下先笑倒一片。

罗绮萍这么说,是因为2008年2月份党的十七大时就有传闻说港股直通车的事,周小川背了黑锅,说他不行了,要下台了。这句话说得很绝。

她接着问道:"银行家最重视的是信用,我们注意到了2007年8月20日外管局发布了一个文件,就是所谓港股直通车,现在已经是2008年3月6日了,可是这件事一直没底,您是做还是不做呢?能给我个明确的说法吗?这件事对您的仕途有没有影响呢?"台下又笑倒了一大片。

她把一个很简单的"港股直通车有没有"的问题打包,逼得他必须回答,这样就可以套出他的话,拿到硬新闻,而且,最终的是所有看直播的银行家或者其他潜在的被访者会觉得这个记者太厉害了,他们会认为她肯定跟周小川很熟,才敢这样说话,这为她以后的突破采访做了很好的铺垫。[13]

还有一点小技巧就是,在去大型的会议或者晚宴的时候,你首先要找的就是它的VIP室,最好也要知道最接近VIP室的男厕在哪,然后看有没有办法溜进VIP室,如果溜进去了,一堆VIP就由你随意访了。

(四)与人交往以诚为本

如果一个记者在圈内的私人朋友很多,那么不写出优秀的稿件都不由他。稿件的质量取决于与行业的交流程度。交流的层次高、程度深,写出的稿件自然会掷地有声,业内也会有更多的人愿意跟你做朋友,这是一个良性循环。

前述《21世纪经济报道》金融部资深记者A曾告诉记者,关注一个行业时,首先要画这个行业的人脉图谱,要知道影响这个行业的关键人物是谁,从监管的官员到大大小小的机构老总,然后去逐个"拜码头",在各种场合去撞。

如何取得别人的信任,除了前面所述的专业能力外,还要有自己的信誉,让别人觉得你是个靠谱的人、让人放心的人,这一点很重要。

比如有些记者为了赚取舆论的噱头,制造耸人听闻的新闻,会故意歪曲采访对象的本意,搞得人家尴尬万分,"这种伤痛是永远都无法抹平的"。前述资深记者

A说。

还有对于采访对象要求的匿名问题，如果对整个新闻作品无妨碍，那么就尽量满足对方，因为对采访对象而言，他可能失去的是一份高薪水的工作。

《21世纪经济报道》唯一的首席记者赵忆宁老师曾表示，做访谈，尤其是高端访谈的一个诀窍，就是跟人交往以诚为本，这是最重要的，只要把握好了这一点，以后就会慢慢地建立起自己的资源库。

三、金融新闻的写作技巧

到了写作阶段，也即意味着要把前期的采访素材以及在此基础上形成的逻辑构想要用文字的形式呈现出来。如何在保证新闻作品的客观公正符合新闻专业主义要求的同时，能够保证读者有快感、高效地获取信息，是每一个追求上进的记者关心的事情，当然更是金融记者关心的事情。由于在财经新闻里专业性最强，所以金融新闻写作对记者提出了更高的要求。

（一）逻辑的力量

曾任《21世纪经济报道》头版负责人，现任《理财周报》副主编的谭昊说，一篇好的文章第一个基本要素便是逻辑，逻辑要简单明了，不能拐弯抹角；而且逻辑不能隐藏得太深，要尽量显性化，不然读者可能挖掘不出来；同时还要注意一些技巧，例如漂亮的过度、前呼后应的转承等。[14]

以笔者在2012年3月17日发表在《21世纪经济报道》特别报道版的《湘西曾成杰"集资诈骗"获死刑：类"吴英案"再引争议》[15]为例，该报道总共5500多字，笔者历时一周完成，案情庞杂，资料繁多，但只要捉住核心，看清内在逻辑，写作也不过是一个通宵的事情。

为了引起注意，编辑在改标题时与引起社会广泛关注的"吴英案"联系在一起，同时，在定性上，本案与吴英案也都是以集资诈骗罪被判处的。同时宣判日期接近，只差一天，笔者便在导语部分安插了这样一段话："就在前一天的1月18日，浙江省高级人民法院对备受社会关注的'吴英案'进行二审宣判，以集资诈骗罪判处吴英死刑。目前，曾成杰和吴英的死刑判决均已报请最高法院核准。"

这样的处理，引起读者广泛联想，后期其他媒体的文章标题，也大多将吴英案联系在一起。

在第一小节，笔者交代了案子的缘起，简单交代是因为"三馆项目"的集资问题，让读者了解了曾成杰被抓的直接原因，对案情有个概览。

第二小节便讲案件的核心争议"非法占有之辩"，因为集资诈骗罪的本质就是以非法占有为目的。在该小节，笔者先罗列了相关的司法解释，然后再罗列双方对峙的观点，文章不显示笔者的直接判断，而是呈现事实，由读者评判，做到客观公正。

第三小节讲本案的最大瑕疵“资产评估缺失”，所列全是客观事实，包括法律的规定、卷宗的内容、检察院的要求、法院的回复等，所有的事实组合在一起，形成一个强大的逻辑，那就是资产评估是该类案件必须要进行的，而该案并没有进行资产评估。

第四小节则讲了整个案件发生的大背景，即当年轰动一时的湘西大集资。就是因为吉首市要搞建设，但西部地区财政吃紧，银行又由于湘西历史坏账太多而采取慎贷行为，无奈湘西政府便开始推动民间融资，也就是当年的民间融资得到了政府的默许，而曾成杰便是在那时进行融资的民营企业家之一，进而可以在大的时空环境中看待这件事情。虽然没有笔者的判断，但事实间的逻辑已经很明显了，读者自然能够去判断是非。

纵观全文，便是事实的逻辑与事理的逻辑的紧密结合，现实状况与历史背景的结合。

其实，在金融新闻采编实务中，更多的谈的是事理的逻辑，搞清楚一件事情的本质，然后再用语言呈现出来。说某某记者悟性好，便是对事物本质的感悟能力强，能够一眼看穿事情的来龙去脉。这需要不断的学习和很深的积淀。

在财经新闻写作领域，所谓的事理逻辑便是商业逻辑，而事实的逻辑便是新闻的逻辑。《21世纪经济报道》产经与商业板块主任王玉德说：“研究商业报道应该商业的逻辑，也就是应该关注商业最原始状态和最基本的要素。我们知道，商业的核心是商品交换，这其中有两个最原始的要素：一是商品，二是交换。正是基于这两个核心要素，我们说商品是制造商品（有形或者无形商品）并且进行商品交换所形成的产业。而金融业作为提供无形商品的产业，也遵循上述两大要素。”[16]

此外，在过渡与前后呼应方面，应尽量少用“但是”“而且”等较硬的词，而应用“值得注意的是”“值得一提的是”“事实上”“此外”等能体现事理的词语，或者用含事实的语言实现转折。目的只有一个，就是让整篇文章不那么生硬，而是一篇逻辑衔接紧密的文章。

（二）善用数字说话

对金融新闻来说，数字尤为重要，因为它总与钱袋息息相关，而金钱本身就是一堆数字。

以银行报道来说，每月的信贷数据是关注的焦点，因为这关系到社会融资总量，而社会融资总量又是经济冷热的晴雨表。

以《21世纪经济报道》金融部资深记者史进锋为例，由于跑央行口，总是能拿到很多信贷数据，从而写了很多头条稿件。例如，他写的《四大行十天存款回落1500亿:2月贷款难破万亿》，背景是2011年银根偏紧，各行存款压力很大，贷款资金成本很高，而2月份贷款仍难破万亿，预示2012年开年仍将延续去年偏紧的银根。

除了信贷数据，还有利润、资本充足率、拨备覆盖率等经营指标，找出一篇没有数据的金融报道几乎不可能。

贺宛男在《财经专业报道概论》中说：一篇财经报道、一则对财经事件的评述，由记者出面说"好"或"坏"、影响"正面"或"负面"，是没有用的；财经记者最好少些诗人的激情、多些哲人的冷静，而数字则是最冷静、最客观的东西。好的财经报道应该善于用数字说话，而且必须采用精确的数据。[17]

载于该书的一则被不断提起的典型故事充分说明财经媒体对数据必须谨慎处理：

20世纪90年代初，沪深股市刚开张时，时至上市公司发布年报，当时有一家证券报纸公布某上市公司的"每股收益"指标时，把每股3元多错印成每股8元多，结果该公司股票大涨，当时的交易所总经理气急败坏地打电话给该报总编辑，并宣布该股票紧急停牌。第二天总编辑出面登报向全体投资人道歉，后来一些高位买进的股民还是不罢休，准备打官司还要该报赔偿损失，终因当时人们的维权意识还不那么强而作罢。

值得注意的是，数据也不是越多越好，而要恰到好处地用。

首先不能大段大段地用数据，因为太生硬的话，会影响读者的阅读欲望，比如霍金的《时间简史》，出版之前别人劝他说，"你在书中加一个公式，销量就会减少一半"。同理，报道中的数据如果太生硬，别人阅读的概率也会下降很多。

笔者曾问过《新世纪周刊》的记者他们的采编要求，获知他们对每段的数据量都有非常严格的要求，就是怕影响读者的阅读欲望。

此外，笔者在实务操作中对很长的数据会进行加工，比如一个八位的数据，笔者尽量把它简化成"亿"或者"千万"这样的单位。还可以试用比喻或者比拟的手法，比如50%，可以写成"占半壁江山"等，这样可以增强读者对数据的理解力。

对于财经媒体来说，还可以做排行榜、指数、数据库等，例如由第一财经传媒有限公司与深圳证券信息有限公司共同编制的中国首个经济圈指数群——第一财经长江三角洲指数、第一财经珠江三角洲指数和第一财经环渤海指数，上述指数已于

2007年7月2日正式登陆交易所行情系统。数据可以做成媒体的品牌,做成核心竞争力。

(三)把握平衡

稿件如何做到滴水不漏,让当事人、任何人都挑不出毛病,这就需要平衡,让各方都有说话的机会,这也是新闻专业主义的要求,就是要做到无限接近事实的原貌。在最近的一次《21世纪经济报道》金融部的选题会上,针对目前负面报道一边倒的趋势,总监李振华要求必须给双方都提供说话的机会,呈现事实的多面而不是一面,出来的报道各方才会服气,而相关方不会说"你写的本来就不是事实,分明是专门来搞我嘛!"一篇没有做到平衡的报道,确实会给人这种留下印象,造成不必要的误解。

《21世纪经济报道》编委马腾写于2003年的成名之作《飞来的尚福林》[18],便堪称平衡的典范。股市的背景是2003年中国股市一直没有起色,前任证监会主席周小川下台,尚福林上台。该文章涉及较高层次的人物,写得太好,别人认为你拍马溜须;写得太差,肯定有风险。平衡的把握此时显得尤为重要。

《飞来的尚福林》一共分三个小节:第一小节是对尚福林过去功绩的总结和评价,在农行时、证监会时等,引用了其他人的评价;第二小节写周小川,当时要调到央行做行长,对他在证监会任内所作所为做一个评价,但这个东西很难把握,因为股民普遍对周小川意见很大,不可能把他写得太好,不好不坏就比较客观;第三小节写尚福林在任内所面临的一些挑战。

文章前面写尚福林"飞来的尚福林"和"聪明、稳健、谦和",而后文则是"尚福林是个实干派,他和经济学界的接触还有待观察,他在理论上、经济学家方面是否有足够的资源,理论造诣有人士认为还需要观察",做到了平衡。[19]

如何做到平衡?其实功夫在采访中。一是在采访过程中,不能被采访对象的情绪左右,而是自己主导采访对象;此外,采访对象要多元化,各方观点都到位了,才能做到具备公信力,如果只找愿意说的、好打交道的,往往会被他引导、甚至欺骗,写出的文章就很难客观。

谭昊在《创世纪:一张财经报纸和她的世纪梦想》中说:平衡的本质和我们追求正义和公正是相同的,要让各方都有说话的机会,不能得到你的采访我就帮你写,即使有人拒绝了你的采访,你也要通过其他渠道去了解;作为记者你不可能了解全部的真相,你只能尽量去接近它,在这个接近的过程中,你可能有误判,或者有信息披露,这时我们应尽量避免自以为是。[20]

(四)让政策性报道兼具深度和阅读快感

政策性报道一直被认为最好写但也是最难写的金融新闻,好写在信息都是现成的,不用花很大的力气去获取信息;难在写出彩。

《21世纪经济报道》金融版主任吴雨珊表示:政策性报道的写法多种多样,糟糕的写法只有一种,那就是不动脑子,就政策写政策,文章里充斥了政策的原文,看不见鲜活的东西,死板生硬让人不忍卒读。记者在采写中用了几分力,报道就会呈现出相应的面貌,这是一点也做不了假的。[21]

笔者接触的政策性报道大致可以分为三类:对已出台政策的报道;对未出台政策的报道;三是政府部分组织或参与的会议报道。

一部新出台的政策,其核心价值在于即将对某个行业预见性地产生规范、限制或激励,而这种影响力有可能是巨大而深远的。

优秀的政策性报道一定要把单个的政策放在广阔的历史背景下去理解,视野开阔之后,行文气势自然胜人一筹。强势的语言伴随顺畅的逻辑更容易说服读者。

《21世纪经济报道》的记者,非常重要的一项技能就是采写尚未出台的政策,但此类报道有一定难度,很考验记者的专业精神和把握风险的能力。一是尚未出台,信息闭塞,知情人大多不愿说;二是国家政策牵涉面广,影响难以估量,容易引起市场波动,如果给企业、国家造成损失,记者自然难以脱干系。[22]

因此,对于尚未公开的政策,采写时一定要慎之又慎,力求一词一句的准确,并多方求证。涉及国家保密条款的不可轻举妄动,对于尚未正式定稿的政策,不可妄加定论,多使用“可能”“也许”等缓冲风险的词语。在交代政策来源时,也可使用“有人建议”“某人希望这样设计”等提法。

吴雨珊曾三次撰写有关《存款保险条例》的报道,由于存款保险制度将和银行监管、人民银行再贷款救助三方共同构筑中国金融稳定体系,影响重大。所以她在采访中绝不相信一个外围人士的揣测,先是找到了制定政策有关部门进行咨询,然后再阅读了人民银行存款保险课题组的报告,了解人民银行掌握的情况和动态,并最终找到央行专司存款保险制度的部门负责人。与核心信源接触,写出的东西自然得到了市场的认可。[23]

最后,对于会议新闻上透露出的政策信息,要选择要点、亮点来写,摒弃空话、套话。不过,记者需要对行业非常了解,才能判断什么是有价值的东西。

会议报道最忌讳写成“选登”。记者首先要消化会议内容,再围绕几个新闻点,采访参会人士和业内人士,把不懂的地方弄清楚。最后,按照易于理解的逻辑,用符合人们阅读习惯而非文件式的语言写出来。[24]

在我国这样一个由政府主导经济发展的国度，政策的出台会对国家经济产生巨大影响。对于记者而言，参与到政策事件的报道中，似乎更接近新闻人一贯的理想——跻身重大历史事件，并从某种程度上影响社会、影响历史。

参考资料：

[1] 贺宛男，佟琳，唐俊：《财经专业报道概论》，复旦大学出版社 2006 年版，第 177 页。

[2] 贺宛男，佟琳，唐俊：《财经专业报道概论》，复旦大学出版社 2006 年版，第 179 页。

[3] 载于《21 世纪经济报道》2012 年 3 月 23 日第 10 版。

[4] 载于《21 世纪经济报道》2012 年 4 月 11 日第 10 版。

[5] 载于《21 世纪经济报道》2012 年 4 月 12 日第 11 版。

[6] 详见 2012 年 2 月 15 日新华网 http://news.xinhuanet.com/politics/2012-02/15/c_111527235.htm。

[7] 载于《21 世纪经济报道》2012 年 2 月 22 日第 11 版。

[8] 威廉·E. 布隆代尔：《〈华尔街日报〉是如何讲故事的》，华夏出版社 2006 年版，第 4、5 页。

[9] 载于《21 世纪经济报道》2012 年 2 月 22 日第 11 版。

[10] 沈灏：《财经新闻二十一讲》，中国经济出版社 2012 年版，第 3 页。

[11] 沈灏：《财经新闻二十一讲》，中国经济出版社 2012 年版，第 18、19 页。

[12] 沈灏：《财经新闻二十一讲》，中国经济出版社 2012 年版，第 21 页。

[13] 沈灏：《财经新闻二十一讲》，中国经济出版社 2012 年版，第 22 页。

[14]《21 世纪经济报道》：《创世纪：一张财经报纸和她的世纪梦想》，南方日报出版社 2012 年版，第 46 页。

[15] 载于《21 世纪经济报道》2012 年 3 月 19 日第 9 版。

[16]《21 世纪经济报道》：《21 世纪新闻学院教程（第一卷）》（内部资料），2006 年，第 148 页。

[17] 贺宛男，佟琳，唐俊：《财经专业报道概论》，复旦大学出版社 2006 年版，第 16 页。

[18] 载于《21 世纪经济报道》2003 年 9 月 3 日头版。

[19]《21 世纪经济报道》：《21 世纪新闻学院教程（第一卷）》（内部资料），2006 年，第 161 页。

[20]《21世纪经济报道》:《21世纪新闻学院教程(第一卷)》(内部资料),2006年,第160页。

[21]《21世纪经济报道》:《创世纪:一张财经报纸和她的世纪梦想》,南方日报出版社2012年版,第60页。

[22]《21世纪经济报道》:《创世纪:一张财经报纸和她的世纪梦想》,南方日报出版社2012年版,第62页。

[23]《21世纪经济报道》:《创世纪:一张财经报纸和她的世纪梦想》,南方日报出版社2012年版,第62、63页。

[24]《21世纪经济报道》:《创世纪:一张财经报纸和她的世纪梦想》,南方日报出版社2012年版,第63页。

第四节　英国《金融时报》的财经新闻报道[1]

1990年,51岁的马丁·穆里根进入英国《金融时报》工作。他走完了一名财经记者成长的标准道路:由普通记者(reporter)到专栏记者(columnist),再到高级编辑(senior editor)和主任编辑(sub-editor)。但与《金融时报》同事们不同的是:1995年起,马丁应汤姆森基金会之邀,先后在东欧、西非和东南亚地区为十多个国家的主流媒体培训财经记者。多年跨国界教学实践让马丁对国际财经报道有了新认识。

2007年11月,在汤姆森财经记者培训班上,马丁向中国学员们介绍了他所理解和从事的财经新闻报道。

“财经新闻更要注重社会责任感”,在马丁看来,作为新闻的一个重要分支,财经新闻首先要遵循新闻的一般规律:准确、平衡、客观。

对财经新闻而言,准确性是存在的前提。如果采集的数据和事实不准确,或者对观点的描述出现偏差,那么这条新闻就站不住脚——无论记者用多么巧妙的方式来组织材料,或是编辑对词句进行多么精致的雕琢。财经新闻中的平衡,则是要表达各种不同观点,体现不同利益群体的声音。在报道公司新闻时,尤其要考虑到竞争对手可能做出的反应。

客观性原则要求财经记者必须“用事实说话”。客观并非人类的本性。每位记者都有自己的判断和观点,每篇报道也不可避免地要以这种判断为基础和出发点,但记者的观点不能直接陈述在新闻报道之中,因为这会破坏客观性原则。财经记者必须学会“用事实说话”,即通过引用专家观点、控制叙述篇幅、组织文章逻辑来表达自己的判断和观点。马丁的一句口头禅是:财经报道中,“我”必须“隐形”,但“我”是有观点的。

较之普通的社会新闻,马丁认为,“财经新闻报道更要注重社会责任”,因为财经新闻实质是各种利益的变动和消长,每篇报道都可能和千万个普通家庭的生活息息相关。《金融时报》要求记者在报道每条新闻时都考虑:这条新闻将会使哪些人获益?哪些人又将从中受损?对受损一方这篇报道是否公正?比如,报道一条裁员的公司新闻时,公司通常是受益方,而被裁减的员工处于绝对的劣势。这时,一家负责任的媒体应该让读者了解:公司对这些被裁减的员工是否给予了足够补偿?被裁员工日后的生活会受到哪些影响?

一、“财经记者的工作有时像会计”

马丁常常开玩笑说:“财经记者的工作有时像会计。”基本的金融知识是财经记者的必备技能。

以报道上市公司新闻为例。记者至少应该能读懂三张定期公开的财务报表:资产负债表、损益表、现金流量表。资产负债表是公司在某一特定时间资产和权益的静态反映;损益表则反映企业在某一段时间内的经营成果,同资产负债表相比,是一种动态报告;现金流量表则提供一个企业在一定时期内的经营活动、投资活动以及融资中有关现金流入和流出的信息。通过这三张报表,财经记者应该能在很短时间内对一家上市公司的财务状况做出基本判断:这家公司是经营良好还是濒临破产。

但许多时候,上市公司总能在合法范围内或法律边缘地带,通过各种手法调节利润,把财务报表包装得“漂亮迷人”。因此,财经记者还要学会透视财务报表数字后的包装伎俩,熟悉上市企业常用的包装手法。几种常见的利润包装手法是:根据做账需要调节营业收入的入账时间;延长“在建工程”的时间并将利息资本化;改变资产折旧方法,根据需要延长或者减少折旧年限;改变应收款坏账计提政策;将某些费用列为资本支出等等。

为了更好地了解上市公司的财务状况,一名合格的财经记者还必须熟悉基本财务指标,比如公司营业收入(销售收入)、税前/后利润、毛利和毛利率、市盈率、未分配利润/留存收益、现金流量保障倍数、股利保障倍数，等等。熟练掌握这些常用财务指标，是诊断公司是否“健康”的前提。

二、“允许有创造力的记者犯错误”

财经记者毕竟不是专业会计，更不是权威审计师。由于行业壁垒以及事实上的信息不对称，记者不可能清楚上市公司每个会计细节，更无法保证所有分析报道都百分之百正确。据马丁介绍，即使在人才济济的老牌财经媒体，分析的正确率能超过70%也非常了不起。“允许有创造力的记者犯错误”是《金融时报》奉行的一条重要原则。

之所以对记者的错误采取如此宽容的态度，除了考虑到行业壁垒和事实上的信息不对称外，报社还充分考虑了财经报道的主体——市场本身的复杂性和不可预测性。因为即使是专业经济学家，如果从不同价值判断或分析模型出发，对同一个事件也可能会得出相差甚远甚至完全相反的结论。在《金融时报》，如果记者采集的事实准确、数据可靠，仅仅在分析和判断方面出现偏差，可以得到谅解。

马丁说，尽管如此，绝大多数记者还是用最严格的标准要求自己，因为他们都很珍惜在这样一家权威财经媒体的工作。当然，根据不同的错误性质和严重程度，报社也会对记者有一些惩罚——大多数情况下予以象征性罚款，也有记者因犯错被调离岗位甚至解雇。

三、“生产读者愿意付钱的报道”

马丁介绍说，《金融时报》的编辑记者谈论最多的话题之一是如何让新闻“增值”。“生产让读者愿意付钱的报道”是马丁的另一句口头禅。因为读者花钱购买报纸就是希望从中获得“有价值”的新闻。那么，哪些才是读者愿意付钱的报道？如何才能让新闻“增值”呢？

解释数字。一条新闻如果仅仅告诉读者某个数字没有价值。记者必须用通俗的语言告诉读者，这个数字意味着什么，对他的投资或消费会产生哪些影响，这样的新闻才能“增值”。比如，很少有普通读者能够理解“股利保障倍数”这样的术语。财经记者的任务就是告诉读者，所谓“股利保障倍数”是股东应占赢利对股息的倍数。通过这个数字的大小，股民可以判断公司向股民支付现金股息的能力是强还是弱；比较同行业的股利保障倍数，股民可以判断一家公司在利息分派上是吝啬还是大方。通过这个数字，股民还可以推测这家公司是处于扩张期还是成熟期。

此外，为了更加清楚地解释数字，记者还要善于计算并使用百分比。为了让比较更直观，编辑还要能熟练制作各种图表。解释、百分比、图表都能让新闻增值。

比较数据。很多时候,报道单个数据,即使对数字的意义解释得十分清楚也无法使新闻"增值"。因为许多数据只有同历史数据以及同行业其他公司的数据进行比较和分析,才能全面完整地反映公司状况。以股票市场的报道为例,即使一家公司市盈率达到相当高的数值,也不一定能得出这家公司市场业绩良好的结论,因为这家公司可能位于一个特殊行业,而这个行业平均市盈率很可能远远高于这个数值。同样的道理,即使一家公司本年度利润增长 40%,也并不能说明这家公司发展趋势良好,因为公司前几年的利润增长很可能高于这个数字——这家公司的发展速度实际在放缓。只有把数据进行横向或纵向的比较,才能勾勒行业的总体状况和公司的发展趋势。

分析现象。就财经新闻而言,仅有事实不够,每条新闻都必须要有分析。透过表象揭示本质的分析能解答读者的疑惑,让新闻"增值"。《金融时报》制作标题的一个基本格式,就是用事实(fact)+原因(reason)+色彩(color)。其中,fact 是基础,是现象,告诉读者发生了什么事;reason 在告诉读者为什么会这样,是分析和判断,当然也是让新闻"增值"的核心要素;color 则是《金融时报》的写作风格,因为色彩能加深读者直观感受,让文章和版面更加生动。

分析现象的重要性还可以用关于私有化报道来加以说明。在报道私有化过程中,记者常常会遇到频繁的股权变动、错综复杂的交叉持股、微妙的资产重组、敏感的管理层收购等问题。对普通读者而言,他们没有耐心,也没有能力去了解其间的各种内幕和细节。记者必须用敏锐的眼光、简练的语言告诉读者一个简单的答案:发生了什么事?为什么会这样?从这个意义上讲,分析就是要化烦琐为简单。

权威观点。读者花钱购买新闻是为获得有分量、可信赖的观点。在网络媒体日益发达、资讯传递呈现即时性特征的时代,有深度、可信赖的分析和观点正在逐渐成为一种稀缺资源。这是传统媒体生存的比较优势。在马丁看来,记者的职责之一就是帮读者找到相关领域的专家,挖掘他们的观点,回答读者的疑问。

四、"投身市场,是财经报道的最有效方式"

财经记者的任务,简单说,就是从投资者和消费者的角度,观察并报道市场。马丁认为"投身市场,是报道市场的最有效方式"。如果记者能投入市场之中,把切身利益同市场联系起来,那么,记者对市场变动的反应无疑将更加灵敏,记者同投资者的感受肯定也最为接近,记者抓住的热点,必定也是投资者们最为关心的话题。对股票证券市场、外汇市场的报道尤其如此。由于对自己的这套理论深信不疑,马丁尽管在中国只停留短短一个月,也尝试在中国开户炒股,以便更深入直接地了解中国的股票市场。

但是,从新闻职业操守的角度看,投身市场是否会影响记者报道的客观性和独立性呢?马丁认为,首先,要相信记者具有很强的自律能力,不会故意用不客观的报道误导读者和市场,从而为自己谋私利;其次,《金融时报》的大多数财经报道都是集体协作的结果,个人的偏见在合作过程中将不断得到修正;此外,媒体内部的把关人也会对即将发表的每条新闻进行审查,那些带有强烈偏见的稿件并不能轻易地上到版面。《金融时报》的每条稿件在发表之前,都至少要经过六双眼睛。

参考资料:

[1] 作者陈文刚、戴玉婷,略有修改,刊于《中国记者》2007 年第 12 期。

第五节 财经记者罗绮萍的从业经历与心得

2009 年 1 月 12 日,著名财经记者罗绮萍做客腾讯财经博客名博访谈栏目,与腾讯网友分享了她的 20 年媒体从业心得。罗绮萍坚信新闻是靠记者的腿,而不是靠专家的嘴,她认为目前香港媒体"病得很严重",对于所谓的"国宝"民企,应该让其自生自灭,不应过多保护。她也讲述了"绑架"首富刘永好等有趣经历。以下是访谈实录。

主持人:各位网友大家好!这里是腾讯财经博客名博访谈栏目,今天我们有幸请到著名财经记者罗绮萍女士,罗姐姐和大家打声招呼吧。

罗绮萍:各位网友好,我是罗绮萍,其实算不上是什么名家,就是有这个运气,腾讯请我来这边做嘉宾,跟大家互动一下。我是香港人,我说的是不普通的普通话,可能大家要辛苦一些了。

主持人:罗姐姐,您喜欢我们这样称呼您吗?

罗绮萍:内地的朋友,他们比较倾向叫我这个,因为我的年纪比较大,当了二十几年的记者,可以算出我的年龄了。很多内地朋友也要叫我罗老师,女生对"老师"这个词比较敏感,可以叫我罗姐姐,但不要把我跟芙蓉姐姐相提并论。(笑)

新闻是靠记者的腿 不是靠专家的嘴

主持人:罗姐姐是香港人,但是对内地非常熟悉,您自称为非典型典型记者,您能解释一下什么是非典型典型吗?

罗绮萍:其实我是一个典型记者,有很多天生能力,因为我比较好学,两文三语很好,喜欢去新的地方接受新的挑战,学习新的东西。典型记者理论上就是这个样子的。可我又是非典型,为什么是非典型呢?因为现在在外面跑新闻,有二十年采访经验的真得很少。能跑到的,访到的,再报道出来的可能就10%以下了,还得看记者的经验、状态,对当时的题目理解有多少。所以,典型记者应该是往里面跑的,内地和香港也是一样的情况,我们到外面去看,比如看CNN的直播,举手的都是老先生、老太太,他们比较资深,总统可以叫出他们的名字,跟他们也很好地互动交流,可以问到很到位的问题,甚至于很尖锐,但是很礼貌的问题。我这种典型记者也变成非典型了,很多人都不往外面跑了。有一句话是内地朋友这样教我的,“新闻是靠自己的腿,而不是专家的嘴”。很多人是说一堆,但不是原创采访到的,而是感觉到的,所以这样让我这个典型记者成了非典型。

主持人:刚才您说了一句经典的话“新闻是靠记者的腿,而不是靠专家的嘴”,您跑了多少个国家,多少个地方呢?

罗绮萍:我跑了大概45个国家,31个省市、自治区里面,我跑了26个。这样说来好像对内地的朋友不太好,很多内地朋友说我很羡慕你可以跑那么多地方,其实我真的比较幸运,作为香港人往外面跑,证件比较容易,比较方便,而且我这个人也很喜欢往外面跑。所以,我比较喜欢发展中的国家。最喜欢的地方是非洲、中南美洲。在非洲,我去过北非,去过埃及、突尼斯,中南美去过古巴、秘鲁,亚洲我去得最多,比较自豪的一条是东盟十国我都去过了,包括缅甸和老挝我分别去过两次。欧洲去得更多,可能网友比较羡慕我的是法国、英国、捷克、俄罗斯、匈牙利、意大利,这些欧洲国家我都跑过,有旅游部分和出差部分。所以,见闻比较多,有时候出来的东西比较扎实一些。

主持人:您一直从事纸媒工作,2007年踏入了网络界,出任香港财华社的主编。我知道当时您出任主编的时候,每天要写一篇主编博文,作为主编每天都写一篇博文真的很难得。网友对您印象最深的是《蒙古能源》那篇博文,能对我们谈一谈这个事件吗?

罗绮萍:当记者是比较有挑战性的工作,尤其是文章有影响力的话,又惊又喜。你的文章得罪人的时候,会有你想象不到的后果。那时候我写了一篇《蒙古能源》的文章,我发现那个上市公司公布三个合作意向,跟三家所谓的主要国企,中国石油总公司，注意是“中国石油总公司”。因为我一直对中央企业采访比较多，马上就查了一下，其实根本没有这三家主要国企的名字，我就在我的文章里面写出来了，我说这个会误导投资者的，接下来一直就是吃官司，告我和财华社诽谤，香港法律是不用说多少钱，告你就是告你，说我的文章让它损失了40亿港元，这是很可怕的事情，确实它的股价掉了不少，当然不纯粹是因为我文章的影响，把股价下跌归罪到我的身上。可是它没有证明哪三家公司，所谓的主要国企都存在。这个官司它不好打，可是又很容易打，因为在香港的民事诽谤案，他们不用举证，先告你，也不用提出索赔额，就是说你对我造成了损害，现在这个个案从2007年9月13日到现在，过去了十几个月了，一年多了，没有任何进展，停在那边，可是财华社花了几十万，这对媒体是很大的压力。

为了这个事，我还研究了一下内地的诽谤罪。我发现内地记者比香港记者要幸运，比如有一个案子，就是陈宁宁那个案子，《21世纪经济报道》报道的一篇文章对她不公平，她告到了北京法院，内地的诽谤法律是，你说出要索赔多少。最后法院判了，一百块，这个文章是对她的，可是法院判决书又说了，您要有一定的胸怀，可以接受批评，甚至有不太完美的批评，所以判了一百块。而财华社花了几十万，所以我觉得内地的记者要比香港的幸运。

主持人：我也听说香港有三个职业最赚钱，那就是律师、教师和风水师。打官司是很“吃”钱的。您从事新闻事业近二十年，最满意的作品是哪一个？

罗绮萍：我很感谢有机会帮助内地的媒体工作，2004年到2007年中有三年半帮《21世纪经济报道》做境外的报道。我最满意的一个作品，就是可以去孟加拉国采访“穷人的银行家”尤努斯教授。21世纪的记者跟我说，要不要去采访，我说我正在研究印度的，他说不是，是孟加拉国的，我真不知道，回去就查了一下，发觉了尤努斯，他确实是一个非常好的案例。然后问我去不去，我说为什么不去，这也是我的优势，跑了45个国家，因为我们香港去国外的机票特别便宜，我一共就花了8800港元，就可以把一个独家的专题，还是比较深入的专题做出来了，因为机票很便宜，往返就是4000元左右，在孟加拉住酒店也很省。这么好的一个作品，是我在2006年8月份采访了尤努斯，还去了村子里面，还采访了一个乞丐，我特别感动，无抵押贷款57元人民币给她，她就可以不再当乞丐，可以做一个小摊子，卖饼。他8岁的儿子就笑了，因为他妈妈以前是乞丐，他自卑，而现在他妈妈不是了，做一个小摊子。后来我发现，人民银行和银监会在我去之前就进行了调研。10月份宣布，尤努斯教授及乡村银行得到了诺贝尔和平奖。2006年10月份，他以得奖者的身份再接受我一次采访。

又很幸运，2006年12月份尤努斯教授去国际电信行业的大会，在香港举行的，他提到了穷人也有权利，应该向穷人开放，他有一个阿拉丁神灯计划，一个普通的孟加拉国的妇女到一个房子里面，说我要跟在达卡的女儿对话，机器一打开，她就可以跟女儿对话了。我非常感动，尤努斯教授是我采访到的最好的一个被访者，他告诉我，每个人都努力一下，多做一点，可以帮助在金字塔最底层的人，我们可以做的事很多。这也是我非常感谢内地媒体的原因，它可以给我一个机会，这是香港媒体没有给我的机会。

主持人：您觉得像尤努斯教授发展的这种小额贷款，在中国能够尝试一下吗？

罗绮萍：还是很感谢，21世纪让我去采访，银监会翻译了一个1999年哥伦比亚教授的文章，当时是2006年，我不知道银监会为什么会用7年前的一个旧文，当时小额贷款是不行的。还是靠记者的腿，不是专家的嘴。现在进展缓慢，3月份两会的时候，我也向中央提问，他们说这个现象是成功的，特别是尤努斯教授和乡村银行得了奖，放在比较高的位置，慢慢去学习，帮助我们上亿的农民，能不能给他们一个无抵押的小额贷款，让他们首先可以有尊严地生存，另外他们也可以慢慢做点小生意，富起来，作为一个推动整个国家的经济动力。这是很好的事。

香港媒体现在“病得很严重”

主持人：确实是一件好事。您从事媒体事业多年，在多家媒体任职过，包括《苹果日报》《明报》《香港经济日报》，后来又来到《21世纪经济报道》做特约记者，再后来就来到腾讯财经博客开独家博客，您为什么不远万里从香港来到内地工作呢？能不能谈一谈香港媒体和内地媒体的异同？

罗绮萍：其实我谈这个题目还是蛮适合的，真是有实战的经验。每次我谈这个题目既很高兴，又很伤心，高兴的是我走的路对了。要做一个更深入的记者应该往北走，去内陆去，为什么我在香港没有同样的空间？去孟加拉国采访过，是内地的一个主编给我的机会，我也问过香港媒体人，他们也很喜欢这篇文章，我说如果我为你们服务，那么会不会派我去？他们说不会。香港媒体现在病了，病得蛮严重，比较浮躁，对那些比较深入的、目前不会影响股票的信息接受能力特低，只爱一种很轰动的、三天内有用的新闻。我为什么最满意尤努斯教授专访系列报道呢？因为很多年后再看这个报道还是有看点的。如果要找比较好的空间，发挥的空间，还是内地比较好，内地首先是人多，同时负责，因为是相互培养，互为因果，读者成熟了，媒体越成熟；读者不成熟，媒体也不成熟。我做《苹果日报》7年，是挺辛苦的，不是一般的辛苦，我的辛苦是没有办法写有含金量的报道。

举一个最经典的例子,2002 年去莫斯科采访 APEC 大会,那时候我是《苹果日报》的记者,有一个司长跟我谈过,知道我这个人是"非典型"的《苹果日报》记者,他觉得可以跟我谈比较深入的话题。我问他中国东盟贸易区跟香港如何连接,因为香港不是中国东盟十加一的成员,我们怎么办?我们对国家经济也有一定的推动,我们如何去融合?他说可以用十加一和 APCE 结合起来,这是 2002 年的说法,我觉得这个题目很好,对香港未来的经济和中国经济影响很大,我很高兴,写完一个专访,电邮回香港,然后我去休假。我争取机会去出差的时候就随便玩了玩,去莫斯科旅游,旅游完了以后回香港,看报纸,没有找到。编辑告诉我,不好意思罗姐姐,今年是 2002 年,你谈的是 2001 年东盟贸易区,有点遥远,所以文章没有办法放,砍掉了,死掉了。你说多悲惨,他们喜欢明天汇丰是涨还是跌,我觉得这种文章重要,可是你放一个,我这个也有空间,不用放头条,有一个地方放一放就可以了,但没有办法放。

主持人:您觉得香港记者和内地记者有什么区别呢?

罗绮萍:用领导人说话,为什么香港记者地位比较高呢?国家领导人对我们有一个比较好的印象,朱镕基在不同的场合说,他们很勤奋,很专业。现在我说勤奋还是很勤奋,专业这个,有点悬了。所谓的专业是什么意思呢?一部分是对的,我们出去了,绝大部分记者目标很纯正,我们出去采访就是采访,这个有点得罪了,内地记者出去未必目标那么纯粹,可能未必是采访。所以,从这块来说还是很专业的。说它不够专业,刚才我说了我是非典型,如果你统计一下,在记者会上面,如果这个记者不是特别大,也不是特别小,这个记者平均年资我猜是两年左右,搞不好是一年,所以平均的年资比较短,经验比较少,就不够专业。不能说我念了一年法律就是专业律师了,这需要很多年,你要看,还要反省,我们这个行业没有专业凭证可以考,只有新闻系,只能凭你平常的努力和你怎么看待记者这个职业。

让"国宝"民企自生自灭

主持人:现在点击有七十多万了,《黄光裕陨落》那一篇就有二十多万,网友回复有六百多个。在那篇文章当中,您提到过,当前您就在北京,但是日程安排得满满的,如果有时间的话,一定会去北京的鹏润大厦见证黄光裕的陨落。网友对这句话提出了疑问,您为什么这么肯定,这次黄光裕一定陨落呢?因为在 2006 年的时候黄光裕因为违规贷款接受过调查,而且之前也没有官方的信息。

罗绮萍:这个就是经验了。我从来没想到一篇文章居然有二十多万的点击率,六百个留言,看得我眼睛都花了,我真的是一个一个去看的。

主持人：而且您对部分网友的质疑都给予了回复。

罗绮萍：每一个留言我都看了，因为我很喜欢跟网友交流，他们给我留言，我肯定要看的。看到有那么多的反应。那天是11月24号，九点多上的文章，在九点多之前我干什么呢？晚上我在北京有活动，回到饭店上网一看，看到了一个全文，就是他被抓了，然后就去验证，因为我很关注黄光裕的事。我确实有点内线，问了一下，大概确定了这次够悬，没有以前那么容易过关。还有就是时机。大家没信心，资金链都断了，黄光裕的资金很紧，通过一层一层的贷款再贷款，转债再转债，大家没信心的话，资金链就容易断。也不是没有官方的信息，29号新华社还是新华网发了一条消息，黄光裕是被调查了。如果新华网都这样说的话，肯定就是这样了。这个我是不会开心的，影响了三十多万人的饭碗，还有跟零售商平坐的机会。然后我就睡觉了，再上网看一下他有没有出事的可能性，再看国美是否会停牌，因为我的内线说国美会停牌，如果没事的话，国美肯定会做一点事来证明黄光裕没事，不然对公司和整个资金链都是很大的打击。九点多国美什么都没做，我就肯定他陨落了，然后我就放上去了。这个要抓时间的重要性，因为那个时机很影响点击率的，我是最先发出评论的，我还铺垫了一下，当然我没有说有内线。

跟腾讯的合作很开心，你们的力量很猛，文章基础，网友非常喜欢。来自全国各地的网友都有，内蒙古有，新疆有，上海有，北京有，广东有，还有加拿大的，等等，以后希望会有更多时间在网上的互动平台多做一点事。

主持人：我们知道罗姐姐非常敬业，对一些感兴趣的话题都会亲自来答复。由黄光裕这篇文章，您后来又写了后续报道，就是关于“国宝”的，因为国美也算是我们的大型民企，您称之为“国宝”，就跟大熊猫一样，您是怎么看待这些大型民企的呢？

罗绮萍：我最近写了一篇文章，都是关于民族企业的问题，包括国美的黄光裕，蒙牛的牛根生，还有荣智健他们，我当然不能幸灾乐祸，但是就事论事，网上的一些言论我觉得也不太理性，为什么好像乐不可支的样子，好像很开心的样子，我不是开心，是恨铁不成钢。中国企业起来，跟国际企业拼一拼，就比如在奥运会上，把别人比下去。但我想如果是犯规拿了金牌，也不会很高兴。

原来我对熊猫这个国宝是特别恨的，它很可爱，是国宝，也变成了外交上的工具，送去团团圆圆，前段时间会送去美国、日本等所谓很多友好的国家。熊猫的本质就是没有生存能力，原来它的牙齿是吃肉的，可是太胖，抓不到东西吃，只能吃竹子，可是它消化不了、吸收不了，只能天天吃，拼命吃，越吃越胖，也影响它的生殖能力，结果数目就越来越少，偏偏我们中国有。我们都供养着。在香港的那个熊猫，它咬了一个饲养员，就是喂它的人，很简单，就是畜生不对嘛，可是香港记者说，是不是饲养员喂得不对，好像搞反了。如果把这个套进企业里面，这个企业本身没有生存能力了，就是因为它稀缺，比如国美，就是因为它稀缺，我们就保护它，应该让它慢慢起来，在国际赛场上跟人家公平竞赛。它成功了，我们才称它为国宝。任何一个中国企业，包括在国外注册的所谓中国企业，其实是外资来的，它一有事，就说我是中国企业，拉我一把，我觉得我是不能接受的。

"绑架"了首富刘永好

主持人：您也采访过很多富豪，能不能跟我们讲一下您采访富豪的有趣经历。

罗绮萍：作为记者，比如在一个饭店，可能就有三个活动，在里面跑来跑去，我也比较勤奋，比较好奇，见到他们的时候就咬住不放，拼命采访。所以，大部分你们比较感兴趣的内地和香港富豪，我都访问过，有时候是专访，有时候是群访，对他们有比较深的印象。可以跟大家沟通一下，特别是年轻朋友，最富有的人就是享受生活的人。我举两个例子，就是李嘉诚和刘永好。我曾经在一个长江实业的会上对李嘉诚提问，问题比较有趣，他也是被我问到了，差不多是最后一个问题，我说"李先生，总理说快乐的话去问开化的大地、解冻的河流，你快乐吗"，这是艾青的一首诗，《窗外的争吵》，大家可以去看一下。李嘉诚吓了一跳，被我问到了。他说他也有闲情逸致。我的文章就写了，《快乐的李嘉诚》，其实我的观察是他一点都不快乐，因为他太在意他是首富，他不是平凡人。之前看过他的一个心愿，他说希望可以抱着他的孙子，在街上吃雪糕，你想想如果赛过李嘉诚的话很容易，抱着家人在街上吃根雪糕就可以了。为什么李嘉诚不能抱着家人在街上吃冰雪糕呢？因为他觉得自己是首富，狗仔队会拼命拍他的照片，大作新闻。可是你想想，那又怎么样？拍吧，首富不能吃雪糕了吗？他可能是怕别人做广告，李嘉诚吃我们的雪糕。

还有刘永好，有一次我"绑架"了刘永好。我还连同凤凰卫视的董嘉耀一起去"绑架"（笑）。一次，在凤凰总部旁边的一个李嘉诚的五星级酒店举行发布会，我发现刘永好没带秘书，我认识他的秘书，我说"刘总，你的秘书呢"，他没有戒心，他说他过不来了，临时才知道这个会，特批的，临时办的护照，但秘书过不来了。如果是李嘉诚或者是其他的富豪，绝对不会跟我说这个话，没有坦荡荡的想法不会跟我说这个问题。然后我就碰到了董嘉耀，他说带刘永好进他们的棚里，见见刘长乐老板，我说行，然后我们一块出手，然后共享。（笑）然后我们就说请刘永好到凤凰卫视接受采访。我们到了凤凰卫视的楼下，也没有什么地方，刘永好愿意跟我站在接待处，楼的大堂，站在那边跟我谈，他跟我谈了一个段子："即使我今天是一无所有，做保安的话也会做得很好。”我们谈得不错，突然之间才想起来时间，他说要回去了，别人在等他。我这个时候才发现，当年他应该是首富，这个首富居然没有手机，没有手表，比我们平常人更平凡，而且没有架子，我们谈得很好。后来就把他送到会场，会场的人着急死了，还以为被人家“绑架”了。我说确实绑架了，是我“绑架”了他。我所采访的富豪中，他是我最欣赏的首富。

主持人：您真的是很厉害，避开层层的保安，采访到很多重要的人物。您是不是也运用了一些技巧，这些技巧帮助您顺利采访到这些重要的人物呢？

罗绮萍：对，首先要做功课。同时，国家领导人站在你面前，你没有想到问题，也是等于白问。我跟大家分享一下采访泰国总理他信的例子，就是香港在东盟自由贸易区的那个问题，带着这个问题去问他信，首先要通风报信，知道他今天会进行哪些活动，然后首先对他微笑，他也对你微笑，保安就放松了，为什么现在很多记者容易失败，因为拿着麦克风冲上去，保安会以为你有什么危险举动。你看着他笑一笑，他也笑一笑，走过去，有一段距离，提高一点声线，也不能太高，很礼貌地问一下我可以向你提一个问题吗，或者是香港在东盟自由贸易区的问题，看他有没有兴趣。他很高兴地回了，保安比较松。首先得会英文，这个时候靠翻译的话，就完了。他说香港加入是没问题的，但还需要跟其他国家磋商。我立刻知道胡锦涛主席在另外一个酒店，这怎么办呢，泰国堵车比北京还厉害，坐出租车就坐不过去了，我就坐船，赶上了，我就说“胡主席，刚才采访了他信总理关于香港加入东盟的问题”，他就注意了，我说“他信总理谈了，说可以研究一下香港在中国东盟自由区的地位”，主席没回过神，可是他还回答了我，“我们签了 APEC，所以很多东西我们优先考虑港澳的同胞”。这就是成功采访了主席，这个段子很好。

最后还有一个小尾巴，2004 年老挝的东盟高峰会，他们保安更差了，我穿了一个比较正规的正装，拿一个围巾，把记者证给挡住，然后就进去了，他信、小泉都在，之前采访过他们，还进行了拍照，拍了三次才成功，我进去了差不多半个小时，我们这样一闹，保安才发现我，黑着脸走过来，然后说“女士，你不应该在这儿”。我就嬉皮笑脸，优雅地笑一笑，我说“我知道，可是这不是我的错”。然后他就把我送出去了。

采访就像“打电玩”一样刺激

主持人：罗姐姐讲得非常精彩，您对从事财经新闻的新人有什么建议吗？

罗绮萍：首先要搞清楚，你是不是一定要做记者，就好像我开始的时候说的，很多记者是想做一个踏脚石，就是希望透过媒体这个职业去跳槽到别的行业，这样的话你可能就做不好。首先你要发现你是很爱这个工作,很爱学习,对新的事物感兴趣,你很希望,也有能力在很短的时间里面把一个东西学会,你不用很深,比一般人高一点点就可以了,不可能永远跟一个专家是同步的,可是你跟专家交流的时候不要低太多的水平。最好有实际的采访经验来配合,然后把信息和新闻带出去。所以喜欢才做,不喜欢就不要做。我也是状态不错,因为我的工作是写稿,娱乐也是写稿,你为什么说我的黑眼圈那么大,我喜欢熬夜。曾经有一个实习记者问我,罗姐姐,你采访累不累,你说你玩电玩累不累。打完一个游戏,你就再找另一个游戏,其实跟这个道理是一样的,如果这个是你的兴趣,那你就乐在其中。

主持人:您对新人有什么建议吗?

罗绮萍:三点比较重要,一个是正直,再就是勤奋,还有聪明。这三大条件是作为一个好记者必须具备的。你手上有笔,或者是有电脑,可以把一个人写好,把一个人写坏,把他写好不是为个人利益写好,把他写坏不是为个人利益写坏。同时必须要勤奋才能做到。最后,最好要聪明,太笨的人没有办法短时间明白一个事。具备这三个条件,你做什么事都能成功的。

主持人:罗姐姐平时写稿之外还有什么爱好?

罗绮萍:旅游,就是跑来跑去。有的人不太习惯,我就特别喜欢在一个陌生的环境底下,经常去探索,在有限的资源,比如有限的钱、有限的时间尽量把一个地方里面的特点找出来。

曾和十个男义工“同住”

主持人:我知道您住过六级星的宾馆,也住过一元的床铺,当时是怎样的情形?

罗绮萍:其实我住的是免费的。(笑)2005 年 1 月份南亚海啸,我去了重灾区,大概死了十二万人,这是一个比较悲惨的事。晚上没有地方睡,那边的人也不会英语,我找到一个人,他会一点英语,原来是电视台调过来的义工,义工是搬尸体,伊斯兰教里面,要把尸体找出来,念一下经,能找出来多少就找出来多少。那个义工问我同十个男人睡怕不怕,有十个男义工,我说十个不怕,一个怕,(笑)他们肯定是好人,肯定不会做坏事的,因为很辛苦,还是志愿者,那天晚上我是很安全地跟十个男人睡了。(笑)

第四章　新媒体写作

第一节　新媒体新闻的含义及特征

一、新媒体新闻的含义

近年来，随着新媒体技术的蓬勃发展，以微博、微信、客户端为首的多个新媒体平台兴起，牢牢抓住了人们的眼球，也将人们的时间切割成了层层碎片。

现在，许多人的目光都被集中于手掌上的方寸之间，新媒体技术借助智能手机的普及而风靡，不再遥远得不可触及。人们的大量注意力都消耗在手机上提供的资讯上，特别是当各家新闻客户端争奇斗艳地推送新闻的时候，传统的纸媒经历着一个寒冬。“行业未来的前途在哪里?”不少传统媒体的记者也面临着考问，遇上这次较大的转型及重组洗牌，粉墨登场的机会似乎越来越少了。原本价值导向统一的以党媒为主导的媒体格局逐渐被瓦解，价值观多元化的新媒体层出不穷，且水平参差不齐，不少虚假新闻或是未经核实的“二传手”新闻刷新着人们的下限，传统新闻伦理遭受到了前所未有的挑战。

在这样一个全新时代，不少记者开始重新思考新闻的定义是什么，部分传统媒体人因为新媒体目前存在的种种弊端而对其敬而远之。诚然，似乎每个人都知道新媒体是未来要走的方向，但是到底应该如何正视它，在新的框架下运用自如，这是一个值得深入研究的课题。笔者认为，新媒体新闻纵然能够保持惊人的时效性，但这并不是放松新闻准确度的理由。至少，学习如何写出适应人们阅读习惯的新媒体新闻，如何在大量的网络线索中去伪存真，是一个优秀媒体人应该去追寻的潮水的方向。

笔者在本章节中提到的新媒体写作，是相对于传统媒体写作而言的一种特殊写法。那些直接将传统媒体的文章搬到新媒体平台上发布的文章，不在本章节探讨范围之内。

二、新媒体新闻的特征

新媒体新闻的时效性、互动性、开放性、碎片化、融合性的特征，都与传统新闻之间划开了一道鸿沟。这些特征都在对传统媒体发起挑战,迫使传统媒体加快升级转型的步伐。新闻传播的格局不断裂变,令人移不开目光。

(一)时效性

新媒体时代,所有的信息都唾手可得。只要你想知道,订阅或者关注媒体、自媒体账号,下载多个新闻客户端,它们都在暗自较劲看谁的推送速度更快。因此,对大部分使用智能手机的人来说,想要错失某个重要新闻,似乎都有些困难。只要你打开微博、微信朋友圈、微信群,总有人会不断地用热点新闻占据你的视线。新闻的重要性也提到了一个前所未有的地位,全民热议某条新闻的情景屡见不鲜。

在这样的时效要求下,更多的记者涌向了一线。按时交稿给编辑部已经成为过去式,记者们不仅仅像以前那样准备第二天见报即可,他们在更多的时候身处前线,充当"采编合一"的重要角色。记者当场获知的新闻,就能在手机上敲击编辑好,立刻通过新媒体平台推送给数百万甚至上千万粉丝。而在最近,短视频乃至直播被称为下一个内容运营的风口,屏幕前的网友能够通过记者现场实时的现场直播,同步获得原汁原味的最新资讯。这对于过去"编辑主导"的媒体行业来说,可以说是一次巨大的颠覆。

【案例】@央视新闻:#央视新闻微直播#【直播:记者正在湖北鄂州面包车坠湖事故现场】今晨6时许,湖北省鄂州市华容区境内,一辆实载20人的面包车冲进湖中,目前已致17人死亡,2人生还,1人下落不明,搜救仍在进行。此刻,央视记者正在事故现场进行现场直播。关注! http://t.cn/RfmYcwq

【案例】@新京报:#男童坠入40米深井#【救援持续90余小时,未见坠井男童】10日上午,救援进行到第五天,相关部门和社会力量救援已超90个小时。距6岁男童聪聪坠井已超过黄金救援的72小时,蠡县县委常委、副县长吴素杰在救援现场称,裂缝安全隐患已经排除,救援的方法采用的是钢圈沉降法救援。据统计,截至11月9日凌晨,枯井周边已被挖出直径120米的大坑,动土20多万立方米。在场的医护人员介绍,距井底还有约两米深,医护人员也下到井口,时刻准备急救。但截至今日凌晨0时仍未发现男童。http://t.cn/Rf2yuqx 河北保定6岁儿童落井救援83小时不完全记录 http://t.cn/Rf247md

【分析】直击新闻现场,直播是时效性最强、冲击力最强、最有现场感的报道方式,但也是记者最难掌握的报道方式之一。

(二)互动性

新媒体时代所谓的"新",不只是更加便捷地获取资讯。如今的新媒体渠道,如微博、微信、客户端等，都只是媒体回应社会关切的渠道之一。过去，我们选择在报纸、官方网站上发布新闻，与在“两微一端”上公布信息并无太大区别。但是，如此来说就体会不到新媒体最大的魅力了。

真正分辨起来，除了语言风格上的转变，新媒体与过去单向传播的传统媒体相对比，最大的特点应该是“互动性”。如今，传播新闻的不仅限于专业的传媒行业人士，新闻的受众也能成为新闻的传播者。在微博微信上，网友可以随手转发新闻消息，并且在评论跟帖区域毫不掩饰地点赞、吐槽、表达自己的意见，而这些意见也能非常快速、直接地传递到媒体记者耳中。而新闻媒体也可以与用户之间进行沟通和互动，及时做出反应，激发受众兴趣，优化传播效果。这样的互动性难能可贵，正是传统媒体时代十分稀缺的，所以当下的媒体更应该系统地应用起来。

【案例】@中国新闻网：【山东男生身高领跑全国　这事儿可能怪基因】山东18岁男生平均身高1.75米在全国领跑，“山东大汉”咋炼成？专家解释，古时和匈奴、鲜卑等族通婚，增高了山东居民的个头。另外，山东人食用含钙的东西比较多，这些优势都以遗传的形式传承了下来。（济南时报）来吧，“汉子们”出来挥个手。

【案例】@中国新闻网：【报告！小新已经被大高个包围了】@谁动了我的洗发水：陕西女生，170；@不是莱的那个菜：山东的171，还不是我们班女生前三名；@4到30个字符支持中英文汉字：河北的，18岁时就183了；@烟舆：福建175妹子不服；@撸啦啦噜啦啦撸啦噜啦：我178，女友172……你身边有大高个吗？

（三）开放性

人人都有麦克风，话语权掌握在粉丝数更多的那个人手里。在新媒体发展的今天，传统媒体人的一部分固有优势正在逐渐失去。网络上的每个人都可以成为信息来源，发布新闻线索，甚至撰写新闻。正是在这样的开放性、包容性的环境下，新媒体新闻的来源已经不仅仅局限于“白名单”稿源网站，许多时候自媒体都能成为第一手的信息源。

现在国内不少重大突发性新闻事件，抢先首发的往往不是专业记者，而是业余的“公民记者”。所谓“公民记者”，是指在新闻事件的报道和传播中发挥记者作用，却非专业新闻传播者的普通民众。“公民记者”背后所体现的是“参与式新闻”的理念，即“在收集、报道、分析和传播新闻和信息的过程中发挥主动作用的民众”。

全球最早的“公民记者”，应该追溯到1998年率先曝光克林顿性丑闻事件的美国人德拉吉。一夜之间，属于个人的“德拉吉报道”享誉全球。后来，他被法新社列为“20世纪最具推动力和影响力的十大人物”之一，与CNN创始人泰德·特纳等名人齐名。

近日，民生银行管理层骚扰女员工的微信截图传遍互联网，引发了众多网友的关注。这件事情最早也是由自媒体“公民记者”爆出的，此后被多个自媒体大号传播。民生银行宣布暂时将涉事工作人员停职，扣发季度奖的处理方法更是引发了众怒。有人号召大家抵制民生银行，把民生银行的存款转走，把民生银行的账户销掉，把民生银行的股票卖出。

也许这件事对于传统媒体来说并不是一个多大的新闻，宣布处理后可能就不了了之，但是对于恰恰是因为自媒体的广泛关注与网友的大量吐槽，才让弱势群体有了发声的途径，而不是让真相沉默下去。“公民记者”队伍的发展壮大，正是人民群众对重大新闻事件享有知情权、参与权、表达权、监督权的充分体现。这些开放性带来的制衡的力量，看似无形却极其有力，它的名字叫作“舆论”。

【相关新闻】@新浪新闻：【高管性骚扰女下属　民生银行回应引热议】网曝民生银行北京分行业务副总经理关小虎逼迫女下属开房，以辞退逼其就范。聊天记录中“要么上床要么下岗”的态度令网友愤怒，有网友甚至直言，简直不能忍！然而随后民生银行的这番回应，更是让网友炸了锅↓↓http://t.cn/RIPup5k

（四）碎片化

受微博风靡的浪潮影响，新媒体新闻常常以碎片化的形式出现，尤其是特别重大的独家报道出现时，记者往往会选择先用最简短的话语将核心内容表达清楚，之后再进行补充拓展，后续积极跟进采访。这与过去写长篇大论的文章有很大不同，记者不用再欲言又止，不用再讲究倒金字塔结构，直接戳中核心内容即可。

【案例】@最高人民检察院：【曹建明作检察机关提起公益诉讼试点工作情况中期报告】11月5日上午，最高人民检察院检察长曹建明在十二届全国人大常委会第二十四次会议上作《最高人民检察院关于检察机关提起公益诉讼试点工作情况的中期报告》。以下为直播全文↓http://t.cn/RIypyHd

其实不仅仅是普通的新闻报道，新媒体平台上风靡的评论风向也大变。传统媒体上的评论可能因为涉及审核等等问题，往往需要顾左右而言他，将最想表达的观点藏在最后，点到即止，如同隔靴搔痒，让人总觉得意犹未尽。一篇千余字的长文，或许核心观点就藏在最后两段之中。要读出作者的真意，往往得耗费一番心思反复琢磨。

而如今能够引发网友刷屏式转发的那些评论文章，通常观点犀利，毫不留情，一气呵成，读来就是一个字——“爽”，两个字——“爽快”。通篇围绕着核心观点反复论述，或反驳别人观点时将道理一条条摆出来，不再遮遮掩掩。笔者认为，这是碎片化时代带来的优势之一，正是因为网友习惯了“短平快”的论述思路，所以直截了当地表达自己的观点，旗帜鲜明，三观相合，就能获得大量的关注。甚至可以说，碎片化让人们不再那么关注于文笔如何，而是关注对某件事情的态度，由此来判断媒体的立场。网友普遍“用脚投票”，也是新媒体时代的一个重要特征。

【案例】@人民日报：【#你好，明天#】明天，国家公祭日。有媒体拼接30位南京大屠杀幸存者照片，用面孔诉说79年来的荣辱与沧桑。然而哀思无法抗敌，孱弱必将遭欺。我们缅怀逝者，但不被泪水遮挡视线；我们铭记历史，但不被仇恨冲昏头脑。国家的祭奠，只为凝聚民族意志，汲取前进力量，许下复兴心愿：吾辈自强，实干兴邦！ http://t.cn/RIypqh4

【案例】被老虎咬伤的女人，承担着这个世界全部的恶意

真正让人痛心的地方在于，关于这件事的舆论场，一切都在跑偏。这并不是指那一大片大喊“坏了规矩就得死”的人群，因为这种呼声很容易理解。

当这个世界充满各种不守规则乱象的时候，那些曾经被损害过的人，都会把这位被老虎咬伤的女子当作发泄的出口，一时间，成都抢道的女司机、看病排队加塞的流氓、过马路横冲直撞的行人、走后门顶替你上大学名额的富二代、在旅行团里大呼小叫让你羞于与他为伍的同行者……

所有那些可恨可恶的家伙在一瞬间灵魂附体。你曾经遭遇的不公，你曾经想揍而不敢动手的人渣，都足够让人们不惮于把所有恶意加在这个似乎“自食其果”的女子身上，你简直想像杨子老师一样大吼一声：不信抬头看，苍天饶过谁！

我深深理解这种恶意，因为我也曾经有过类似的恶意。但是，让一个身在病床上生死未卜未来不明的人承担这种全民的恶意，这并不是一件值得欢欣鼓舞的事。

我们都知道，她做了错事，自己承担了后果。可是我们该叫好吗？我怀疑。

一种更恶劣的声音传了过来，也是我觉得最值得痛心的地方，那就是人肉搜索和舆论审判。

一切，就如当年成都女司机的先例一样，只不过，女司机被挖出来的，是身份证，是开房记录，甚至月事周期，用来证明她就是一个活该被打的BITCH；而这次，被挖出来的是“医闹”历史，是小三的传说——

“女的是小三，车上孩子是非婚生子女，死去的中年妇女是著名医闹……对于这种人，除了关注老虎吃剩了多少之外，真不值得媒体再去炒作。”

这种逻辑是不是很耳熟——“一个在孩子刚出生没多久就去嫖娼的人，死了就死了，真不值得媒体再去炒作。”

在那起迄今未曾有所交代的著名案件中，那些可以理直气壮地喊出“我们不关心他有没有嫖，只关心他该不该死”的人们，在被老虎咬死咬伤的两个女人身上，关心的却是她们是不是死有余辜的人渣。

如果谁写一篇《该死的小三渣女与替天行道的老虎》，分分钟十万加的点击是跑不了的，再发展下去，动物园都能收几面锦旗了。

一群暴徒绑了一个妓女到耶稣面前，她是个淫荡的女人，按惯例应该被人用石头砸死。耶稣说：你们中间谁是没有罪的，就可以用石头打她。结果是，所有的人都默默地退去了。

…… http://t.cn/RtGV401

（五）融合性

纸媒的活跃度与影响力看似在下降，人人都在说纸媒消亡，但笔者认为，纸媒在内容上的专业性是新兴的自媒体无法比拟的。新媒体平台上，粉丝众多的大号不少，也许他随手发一条新闻就能获得关注量无数，而辛辛苦苦去一线采访的记者或许因为新媒体运营不善而缺乏关注度。这样的不平衡性，在很多突发的重大事件时非常多见。所以，常常有人调侃说，当有矿难发生时，大多数中国媒体都在微博上点蜡烛。此言不虚，新媒体能够轻易获得大量的关注度，但是当所有的人都去做新媒体了，谁还愿意踏踏实实去一线采访呢？

我们看见，许多传统媒体在探索新媒体上的策略转型，所以你会看见他们将许多内容搬到了新媒体平台上来运营。因此，我们很难来界定，那些新媒体平台上的传统媒体内容，与原来单向传播的传统媒体自身之间的区别。这样的界限或许会经历缓慢的融合，最终消失殆尽。笔者期望，传播方式的创新只是报道手段的创新，盲目追求新媒体传播热度的时间尽快过去，不论新旧交替，让属于新闻的回归新闻。

第二节　新媒体写作的主要类型

正是因为人们接受的信息越来越嘈杂，自媒体的声音与官方舆论场掺杂在一起，所以时代更加需要有责任、有担当的媒体人坚持自己的方向。运用正确的方式，顺应时代的潮流与人民群众的需求，以新媒体的方式来写作，是一件互利共赢的事情。媒体人如何通过新媒体传播高质量的新闻，网友也期望能够去伪存真，不被低门槛的新媒体时代所误。大浪淘沙之后，唯有优质内容才是最值得沉淀的珍珠。

到底如何在新媒体平台上写作呢？根据现在常见的不同新媒体平台，笔者将其分为三类：一是微博类的短文体，俗称“轻新闻”；二是常常见诸微信、客户端等平台上的长文体，多以报道、评论等形式存在；三是通过微信平台广泛传播的 HTML 5 作品，集文字、图片、音乐、视频、链接等多种形式的展示页面。实践中，发布在不同新媒体平台上的文章、作品，写作的要求是完全不同的。

一、微博短文体

随着手机传播的兴起，微博用户数量的增多，微博也形成了特定的报道方式，微博新闻站在了新闻传播的第一线。虽然许多网友今年来有大量转向微信等社交平台的趋势，但是多数社交平台都没有实力与微博的开放性一搏。2016 年，微博活跃用户数量呈现持续增长态势。根据微博公司 2016 年第三季度财报，微博月活跃用户数达到 2. 97 亿，同比增长 34%，创下今年最大增幅。值得注意的是，随着移动互联网应用的日益普及，越来越多的用户习惯在手机上使用微博。在移动端，微博月活跃用户占比达 89%，规模保持稳定增长。

微博就像一个广场，每个人都可以在这里发表自己的看法，也正是因此，所以它的包容性很强，容纳了许多刺耳的声音。而微信等平台更像是自己家的客厅，只有被邀请的人才能加入进来，或者是通过熟悉的人带来的朋友才能来做客。因此，几乎所有的新闻、辟谣都会在微博上发酵，突发事件发生时，你第一时间想到的或许还是上微博搜搜网友的看法。

【案例】@谣言粉碎机：【“用手机超过 68 分钟，易抑郁”是真的吗？】据传美国有大学的研究表明，使用智能手机能揭示使用者精神状态，真是这样？@窗敲雨：“用手机超过 68 分钟，易抑郁”这个说法肯定是扯，研究也没有要往这方面说。而且，提到的研究本身是个初期研究，还有不少缺陷：http://t. cn/RfHfCPR

与传统新闻报道模式相比，微博的短文体表现出了一些新的特征。

（一）内容简明扼要

微博在很长一段时间里都是仅支持 140 字的，尽管现在放开了限制，但大部分人还是按照原先的设定来编写微博。140 字的浓缩精华，要求写作者在尽可能短的字符限制内，第一时间将事情的来龙去脉、矛盾冲突表达清楚。如果在 140 字以内，都没有办法吸引读者的注意力，让他们对内容感到有兴趣，进而点击新闻链接，那么这条微博就算是失败的。

微博的短文体其实存在一定的文本结构，比较常见的微博新闻报道结构包括“【标题】+核心事件+背景材料+链接+配图”。当然，具体的结构应用可以说是见仁见智，根据不同的内容可以做出相应的调整，没有太多的规律限制，只要读者能够“秒懂”微博新闻的重要内容即可。

【案例】@财经网：【安徽教育厅原副厅长被控受贿　行贿人超一半是高校负责人】近日，安徽教育厅原副厅长杨德林涉嫌受贿案公开审理。杨德林被控非法收受现金等款物合计价值195.2万元、4.2万美元。向杨德林行贿的人员名单中，高校相关负责人占了总人数的一半以上，他们为了学校发展、院校升格，选择花钱买“未来”。http://t.cn/RILTWX5

【案例】@人民日报：【重磅！55家4A级景区被摘牌！】人民日报记者王珂消息，国家旅游局今日通报，截至目前，全国31个省区市均已完成对本地4A级及以下景区检查，共有367家4A级及以下景区受到不同程度处理。其中，107家A级景区被摘牌，包括55家4A级景区，黑龙江5家，吉林、广西各4家，辽宁、江苏、广东各3家。有你们家的吗？

【案例】@新京报：【警察证上为什么写血型？答案让人心酸】近日，@林小明Vash发微博称，一直好奇为什么警官证上一定会写上血型，后来才知道，干这行容易出事，是方便送伤时急救用的。@平安北京补充：正面的警服正装照片也不让笑，因为很可能牺牲的时候，那张照片要用作遗像。总有人为万家灯火负重前行，致敬！

（二）信息时效性强

可以说，正是因为微博的字数限制，而且不像微信一样每天有发布条数的限制，所以往往重大的突发新闻都少不了微博新闻的参与。有许多媒体、机关开设了官方账号，等同于它们自身的官方网站的延伸，所以它们发布在微博上的内容也成了第一手的信息来源，会被传统媒体在报道中广泛援引。

在网友的关注与转发机制的推动下，以及2016年以来微博强力推荐的话题机制，让更多的新闻热点事件相关的讨论更加集中。整个微博氛围与一个庞大的网页专题非常类似，质量虽然参差不齐，但也给网友们提供了非常多元化的思考维度。

【案例】@Vista看天下：#快讯#【朴槿惠同意明年4月下台】据韩联社报道，韩

国总统朴槿惠同意在明年 4 月辞去总统职务。http://t.cn/RfDywF0

【案例】@头条新闻:快讯:最高人民法院再审改判聂树斌无罪。http://t.cn/RfmNQmZ

（三）多种表达语言

由于运营微博的时候,运营者往往会尽量考虑受众的感受,比如说同一新闻不是出现了特别重要的进展,一般不会刷屏二次传播。所以,这就对于单条微博的信息含量提出了更高的要求。比如说,写作者可以添加图片、链接、视频、音频、长微博等多种形式来丰富信息增量,多种表达语言的运用能够充分展现出新闻的事实,使报道生动鲜活,颇具现场感与立体感。

【案例】@南方都市报:【恐怖的信息泄露！南都记者#花 700 元就买到同事行踪#,包括开房记录】你所有的隐私信息,包括开房记录、名下资产、乘坐航班,甚至网吧上网记录信息,只要有人付钱,就可以轻易被查到。这是否让你不寒而栗？南都暗访记者亲身经历,在网上只花费 700 元就买到了同事的上述信息,更可怕的是,竟然有第三方软件为这样的服务提供担保,整个交易已跃升到了“平台化”的地步。包括你的银行存款记录、手机实时定位、手机通话记录等,他们也都能查到,而且声称 7 天×24 小时不间断服务。你是不是大吃一惊？http://weibo.com/1644489953/ElJ8eyhiC

同时,善用表情符号也是一项小技能。在传统媒体时代,新闻媒体常常被教育要克制、中立,不表态。而新媒体的特色就在于互动,适当地运用表情符号表现媒体的立场与态度,反而能够让读者觉得你更有人情味。毕竟,现在有些个人 IP 的凝聚力,已经能够与某些专业媒体的整体凝聚力媲美。

在传统媒体运营的新媒体账号中,有不少已经走在了时代的前列。“@人民日报”在微博上常用的九图解读类的格式,结合热点事件与特殊时间节点,以清新的画风与实用性较强的内容,赢得了大量关注。不仅如此,人民日报新媒体早已在微博上“玩”出了新高度,成为现象级的优质融合媒体。

【案例】@人民日报:#盘点 2016#【震撼中国的 9 张医护照片！】医生一天完成 18 台手术,穿着手术服,蜷缩在地上睡着了;7 个月身孕护士为保证胎儿呼吸,跪地托举半小时;年轻医生遇车祸脑死亡,把心脏献给病人……他们与时间赛跑,与疾病战斗,却不时被埋怨误解;他们很苦很累,却总说“这真的没什么特别”。医者仁心,致敬！http://weibo.com/2803301701/ElIBoBMj9

二、普通的微信长文体

在微信、客户端等平台上常见的新媒体新闻，笔者将其称为“普遍性的长文体”。长文是相对于微博的短文体而言的，其实说长也不算太长，如今2000余字的报道放在微信、客户端上都属于过长的内容了。快速消费内容的读者们，往往希望能够用最短的时间获取到最大的信息量。

常见的新媒体长文体包括改写式的报道、自采报道等，说起来可能与传统媒体十分相似，但是操作上却要根据新媒体的形式进行大量的改编。微信、客户端上广泛传播的新闻，除非是大独家新闻，靠拼手速确实与撞大运差不多，还不如多在内容的深度与厚度上下功夫。

比如，发布快讯类的非独家信息时，应该附上该事件的前因后果，甚至同类事件的对比盘点，增加长文报道的信息量。

【案例】雷洋案最新进展:5人涉嫌玩忽职守案被移送公诉部门审查

2016年11月29日，北京市人民检察院第四分院对犯罪嫌疑人邢某某、孔某、周某、张某某、孙某某5人涉嫌玩忽职守案侦查终结、依法移送公诉部门审查，并对犯罪嫌疑人孔某、周某、张某某、孙某某4人取保候审。

“雷洋”案件情况回顾:

2016年5月7日

由于雷洋夫妇刚得一女，其亲属欲来京探望，航班预计当晚23点30分到达。当晚21时左右，雷洋从家里出门去首都机场迎接亲属，之后雷洋失联。

2016年5月8日凌晨1时

家人接昌平东小口派出所消息，要求亲属赶赴派出所。他们于1时30分左右赶到后，被告知雷某因涉嫌嫖娼，在被警车带往派出所的途中因心脏病突发死亡。雷某被送到医院的时间为5月7日晚22点09分，到达时已经死亡。

2016年5月8日凌晨4点30分

亲属见到了雷某的尸体，发现其手臂和头部都有明显瘀血。警察表示，途中雷某曾激烈反抗，跳车时头部着地，因此受伤。

2016年5月9日晚间

雷洋的妻子证实了此事，目前已聘请律师介入此事，并希望得到公正解决。随后，昌平警方通报此事称，5月7日20时许，昌平警方接群众举报，位于昌平区霍营街道某小区一家足疗店内存在卖淫嫖娼问题，接警后，警方依法迅速开展查处工作。当晚在该足疗店查获涉嫌卖淫嫖娼人员6名。其间，民警在将涉嫌嫖娼的男子雷某(29岁,本市人)带回审查时,该人抗拒执法并企图逃跑,警方依法对该人采取强制约束措施。在将该人带回公安机关审查过程中,该人突然身体不适,警方立即将其送往医院,后经医院抢救无效死亡。

2016年5月11日1点44分

北京警方再次通报人大硕士涉嫖被抓身亡事件。通报称,5月7日20时许,昌平警方针对霍营街道某小区一足疗店存在卖淫嫖娼问题的线索,组织便衣警力前往开展侦查。

2016年5月13日下午

雷洋的尸体正式开始尸检,中国人民公安大学教授张惠芹教授接受雷洋家属的委托,经检察院审批,担任专家证人。

2016年5月17日

雷洋家属及代理律师向北京市检察院递交了《关于要求北京市检察院立案侦查雷洋被害案的刑事报案书》。律师表示,北京市检察院举报中心工作人员接收了举报材料,称“检方表示会重视此案,将研究决定是否受理,再通知我们”。雷洋家属称,被举报人、北京市公安局昌平分局参加办理雷洋涉嫌“嫖娼”案件的相关警察、辅警“涉嫌故意伤害(致人死亡)罪、滥用职权罪、帮助伪造证据罪,要求检察机关对涉嫌犯罪的全部办案人员立案侦查,对初查已经构成犯罪的嫌疑人,立即采取刑事强制措施,依法追究刑事责任”。

2016年6月1日

北京市检察院官方通报,北京市昌平区人民检察院完成对“雷洋涉嫌嫖娼被民警采取强制约束措施后死亡”线索的初查工作,认为符合立案侦查条件。根据办案的实际需要,北京市人民检察院决定,将该案交由北京市人民检察院第四分院立案侦查。当日,北京市人民检察院第四分院依法决定对昌平区公安分局东小口派出所民警邢某某等五人进行立案侦查,按程序通知家属。同日,北京市有关检察机关控告申诉检察部门还向雷洋家属吴某某通报了检察机关办理案件情况。

2016年6月8日

北京市人民检察院第四分院职务犯罪侦查局分别约见了涉案警务人员和雷洋家属聘请的律师,通报了检察机关对邢某某等五人立案侦查的情况,听取和征求了相关律师对检察机关办理此案的意见和建议,收取了有关人员提供的相关材料。检察机关将认真分析研究所提意见建议和相关材料,确保侦查工作依法规范进行。相关律师对检察机关主动征求意见建议、依法推进检务公开表示了感谢和认可。

……

又如，改写式的报道关键在于结构清晰明朗，以不同的小标题将事件分类盘点清楚。

【案例】最全解读！韩国检察官为什么被称为“刑事犯罪侦查之王”？

这些天，受“闺蜜干政”事件影响，韩国总统朴槿惠最近可不好过。这段时间里，韩国检察官的大动作不少，风头正劲。先是突击搜查朴槿惠多名“身边人”的住所，还试图搜查其位于总统府邸青瓦台的办公室，昨夜又宣布紧急逮捕“闺蜜干政”事件当事人崔顺实。

看惯了韩剧里意气风发的检察官欧巴，没想到现实生活中只有更帅更强势，星星眼的正义君佩服得五体投地！那么，问题来了，韩国的检察官为什么这么牛？是什么让他们面对总统府，毫不畏惧？且听正在扒拉资料的正义君来给小伙伴们科普一下。

韩国的检察官：“刑事犯罪侦查之王”

韩国政治体制实行三权分立，由行政、立法和司法三部分组成。检察厅属于行政机关，隶属于司法部，是相对独立的体系，各个检察厅的辖区与行政区域不存在一一对应关系。

在韩国，警察和海关、税务等34个特殊的调查机构具有侦查权。但是，韩国《刑事诉讼法》规定，对刑事案件的侦查以及侦查终结的决定权只授予检察官，因此，警察和其他机关开展侦查（调查）时，必须在检察官的指挥和监督下进行，没有检察官的许可，任何侦查部门不能开展侦查或停止侦查。

检察官在调查的过程中可以指挥司法警察工作，并承担调查的一切责任。检察官有随时结束调查的权力，司法警察应迅速把所有的证据和相关文件提交给检察官。

……　http://t.cn/RIyOikk

【案例】中国“国际反腐败话语权”是怎样升级的？

“要加大国际追逃追赃力度，推动二十国集团、亚太经合组织、《联合国反腐败公约》等多边框架下的国际合作，实施重大专项行动，把惩治腐败的天罗地网撒向全球，让已经潜逃的无处藏身，让企图外逃的丢掉幻想。”这段话是习近平总书记在2016年1月12日的十八届中央纪委六次全会上所说的，也是十八大以来中国强势反腐的切实行动。中国坚定不移地反腐败，国内反腐也不忘海外追逃，将一批外逃多年的犯罪分子缉拿归案，同时主动提出一系列反腐败国际合作倡议，致力于构建国际反腐新秩序，赢得了国际社会的尊重。

今天是 12 月 9 日，国际反腐败日。我们一起来看看中国“国际反腐败话语权”是怎样一步步升级的？

参与者

2003 年《联合国反腐败公约》通过，该公约是联合国历史上第一个用于指导国际反腐败合作的法律文件，为国际社会预防犯罪、追缴腐败资产、提高反腐成效起到了重要推动作用。

2005 年，中国加入了《联合国反腐败公约》，积极参与反腐败国际合作机制，并与有关国际组织和国家建立起执法合作、司法协助、人员遣返、涉案资金返还等机制，国(境)外缉捕追逃、防逃、涉案资产返还等工作也都取得了很大进展。

此外，中国也同一些国家缔结了双边司法协助类条约，如司法协助、引渡和移管被判刑人等条约，为反腐败国际合作有章可循、规范合作和增强实效做出了积极努力。

行动者

2014 年开始，中国强势反腐。反腐不仅在国内，还要走出国门，进行跨国打击，才能彻底摧垮贪腐人员的心理防线，才能在国际、国内两个维度形成强大的反腐合力。因此，国内“打虎拍蝇”不手软，国外“天网猎狐”不停歇。

2015 年 3 月，中央反腐败协调小组国际追逃追赃工作办公室会议决定启动“天网”行动。这是中国综合运用警务、检务、外交、金融等各种手段追捕外逃腐败分子和防止贪官外逃的重要行动，参与者有中央组织部、最高人民检察院、公安部、人民银行等国家机关。“天网行动”已取得“抓捕一批腐败分子，清理一批违规证照，打击一批地下钱庄，追缴一批涉案资产，劝返一批外逃人员”的成效。

据 12 月 9 日最新消息，截至 11 月，今年“天网”行动共从 70 多个国家和地区追回 908 人，其中外逃国家工作人员 122 人，追回赃款 23.12 亿元，“百名红通人员”10 人。2014 年 1 月至 2016 年 11 月，我国共追回外逃人员 2442 人，其中党员和国家工作人员 397 人，追赃金额 85.42 亿元人民币，“百名红通人员”已归案 37 人。

……

再如，自采型的报道加入一些体验式的语言，有助于读者跟随作者带入相应的情绪，对采访对象有更深入的了解。在新媒体写作中，解读热点相关的新闻，一定离不开采访。在传统媒体上进行采访的时候，我们可能会非常认真地去纠结于问题提纲，要求每一个问题之间的逻辑严密，每一问都必须有价值。但是，新媒体的要求可能就有些不同。新媒体并不要求你问出的每一个问题都必须有意义。通常来说,采访者还可以问一些花边问题,缓和气氛,或者说是为了让读者尽快地熟悉被采访对象的性情,融入采访环境之中。这样的操作手段,会增添不少趣味性,笔者认为非常适合于新媒体采编中的人物专访。

比如说前段时间电视剧《法医秦明》热播,正义网新媒体专访了“法医秦明”这个人。在专访之前,记者在微博上征集了网友们想了解的问题。记者以一个普通网友的口吻,问到了一些与法医职业相关的问题。在新媒体采访中,记者的问题可以相对活泼,并表达自己对于访问者给出的答案的某些态度,带有一些情绪化的表达。这样做的目的很简单,就是为了和网友产生共鸣,增强粉丝黏性。

【案例】还在追剧吐槽吗?重口味法医秦明现身答疑大放送!

正义君:看过网剧后,觉得法医真的是个相当重口的职业啊,你当初为什么要当法医呢?

秦明:我是个独生子,父亲曾经是名优秀民警,年轻时搞痕检还立过一等功,从小父亲就希望我能够成为一名人民警察。可母亲却深知警察的辛苦,说警察顾不上家,所以背着父亲教导我要成为一名医生。最终会选择这个职业,多多少少也还是跟父母的影响有关,但我骨子里就是想当警察,这也算是爸妈的期望和自身的理想都圆了吧。虽然入学的时候还不知道法医是做什么的,但是碰巧选择了我自己挚爱的职业。我曾经用两句话来形容这个职业:一双鬼手,只为沉冤得雪;满怀佛心,唯愿天下太平。

正义君:法医专业似乎一直都比较冷门,听说好多人甚至都不愿意和法医同桌吃饭,这是真的吗?

秦明:我当年考入皖南医学院法医学系的时候,全班共40人,只有我是第一志愿报考的,其余的全是“服从分配”来的,那时我才知道这个专业有多“冷”。我是真的遇见过不愿意和我们握手的人。我也听说过,有些人觉得我们的手碰死人,比较晦气。没办法,只能说大家对法医这个职业还是有很多误解,世俗观念影响还是相当强大的。遇到了,当然也只能尊重别人的选择。但我还是希望大家可以多理解我们的工作,尊重我们的职业,这也是我立志要为法医发声的原因。

正义君:看来你对这部剧评价很高嘛!不过也有很多网友都在吐槽,你给大家答个疑吧!所有的案件法医都要去,还强行办案,警队里没有人了吗?

秦明:所有非正常死亡的现场,都是需要法医前往的。法医会在现场进行尸表检验,如果可以排除他杀,那么不是家属要求就可以不用解剖检验。但如果不能排除他杀,就要进行进一步解剖检验。

每个案件不同，法医发挥的作用也不同。概括起来说，法医的主要工作是：分析死亡原因，推断死亡时间、致伤工具、损伤方式、死亡方式。有条件的还要进行现场重建、行为心理分析和犯罪分子刻画。另外，还要在现场发现提取物证。

但一般情况下法医是不参与调查走访工作的。我们能尽可能完成自己的职责，就是对侦查范围框定提供了最好的依据。

……

最重要的是，很多时候传统的信息写作如果照搬放在新媒体平台上是没有人看的，这就要求写作者对原有的内容进行深入的改编，换句话来说就是进行新媒体手段上的“包装”。笔者提倡“软硬兼施”的策划方式，就是说写作者要表达的真实意思视为硬内容。而在新媒体平台上，过硬的内容传播困难，需要加上一个让内容生动有趣的“软外壳”，才能算是一个优秀的作品。对于很多媒体人来说，写硬内容其实都是基本技能，而如何去考虑包装策划的趣味性，又是一个更深远的课题了。

【案例】这些成语如果改一个字，你就明白镇检君在课题研究方面都做了啥……

众所周知，成语可不是随便就能更改的，否则便是错别字。但是，这些成语仅仅改了一个字，却能将镇检君的课题研究工作更加清晰直观地展现出来哦……

久负胜名：胜名之下，名副其实

“久负盛名”这个成语一看就是褒义词的长相，原意是长时期地享有好的名声。

不过，对于镇检君来说，改成“久负胜名”反而更合适哦。近年来，镇检君有52项课题成果在《人民检察》《法学杂志》《检察研究》等知名刊物发表；相继荣获江苏省哲学社会科学优秀成果二等奖、全省检察机关优秀调研成果二等奖、江苏省行政法学年会优秀成果一等奖等20余项表彰奖励……这一项项可不就是在课题研究领域取得的胜利果实吗？

分道扬标：道不同亦可相为谋

“分道扬镳”比喻人们分别发展和施展各自的聪明才智，或者比喻因志趣、目标不同而各走各的路。这个成语的神奇之处就在于写错的概率跟它的使用频率一样高！

不过镇检君将其改成“分道扬标”，可不是因为不会写哦，而是为了让大伙更加直观地认识镇检君的课题研究工作。镇检君坚持每年初向两级院组织征集选题建议，先后将80余项重点调研课题交由基层院和市院部门承担，同时注重按需分解目标任务,有序推进研究工作。在镇检君的字典中,即使目标任务不一样,依然可以相互征求解决疑难的意见和办法哦。

…… http://t. cn/RIyp3c0

【案例】别再为张靓颖操碎心,这 8 个股权及财产问题终于有答案了!

国庆长假刚过,娱乐记者们就忙个不停。张靓颖妈妈手撕靓颖男友,戳破其在靓妈和靓颖不知情的情况下转移股权等行为,让不明真相的吃瓜群众纷纷围观,凉粉们也为此操碎了心。普法小能手正义君今天不聊八卦,邀请资深法律人士来为大家解读一下,如果此次事件中的各种细节属实,会引发哪些法律问题。

不明真相的群众请看前情提要:

10 月 8 日,张靓颖被曝出将与冯轲在下个月举行婚礼,冯轲在微博确认婚讯。10 月 9 日,靓颖妈妈发公开信,信中称冯轲欺骗张靓颖使其"被小三",冯轲还侵吞张靓颖和靓妈在公司的股份。靓妈明确反对两人的婚事,认为冯轲和女儿结婚只是为了控制女儿的财产。

其后,冯轲的长文回复中主要有三点涉及婚姻法与公司法的相关内容。①此前已与张靓颖签订婚前财产协议,已公证婚前婚后财产为夫妻共同财产;②多年前立有《意外身故遗嘱》,上明确规定:如遭遇意外,身亡后名下所有遗产,均归属张靓颖;③调整股权比例只是为了经营和融资需要,本质上都是夫妻共同财产。

看完小伙伴梳理的前提回顾,正义君都凌乱了,丈母娘手撕未来女婿,高潮迭起。私自转让股权、夫妻共同财产、婚前协议、遗嘱继承……这里面涉及的法律问题可真不少呢!

正义君特邀到两位资深律师——京师律师事务所婚姻家庭部主任魏绍玲、江苏漫修(苏州)律师事务所律师云闯,对此次事件中的公司法与婚姻法问题进行专业解读。

那么,问题来了! 接招吧!

Q1:请问,转让股权是否一定要遵循公司法相关规定进行?

云闯律师:公司章程对股权转让另有规定的,从其规定。也就是说,公司章程可以规定,排除其他股东的优先购买权。因此,在实践中对于有限公司的股权转让,一定要审查公司章程是否做出不同于《公司法》的特殊规定。在公司章程没有特殊规定的情况下,才适用《公司法》中规定的默认规则。

正义君一句话总结:如果在张靓颖和靓颖妈妈都不知情的情况下,冯轲转移了公司股权,只能通过伪造签名的手段。

…… http://t. cn/RIyOql3

三、HTML5 作品

“H5”是由 HTML5 简化而来的词汇,借由微信这个移动社交平台,走进了更多人的视野。初期兴起时,与所有的新兴事物一样,热度非凡。人们热衷于通过第三方平台制作大量的展示型 H5 作品,其内涵结构与一篇短文差别不大,可以说就是一篇图文并茂、需要翻页的 wap 网页。

后来,随着新媒体技术的不断发展,H5 成为 Web 开发领域的宠儿,更多的开发人员开始使用 H5 来开发交互性强、效果出众的 Web 应用和游戏。对于媒体应用来说,展示型的 H5 作品确实几近过时,第一时间的新鲜度过去以后,它留给多数人的印象只有大量耗费的流量、加载和播放缓慢的缺陷。后来,人们发现,加载超过 5 秒就会有 74% 的用户离开页面。与此同时,带有互动功能的 H5 作品,却一跃成为当下新宠。

【案例】2016 年改变世界的 15 大科技成果 http://www.ih5.cn/not-logged-in/case

如今,技术门槛的降低,让几乎每个想学的人都能够很快掌握制作 H5 作品的方式。网络上流行的第三方工具不少,在这些工具的大力推动下,简单逻辑的 H5 作品门槛趋近于零,这也导致其品质的两极分化严重。优秀的 H5 作品动辄阅读量数十万,而在市场上也有大量 H5 作品几近无人问津。

为什么会这样呢? 笔者认为,不论是什么类型的 H5 作品,逻辑结构是其第一灵魂,文案内容是其第二灵魂,之后再谈新媒体技术以及设计上的实现。

首先,逻辑层级不可太多。一般来说,好的 H5 作品翻页次数应当在 10 页以内,因为用户随着页面层级的加深而不断流失,流失率在前几页最高,只有 46.9% 的用户能够来到第六页。

其次,文案要求精炼。H5 作品受限于手机展示页面的大小,文字量过多就会缺失不少动画效果,所以为了优化展示效果,应当严格控制文字数量,将文案精炼再精炼。

最后,情节尽量连贯。尽量设计有连贯情节的内容,才能够吸引网友一步步点击下去。一旦每一页之间的关系割裂,势必会加快用户的流失,很难让人维持好奇心。用做电视连续剧的心态来写 H5 作品的脚本,才能够精益求精。

【案例】总理记者会邀你“点”媒体|横屏 H5 http://www.ih5.cn/not-logged-in/case

【案例】2016 政府工作报告,听听总理这些话 http://www.ih5.cn/not-logged-in/case

第三节　新媒体写作的准备与策划

一、新媒体写作的准备

在进行新媒体写作之前，做好准备工作，才能有备无患。

第一，收集写作内容的相关资料，能够让你知己知彼，百战不殆。

第二，学习和掌握相关的背景、政策，补充知识与技能，选题才能顺利进行。

第三，熟悉采访对象的知识储备、研究方向后，精心设计采访问题，保证采访质量和水平。

二、确定策划选题

在制作新媒体策划之前，应当遵循的是"用户导向"原则。确定选题的首要标准是"这个选题对用户来说有用吗?"也就是说，是否能够提供一定的信息量。信息量就包括，对于网友来说，是否能够解答他们关心的一些问题，回应社会关切。其次，再问自己两个问题——"有用的选题是否能做得有趣? 同类的选题中能否做出彩?"选题的方向由此敲定下来，方能在源头保证"不做无用功"。

第四节　新媒体写作的技巧

一、注重标题制作

打开靠标题，转发靠内容。在内容分发的客户端上，标题的重要性基本上占到了传播效果的一半。一个再好的标题，点开内容的人不过是读到标题的人的五分之一。所以,认真对待新媒体标题,是对一个策划基本的尊重态度。

标题的制作方法有很多,归纳总结一下,笔者认为其原则在于"真实,说人话",就是说一定要保证不做无节操的标题党,同时用老百姓听得懂的大白话来制作标题。具体来说,最佳的技巧是"挖掘痛点信息,将标题场景化"。这里面包含的两大技能分别是提升信息量、代入使用场景,十分实用。

标题"直面校园欺凌,我们能做更多"改为"当孩子遇到校园欺凌,家长应该先这么做(实用干货)",将文章中的主体人物"孩子""家长"点出,并且说明"这么做"就更加具体一些,加上"实用干货"可以提高标题的信息量。

标题"为什么他们要欺负我?"改为"为什么他们要欺负你?(附最全防范手册)",标题中的"你"很明显比"我"受众要广,此外增加补充信息有利于提高点击量。

标题"一周大事记:看这周民生大事"改为"国务院@你,本周这8件民生大事,千万别错过",在标题中加入数字能够使读者对文章内容的印象具象化,同时点出"国务院"主体,可以说明这几件大事的权威性和重要性。

标题"不要用今天的现状去判断任何人的未来"改为"这3个小故事的解决,你一定会猜错……"文章是以3个不同的小故事来说明人虽然有时候身处逆境,但谁知道后来会不会反转呢?因此,修改标题以3个小故事为切入点,能够增添神秘感。

标题"冬天的9大安全提醒"改为"冬天绝对不能做的九件事,危险系数都很高!"修改后的标题使用了逆反心理,通常来说单独说"安全提醒",远不如"危险系数"提醒让读者更加关注。其实意思都是一样的,但是正话反说却能达到意想不到的效果。

二、善用网言网语

受互联网时代的冲击,传统的公文信息式的传播太过枯燥乏味,已经无法受到网友的青睐。大量网友钟情于更简单直接的、易让人理解的文章。这也是我们现在常常提到的——"用群众喜闻乐见的语言来表达"。其实手机上的网络用户大多数思维活跃,易于接受新鲜事物。虽然走红的网络语言可能时效性较短,比较容易过时,但是网友将它创造出来的同时,至少在一段时间内能够被不少人接受。

网络语言没有生硬呆板的句式,以更加接地气的姿态迎合了网民的阅读习惯,有助于加深网民们的亲切感。新媒体写作不应该刻意回避网络语言,因为如今的网络语言与传统字典中的词语可能界限不是那么分明。比如像"吐槽""土豪"之类的词语,都已被收录在《现代汉语规范词典》(第3版)之中。

【案例】小岳岳歌里唱的，比五环多两环的北京“七环”长啥样？

“终于有一天，你会修到七环，修到七环怎么办？你比五环多两环……”相声演员岳云鹏《五环之歌》里的内容如今正成为现实。

12月6日，密涿高速公路河北段正式贯通。这意味着北京“大外环”高速公路（俗称“七环”）替代路线河北段全线贯通。

北京“大外环”高速公路规划总里程942千米，约850千米在河北境内。其替代路线是指由河北境内的长深、京哈高速公路代替尚未开工的承平高速公路。如今密涿高速河北段已通车，北京段预计明年通车，彼时，近1000千米的北京“大外环”高速公路（替代路线）将贯通成环。

北京“七环”由哪些高速路段组成？为啥要有替代路线？“七环”周边有啥美食、美景？来看看你对北京“七环”了解多少吧！

…… http://t.cn/RIy09qO

【案例】交警推违章者“大头”表情包，你要吐槽还是点赞？

照片被做成“表情包”，是一种怎样的体验？近日，一组由陕西省府谷县交警大队推出的“表情包”，在网络上引发热议。街道、马路上，一张张违章者的脸被放大，形似大头贴。而在这些照片下方，还附有对违章行为的点评。此举在引发关注的同时，也招致争议。

寻常的城市背景下，一张张表情各异的脸被放大、示众。

……

新京报记者发现，将交通违章者制作成表情包，是府谷交警的一项“传统”。最早在今年10月19日，微博认证为“陕西省府谷县公安局交警大队”的“府谷交警”，便发布了“交通违法大头贴”第一辑，至今年11月14日，一共发布了四辑，表情包总数超过30个。

12月10日，随着包括@人民日报在内的众多微博转发，府谷交警这一发明，一下子走入公众视线。在网络空间，针对这一事件的意见分为两种。支持者为其“点赞”，并称形式新颖，让人印象深刻，也有助于树立交管部门形象，而质疑者则直指其实用性，并提出，这样的形式，涉嫌侵犯个人隐私。

在接受新京报记者采访时，违章表情包的制作者，府谷县公安局交警大队法宣室协警陈龙则表示，制作这些表情包，其目的是交通安全宣传，教育意义要远大于其曝光作用。

…… http://t.cn/RIy00IY

【案例】无人机航拍现场直播！带你走近火山口下的“流动检察官”

听说各地的小伙伴们都冻成狗了,哈哈哈哈,正义君这几天倒是穿着短袖短裤还热得满头大汗,脸上和糊了一层油一样,有些暗爽又有点不适应……当当当当,不用猜了,这是因为正义君来到了被称为“椰城”的海口市。

11月15日至11月17日,正义网“走基层·话检察”新媒体行活动走进海南省海口市检察机关,发现有这样一群检察官,他们有的活动在火山口地区,从不拘泥于在办公室内办案,走村入户防贿选,村头树下忙预防,下乡接访察民意,登门回访解民忧,为保护生态环境蛮拼的……正义君听说,江湖上流传着海口“流动检察官”的传说。

跟随正义君的无人机航拍直播、VR视频一起来体验一下椰城检察官的日常吧!

公益诉讼:守护亚洲最大的红树林

11月17日上午,正义君跟随海口市美兰区检察院的检察官来到了亚洲最大的红树林类型湿地保护区——海南东寨港国家级自然保护区。红树林素称“海上森林”,作为今日海岸湿地生态系统唯一的木本植物,它具有防风搏浪、护岸护堤、调节气候等重要功能。

据检察官介绍,这里曾经发生过红树林大面积死亡的情况,到底是咋回事呢?

正义君了解到,2012年2月,海口市美兰区检察院针对保护区内的生态环境状况开展巡回走访调研,发现农户圈地养殖咸水鸭对环境产生较大影响。正义君忍住了口水,虽然咸水鸭听起来好像很好吃,但是大量未经处理排出的养殖污水造成了水域污染、红树林死亡等情况。

据海口市美兰区检察院民行科科长林宇介绍,2012年6月,检察机关支持保护区管理局向法院提起了全省首例环境公益诉讼,这也是海南检察机关首例支持起诉的环境公益诉讼案件。目前,保护区内的58家养鸭场全都搬了出去,受损的红树林地区也进行了补植复绿。

…… http://t.cn/RIyulQI

三、善用人格化的语言

各大内容分发平台的兴起,让自媒体立于风口浪尖,未来的路还很漫长。一个优秀的自媒体的凝聚力,完全不逊色于某些老牌媒体品牌。品牌的人格化似乎正在成为一个新媒体方向的大趋势潮流。

个人的自媒体往往打上了自己深深的烙印,从语言风格、价值观到特色性格等,既然能够吸引到一定的粉丝,那这些用户必然是意气相投的同类。而国内许多媒体都是以中立、客观的标签来标榜自己，反而容易泯然众人矣。自媒体品牌天生自然的拟人化等特色，值得新媒体品牌借鉴。拟人化、情感化的沟通表达，能够拉近网友与新媒体账号之间的距离。

许多转型中的媒体和机构发现这条路，于是开始重视与粉丝之间的关系，通过个性化的表达进行互动，突破了传统媒体的缺陷。比如说，《人民日报·海外版》的新媒体账号"侠客岛"自称"岛叔"，塑造了一个有血有肉、有观点有态度的大叔形象，反而引起了更多网友的共鸣。又如中央政法委的民间账号"长安剑"，始终以"长安君"自称，还设计了一套卡通形象，制作漫画普法等系列作品，让网友们直呼接地气。在新媒体平台上，高高在上单向发布是行不通的。姿态放得够低，与网友们称兄道弟，反而会让他们更加理解。

【案例】【长安君说法】下班途中遭遇车祸，是否应该算作"工伤"？

长安君见过不少在职场中打拼的小伙伴。努力工作、疯狂加班，这种拼搏精神令人感动得流泪……但长安君提醒，工作的同时，小伙伴还需要注意保障自己在工作中的合法权益。如何界定"工伤"，就是小伙伴需要掌握的：上下班途中若遭遇车祸，是否应算作"工伤"？先看安仔最近遇到的麻烦事——http://t.cn/RIy0MRb

【案例】改革，让辅警从"执法者的阴影"中走出来

小伙伴们，今天，长安君说件改革大事。但在此之前，咱们先听个故事。

他叫林志，23岁。他留给同事的最后一句话是："小心点！"然后，他就触电倒下了。

他牺牲了。牺牲在9月28日的浙江苍南，洪水之中。为了在大水中救摔倒的人，这个"90后"大男生，遭电击身亡。三代单传的他，牺牲前，甚至没吃上一口热饭。

他，是一名辅警。

类似的牺牲还有很多。他们感动了全社会，也让"辅警"这个群体，不断进入小伙伴的视线。

11月29日，国务院办公厅印发了《关于规范公安机关警务辅助人员管理工作的意见》。这份由中央全面深化改革领导小组第二十次会议审议通过的意见，从管理体制、岗位职责、人员招聘、管理监督、职业保障等方面，提出了规范警务辅助人员管理工作的具体措施和要求。该意见的出台，意味着辅警改革"靴子"最终落地。

无疑，这是一份给辅警的大礼！这将为辅警群体带来什么改变？为什么说，它跟你我也密切相关？且听长安君给你一一道来——

N个“更加”,让辅警更有归属感

意见面世前,一组辅警的工作状态,折射出了他们工作中的些许无奈:11月29日晚,天津交警夜查酒驾,一名女司机被查后,把辅警的手咬破了;11月22日,澄城县公安局交道派出所民警姚华成、辅警罗小刚在办案开车返回途中,发生车祸,二人经抢救无效,不幸殉职;11月17日20时30分许,遂宁市交警支队直属一大队民警及辅警在对违章车辆进行处理时,遭遇严重暴力抗法,3名辅警不同程度受伤;10月12日,宿州泗县公安民警及辅警在追捕嫌疑人的过程中,由于嫌疑人极力反抗,辅警孟伟手臂被划伤……

辅警,是当前政法工作的一支重要力量。他们在出生入死程度上,很多不输正式民警,甚至要承担不少更脏、更累的活。但在身份上、待遇上、“社会目光”上,却总感觉“低人一等”。此时,长安君耳畔仿佛听到一些辅警在寒风中的呐喊:“为什么受伤的总是我?”

有了意见之后,情况可能大不同!至少这五个“更加”,清晰可见——

…… http://t.cn/RIy06zn

第五节 自媒体的新闻写作

一、什么是自媒体

(一)自媒体的定义

提到自媒体,大家的第一反应可能就是微信公众号。其实,现在的自媒体已经不仅局限于微信公众号,诸如网易号、腾讯的企鹅号、今日头条的头条号、uc浏览器的uc号、北京时间的时间号、封面新闻的封面号,这些自媒体犹如雨后春笋般涌现出来。另一方面,早在2009年风靡一时、影响力延续至今的微博,也是一种自媒体。

那么,什么是自媒体?它和传统媒体、网络媒体的区别体现在哪些方面?

自媒体,英文翻译为“we media”,又称“公民媒体”或“个人媒体”,是指私人化、平民化、普泛化、自主化的传播者，以现代化、电子化的手段，向不特定的大多数或者特定的单个人传递规范性及非规范性信息的新媒体的总称，包括微博、各平台的自媒体号等，这些都属于自媒体。

由于自媒体平台的属性，已经借助的技术工具（手机）的移动性，决定了自媒体必须依赖于手机这一移动互联终端的发展。可以说，是智能手机的发展带动了自媒体平台的壮大与流行。

（二）自媒体的发展

自媒体有别于由专业媒体机构（包括报纸、电视、广播电台、新闻网站等）主导的信息传播，它是由普通大众主导的信息传播活动，由传统的“点到面”的传播，转化为“点到点”的一种对等的传播方式。

早在20世纪，传播学家麦克卢汉提出过一个传播学理论，叫作“媒介即讯息”，具体来说就是：媒介本身才是真正有意义的讯息，人类只有在拥有了某种媒介之后才有可能从事与之相适应的传播和其他社会活动。媒介最重要的作用就是“影响了我们理解和思考的习惯”。

对于社会来说，真正有意义、有价值的“讯息”不是各个时代的媒体所传播的内容，而是这个时代所使用的传播工具的性质、它所开创的可能性以及带来的社会变革。

自媒体并不是“互联网+”时代的新生事物，早在春秋时期，孔子带着自己的门徒，游走在各国之间，传播自己的思想和观点，靠的就是口口相传，这可以说是最古老的一种自媒体形式。后来，随着技术的不断发展，出现了报纸、广播、电视和网络等大众媒体，也出现了专门生产内容的新闻记者、编辑。如今，随着“互联网+”时代的到来，自媒体时代重新回归，每个人都成了拿着话筒的发声者，从最初的论坛发帖、博客，到后来的微博和微信公众号以及现在的各种传播平台自媒体号。

二、自媒体新闻的特点

众所周知，新闻，是新近发生的事实的报道。这一点，无论是在报刊盛行时代，还是广播、电视时代，抑或是网络新闻时代，新闻最本质的特点是不会改变的。所以，自媒体新闻，根本上依然是“新近发生的事实的报道”。

比如，知名娱乐新闻自媒体“深八深夜八卦（微信 ID：shenyebagua818）”，每晚深夜的推文基本上都是新近发生的最热门的娱乐圈的事件。例如，2016 年 12 月 12 日，新浪微博爆出，《家有儿女》系列将要拍微电影，于是，“深八深夜八卦”就立即发帖对这一消息进行分析，解读，整合资源。第二天晚上就发出了这篇题为《家有儿女要重拍？易胖体质拼命减肥，被逼成玻璃心的杨紫终于有男朋友疼咯》，从

《家有儿女》这部电视剧将拍微电影入手，梳理了杨紫近几年的娱乐圈发展路径，是一篇典型的自媒体类型娱乐新闻。

由于自媒体新闻是“互联网+”的时代产物，自然会印刻上互联网的各种特点，最大的一点在于，自媒体的发布者不是新闻记者编辑，没有官方的采访权，因此，自媒体新闻，更多地来源于对传统媒体现有新闻的整合、梳理等。具体来说，自媒体的新闻，主要具有以下几个方面的特点。

（一）受众群体的年轻

传媒媒体（报纸、杂志、广播、电视台）的受众，是早先一批拥有高知识水平、有一定阅读习惯的中老年群体。他们当中的很多人，已经习惯了阅读纸质媒体，收看广播、电视等。

通常情况下，老年人的新闻信息来源趋于电视，学生群体的新闻信息来源倾向于网络，所以老年人和学生群体较少买报纸。较多买报纸的上班族一般为中青年，是受教育程度较高、收入水平较高的社会群体，他们的购买能力和独立思考能力较强。对他们而言，报纸有容量大、涉及面宽、阅读自由、便于收藏等优势。报纸不但报道新闻，而且分析新闻的来龙去脉，提供丰富的背景资料，可以满足他们深入思考以全面了解事件真相的需求。

另一方面，自媒体的受众群体，主要还是二三十岁的年轻人。他们擅长并频繁使用移动互联网工具（手机、平板电脑等），他们不仅是信息的接收者，有时候还是流行的制造、生产者。比如，现下流行的诸如“蓝瘦香菇”“666666”“2333333”等带有鲜明网络特征与时代烙印的词汇，都是年轻人在日常生活中创造出来，之后被广泛运用到自媒体新闻写作中的。

除了年龄上的差异，自媒体受众与传统媒体受众还存在阅读习惯上的不同。传统媒体的受众能够静下心来阅读一篇几千字的报刊文章，观看一场一个多小时的电视调查类节目，但是自媒体的受众，他们已经习惯了利用碎片化的时间接受吸纳碎片化的新信息，利用上下班通勤的时间阅读新闻、获取资讯，是这一批受众的日常。

（二）语言的通俗化

由于自媒体的特殊属性，导致自媒体新闻的语言在简练、通俗上的要求更高，毕竟，没有人愿意花时间阅读一篇枯燥无味的自媒体稿件，如果还是一篇篇幅很长的新闻，就更不会有受众为此买单了。此外，除了上述基本的这些特点外，自媒体新闻语言还有最大的一个特点在于，使用语言的网络化、年轻化、流行化。

例如，2016 年 12 月 10 日的《华西都市报》微信公众号（微信 ID：ihxdsb），头条推送为《定了！成都地铁17号线明年1月开建，据说这是一条为吃货而开的线路》，同一天出版的《华西都市报》，同样的新闻，两篇的语言风格完全不一样，微信公众号上的这篇，开篇就是“好消息来了！成都地铁17号线一期预计2017年1月开工，共设9座车展，5座换乘站，连接中心城区和双流温江，家住温江双流的盆友，快来看看你家门口有木有地铁站”。

我们可以发现，这短短的几句话中，出现了“有木有”这样的词汇，这是以往传统媒体上不可能出现的词汇，也是禁止出现的，因为不符合报纸、电视台等的权威信息发布渠道的定位。但是，“有木有”这样的词语，用在自媒体新闻写作中，显然会拉近受众与平台之间的关系，显得十分接地气、生动又通俗。

（三）图片表情包用得多

以报纸为例，我们所看到的报纸版面，除了图片版面和广告版面，基本上所有新闻版面都是“以文字为主、图片为辅”的状态，这也决定了一般报社中，文字记者和摄影记者之间的地位关系。有时候，由于版面等各种原因，文字新闻发布出来了，但是图片却没有出现，这并不会影响受众阅读新闻，获取资讯。

然而，在自媒体新闻中，一篇没有图片通篇只有文字的稿件，是不会得到受众欢迎的。此外，在自媒体平台推荐时，也会影响被推荐的频率，影响阅读，导致阅读量低下。

自媒体在运用多媒体元素时，除了各种背景图片外，还有网络上丰富的、网民喜闻乐见的各种表情包。比如，《南方都市报》微信公众号（微信ID：nddaily）在2016年12月13日推送的头条新闻为《冷空气已发货！广东人，拜托不要再穿短袖了，表达下对冬天的尊重……》，在写到广州近一周的天气情况时，使用了微信表情中新增加的“捂脸”表情，还用表情包制作了天气日历，全文共使用了22张图片，其中7张为表情包，元素有《爸爸去哪儿3》里面的康少爷，也有台湾影视明星阮经天等，剩下的15张图片均为天气预报的截图，文字只是起到过渡、串联起各个图片之间关系的作用。

（四）发布抢第一时间

在不同的新闻媒体之间，存在着同行“抢新闻”的情况，这里说的抢新闻，除了抢在第一时间刊载出来，还包括抢独家、抢新的角度。“抢新闻”放到自媒体之间的竞争上，主要说的还是抢时间，敢在事件发生后的第一时间，甚至是在事件发生时就能同步发声。

以2016年夏季奥运会上中国女排夺冠事件为例，当天中午11点，最后时刻惠若琪一记漂亮的探头得分，宣告中国女排战胜塞尔维亚的同时，也吹响了自媒体跟进推文的号角。

通过搜狐“新榜 mp”的新榜后台监测的数据显示，在中国女排夺冠后的一周内，提及“女排”的微信公众号推文近 2 万篇，有 1440 篇原创，产生了 214 篇阅读量高达 10 万+的文章，点赞数超过 197 万。仅夺冠当天，自媒体就推送了 1. 1 万篇关于“女排”的文章，其中有 807 篇原创，诞生了 114 篇 10 万+的文章。

在搜狐“新榜 mp”的新榜时事监测的数据中，当天上午 11:01:29 秒成为最早推送“恭喜女排夺冠”的文章。这篇原创是由北京青年报社负责运营的微信公众号“最北京（微信 ID：Beijingzhizui）”原创发布，帖子标题为《恭喜女排夺冠!!! 太牛了再次逆转！这三十年来我就服“女排精神”!》，经微信后台审核发布的同时，@ CCTV-5 那条宣告中国女排夺冠的微博也才刚编辑完成。

此外，自媒体除了在时间上要争分夺秒外，在新闻报道的角度上也要另辟蹊径，毕竟，如果受众想看中规中矩的新闻，何必通过自媒体获取？还是以中国女排奥运夺冠为例，当大多数自媒体还在抢时间码字，小编还在整理各种女排素材资料时，“支付宝”已经凭借标题为《中！国！女！排!》正文内容仅有 4 个字——“世界第一”，赢来又一个华丽的 10 万+，摘要仅 3 个字：“还！有！谁?!”

（五）审核流程简单化

相信大家都清楚，传统大众媒体的新闻稿件审核流程是非常严格的，从记者的采访、写稿，到记者采写部门主任的审核通过，再到编辑部门的编辑、修改、制作标题，到最后夜班编委的审核，报社责编的签版，每一个流程都必不可缺，每一个环节都有专门的人进行系统的检查审核，没有通过审核的稿件是不能出现在大众媒体上的。

但是自媒体新闻则不同，它的审核没有这么多流程，通常决定写什么、怎么写，都是自媒体运营者自己的事，只要不是违反国家法律法规及相关政策的选题与文章，最终都可以出现在受众面前。

那么，自媒体平台稿件的审核究竟是怎样的呢？以网易号为例，通常如果文章中没有一些敏感词汇，那么稿件几乎是“秒发布”，可以说不用通过审核，写完之后提交就能与订阅用户见面了。如果是一些敏感的热点事件的评论，比如聂树斌案，与此相关的所有新闻稿件，都需要经过网易客户端的后台审核，审核时间可长可短，短的十几分钟，长的一天，稿件一旦通过审核就能与订阅用户见面。

在开篇列举出的几个自媒体平台中，微信公众号的文章审核是最宽松的，基本上可以认为是“事后审核”制度，发现违规文章立即删除。而今日头条对于头条号的文章审核，基本上是最为严格的，作为个人类型的自媒体，几乎不能发布任何社会热点问题，例如之前说到的聂树斌案，甚至连法院被普通市民起诉当了被告这种新闻，都无法通过审核。

（六）可以和订阅用户、网友进行实时互动，用户反馈及时

传统的大众媒体传播新闻的方式，是单向的线性关系，传播什么，怎么传播，都是由传播者决定的。用户的阅读体验，反馈信息渠道少，除了最初的媒体热点电话，能够及时反馈信息的渠道少之又少，与用户的互动也并不及时。

然而，自媒体新闻则不同，它们有公开的与受众互动的平台与渠道，可以实时互动，了解受众的想法等。比如，以《华西都市报》的官方微博为例，它并没有关闭评论通道，关注了《华西都市报》的网友都可以通过给官微发私信、留言评论等方式，将用户感受及时反馈给媒体。同样的，对于微信公众号来说，也有留言等功能可以将自己的用户体验反馈给自媒体运营者。

然而，虽然同属于自媒体，但是微博和微信公众号在与用户沟通交流的方式上还是存在一定差异性。最明显的一点就是，微信公众号不是任何人都能进行留言评论的，在微信公众号的后台编辑器上，运营者可以通过设置“仅关注的人才可评论留言”，这样就把非关注用户排除在外了，另外，作为微信公众号的运营者，无法主动和自己的订阅用户私聊，只有在用户主动给公众号发送私信后一定时效内才能和其进行沟通交流。

（七）阅读量是公开透明的，不同于传统媒体的不公开

在报纸为王的年代，报纸的发行量、覆盖范围都是无法进行公开测试的，对于广告主来说，没有第三方机构能够进行公开公正透明的数据监测。对于普通受众来说，就更加无法知晓其真实的发行量数据了，更别说一篇新闻的阅读量了。

但是对于自媒体来说，这些数据都是公开的，每一个阅读新闻的受众都可以看到，对于广告商来说，这些数据和流量也是可以通过第三方专业数据统计机构经过分析统计后得到真实的数据。打个最简单的比方，微信公众号在文章最末尾处会显示这篇文章的阅读量，今日头条的头条号也会显示多少人阅读过，跟帖留言有多少，同样的网易号也会在文章的右上角显示跟帖数。以上数据都是公开透明的，每一位阅读当篇新闻的网友都能够看到。

在这一点上，自媒体与传统媒体最大的不同在于，传统媒体的发行量、阅读数可以由自己说的算，但是自媒体却不行，每一个流量都是实实在在的，做不了假，一旦对数据进行造假或是故意夸大，很快就会被受众拆穿。

三、自媒体新闻的写作技巧

究其根本，自媒体新闻也是新闻，它在采访写作上应该遵循新闻采写的一般规

律，但鉴于自媒体新闻上述的特性，它在写作上也存在一些新的技巧。

（一）文章写作中可以带入作者

在传统的新闻写作上，我们要求记者尽量少带入自己，把自己放在旁观者的位置上，对新闻事件进行客观的还原，新闻稿件中也不能加入带有记者主观色彩的词汇，大量的形容词更是不被允许使用。

然而，这些禁忌，在自媒体新闻写作中，都是不存在的。就拿不能带入记者这一点来说，如今几乎每一个自媒体中，都将记者或者作者本身带入稿件中，甚至将一个自媒体号拟人化，拉近了与受众之间的关系。

比如，《成都商报》的微信公众号（微信 ID：cdsb86612222），就自称“商妹儿”；“成都范儿（微信 ID：cdfer100）”自称“范儿姐”，网易号“法律眼”自称“眼妹儿”……这些形象生动的拟人化称呼，在传统媒体中我们是看不到的。

（二）图文并茂，熟悉表情包等的运用

以网易号“法律眼”为例，2016 年 8 月 31 日，四川成都新会展中心附近的各种交通警示标志，在右上角突然多了一些“小红点”，小红点内还有不同的数字，长得很像手机 APP 的未读消息提示。这一消息当天早上被“封面新闻”报道后，很快引起了成都媒体的追踪，交通标志上的小红点到底是什么，是由谁安装的，有没有涉嫌违法？

网易四川本地号“法律眼”作为当地唯一一家专注于政法新闻分析类的自媒体，在全四川 400 多家网易号中排名 23，获得 2016 年度网易四川特殊贡献奖，当天就介入事件中，邀请到专业律师对此事进行点评，推送了两篇解析新闻，其中一篇题为《成都交通标志被装“小红点”　律师点评究竟违不违法》，另一篇为《律师解读小红点事件：如果是广告恐怕有人要挨起》，但是后者的阅读量只有 837，远不如前者的 2 万+，究其原因，主要在于前一篇插入了多张现场图片，在视觉呈现上满足了受众的阅读欲望，而后者却没有使用任何一张图片，1000 多字的稿件，全部都是文字。

再比如，2016 年 12 月 9 日，“法律眼”发布的《C 罗逃税 1.6 亿紧追梅西　在中国刘晓庆就因逃税坐牢》，这可以说是一篇跨界新闻，既可以归类于体育新闻，也能归于法制新闻。文章从 C 罗疑似逃税说起，将这一事件的来龙去脉梳理了一遍，还针对逃税这一行为进行了法律解读。虽然无论从哪个角度看，这都是一篇专业性文章，但是作者依靠生动的语言以及穿插在其中的大量图片，成功吸引住了 C 罗的粉丝，也留住了法律界人士的关注。

无独有偶，另一篇《抢注商标花 4 年，今天乔丹真得哭了，但有人更惨!》，内容说的是乔丹商标案在国内打了4年官司,终于得到最高法的判决,拿回了中文译名的商标。这一篇就运用了多张乔丹的图片以及在网络上风靡一时的"乔丹哭"表情包,是一篇典型的自媒体新闻写作巧妙运用新闻当事人表情包的范文。

(三)发布时间的选择

传统媒体在发布信息的时机选择上,通常是有固定的时间点的,以报纸为例,分为晚报和早报,晚报一般是下午出街,早报为早上出街,都市报和日报也是一样的。它们的信息发布主要由报纸的属性决定。

然而,自媒体新闻的发布时机,灵活性是很强的,可以说随时都可以发布信息。比如说,"深八深夜八卦(微信ID:shenyebagua818)"的娱乐新闻发布时间固定为每晚10点左右。为什么会选择这个时间段推送呢?这是由现代人使用手机的习惯所决定的,回想一下自己使用手机的习惯,是不是每晚睡觉前,都会习惯性地躺在床上刷一会手机,然后才会入睡?深夜10点,正好是大家睡前刷手机的时间段,因此,选择在这个时候推送娱乐新闻,是相当明智的。但是,不会有做新闻资讯的自媒体会选择在这个时候推送新闻,因为人们工作了一天,大脑飞速运转了一天之后,临睡前不想接收过多需要用脑的资讯,因此新闻资讯类的自媒体大多会选择在早上八九点钟推送,这个时间段,自媒体的大多数用户都在使用交通工具前往上班的路上,对于那些使用公共交通工具的人们来说,这个时间段是最佳的阅读碎片时间,大脑也处于一天中相对清醒的时段。

还有一点值得注意的是,用户的媒体习惯是被媒体培养出来的,某个自媒体一旦确定了在哪个时间段推送新闻,就不要轻易更改。稳定、固定的推送时间,能够让用户的黏度更大,使用体验更好。

当然,如果发生了重大突发事件,为了抢在第一时间发出声音,自媒体推送的时间可以根据具体情况进行调整,比如之前说到的中国女排奥运夺冠、聂树斌案等,这些都是可以抢在第一时间进行推送的。

(四)标题的重要性,偶尔可以"标题党"

标题对于新闻的重要性不言而喻。往往很多时候,记者打磨一则标题所耗费的时间精力不亚于撰写一篇新闻稿件。

之前提到,如今自媒体的用户很少会花费大量的时间阅读长篇新闻稿件,很可能通常瞟一眼标题就迅速关闭了链接。网络时代,信息纷繁复杂,怎样才能从众多自媒体的新闻中脱颖而出,迅速吸引受众的关注,并引导他们点击关注,成为固定的用户呢?这时候,一则好的、引人入胜的标题就起到了至关重要的作用。

怎样制作好自媒体的标题?这和传统媒体的新闻标题不同,自媒体新闻的标题可以适当夸张、断章取义，还可以加入一些网络元素、恶搞元素等，就连传统新闻中有使用限制的感叹号、问号，都可以大量使用。可以说，自媒体新闻的标题制作，存在主观性和随意性。

例如，网易号“法律眼”在 2016 年 11 月 29 日推送的《支付宝变“支付鸨”　平台整“黄”了！　快播案就是下场》，这则标题如果放在传统媒体中，就是一条不合格的标题，但是在自媒体新闻中，这样的标题反而能够吸引读者的兴趣，一句话点明了文章的主要内容是说支付宝白领圈的事件，还将此与快播案进行了对比，简洁明了，能够抓住受众的眼球。再如，10 月 8 日推送的《亮瞎眼网红小鲜肉警察从 5 万粉中睡了 27 个竟不违法！》，这个标题比上述提到的标题更胜一筹，“亮瞎眼”是典型的网络语言，带有强烈的主观色彩，“网红”“小鲜肉”这些都是新鲜语言，在传统媒体的语言使用上按理是不该出现的，“睡了”这样的动词，也是不适合出现在传统媒体中的。但是，这些词汇出现在自媒体新闻中，就是相当好的元素，标题不仅表明了自媒体运营者对这一新闻的看法，也高度概括了新闻事件。

第五章　摄影摄像

第一节　无人机航拍[1]

航拍并不是新鲜事。在飞机和摄影技术诞生之后，航拍便开始应运而生。1999 年，新华社摄影记者曾乘坐直升机和运输机开展“空中看祖国”大型航拍纪实摄影活动。但这种基于大型飞机的航拍，成本昂贵、协作复杂，难以普及、常用。

无人机诞生后，相对廉价的无人机航拍开始风行。从 2013 年起步，到 2016 年建成“天空之眼”无人机队[2]，新华社已形成一支由 30 余名“机长”领衔，100 余架无人机和近 200 名“记者飞手”组成的专业化无人机新闻报道队伍，并且通过新华社各个分社辐射全国。[3]

在天津港“8 · 12”特别重大火灾爆炸事故的报道中，新华社天津分社记者岳月伟是最早使用无人机对现场进行航拍的摄影记者之一。他说，无人机在这次采访中发挥了“地面部队”无法替代的作用。当时现场情况不明，浓烟遮蔽视线，夹杂着刺鼻的气味，无人机可以更接近爆炸中心点。同时，无人机传回的图像，不仅用于新闻报道，也为当时的救援工作提供了重要参考。

2016 年 2 月 18 日，第 59 届世界新闻摄影比赛(荷赛)评审结果在荷兰阿姆斯特丹揭晓，新闻摄影观看之道的诸多变化再次令世人惊叹不已。在本届比赛中，尤其令人印象深刻的是中国记者陈杰的无人机航拍作品《天津爆炸》。这幅名副其实的独特之作获得了一般新闻类单幅三等奖。同时，这也是无人机航拍作品在世界新闻摄影领域摘得的重要奖项。

在新技术面前，谁敢于张开双臂拥抱新事物，谁就有机会在时代浪潮中赢得主动和先机。在无人机航拍雨后春笋般进入新闻摄影领域的今天，新闻摄影工作者必须要认真思考新势力何以崛起、摄影版图如何改变等诸多问题。

一、航拍的春天说来就来了

“忽如一夜春风来，千树万树梨花开”，这是唐代著名边塞诗人岑参在《白雪歌送武判官归京》中写下的千古名句。借用这句诗形容无人机航拍在新闻摄影领域的崛起似乎同样贴切。众所周知，新闻摄影是一种大众传播手段，回顾其发展历程不难发现，各种令人眼花缭乱的摄影新技术在不同时代背景下扮演了引领潮流的风向标和助推器。因此，当无人机航拍成为迅速崛起在新闻摄影领域的新势力时，这同样是历史的选择——属于无人机新闻摄影的春天来了。

人类渴望从飞鸟的高度俯瞰人间景象由来已久。在摄影技术出现不久，就有关于航拍的探索和尝试。1858 年 12 月，一只热气球缓缓升起在巴黎上空，驾驶热气球的纳达尔携带一台使用火棉胶摄影工艺的照相器材，在空中完成了人类摄影史上第一幅航空拍摄的照片。此后，人类一次次飞上天空拍摄照片，并且创造性地将这种壮举发展成为崭新的摄影门类——航拍。然而，由于经济成本高昂、技术相对复杂，在相当漫长的时间里，航拍始终难以成为大众化的摄影技术。至于航拍与新闻摄影的接轨，就更是步履蹒跚了。客观地讲，新闻摄影崇尚现场采访、抵近拍摄、定格瞬间、抓取细节等理念，这也使得航拍很难在新闻摄影领域占据重要席位。

然而，这一切都随着无人机航拍的兴起改变了。无人机航拍异常迅猛地在新闻摄影版图上开辟出属于自己的一片领地。仔细探究其中奥妙，我们至少能找到以下两方面原因。

一方面是新闻摄影在读图时代的地位提高了，同时面临的挑战也增多了，这为无人机航拍跻身新闻摄影行列创造了条件和机遇。今天，新闻媒体比以往任何时候都更加重视图片在传播中的作用，尤其是新闻报道面临的社会现实日新月异、日趋复杂，新闻摄影工作者必须以专业视角解析新闻事件和人物、完成采访和拍摄。尤其是具体到自然灾害、军事冲突等复杂事件，新闻摄影工作者使用无人机航拍能够获得更多样的观察视野，找到更独特的拍摄角度和表达模式，同时可以帮助新闻摄影工作者极大地提高工作效率、降低遇险概率。

另一方面则是近年来无人机航拍技术取得了突破性发展，成功地实现了控制经济成本、提高拍摄质量、优化操控性能等一系列科研创新，为无人机航拍进军新闻摄影领域扫清了诸多障碍。目前，深受很多新闻摄影工作者青睐的无人航拍器基本上都属于中国制造。以闻名国内外市场的大疆系列无人航拍器为例，零售价格从几千元到几万元不等，基本能够胜任一般新闻摄影的航拍任务。而且，与以往有人驾驶飞机的航拍相比，无人机航拍具有很多优势，操控飞行设备、调整飞行高度、选择拍摄角度十分便捷，还能提供悬停、拍照、录像等多种工作模式。随着无人机航拍的迅猛发展，曾经在摄影界曲高和寡、少人问津的航拍，如今一改“高冷”姿态走上了普及之路，真可谓“旧时王谢堂前燕，飞入寻常百姓家”。

二、他们拍到了什么

在新闻摄影发展史上，大凡引领风尚、跻身潮头的新技术，必定有其独特的价值和意义。那么，已蔚为风景的无人机航拍，究竟给新闻摄影带来了什么样的独特之作呢？

先看国外新闻记者使用无人机航拍乌克兰危机的实例。

乌克兰危机爆发后，随着局势恶化、冲突加剧，全世界的目光都聚焦到了这里，媒体和记者们迫切希望以新闻报道的方式直击危机本身。2015 年 1 月，乌克兰东部城市顿涅茨克国际机场附近战事升温，乌克兰政府军与民间武装力量展开激烈交火。对媒体而言，通过大量细节展示深陷重重危机的现实固然重要，但究竟应该如何全面、客观、真实、及时地呈现顿涅茨克国际机场在危机中的整体态势呢？无人机航拍成为记者们在新闻报道工作中的一个重要选择。最终，记者们使用无人机航拍了顿涅茨克国际机场遭受破坏的景象，这组新闻摄影图片将战火笼罩下满目疮痍的现实景象真实呈现在全世界面前，镜头中透露出的凋敝、荒凉和恐惧，在给无数读者的内心带来强烈冲击的同时，也以新闻摄影的方式传递出若干重要信息，让人们对乌克兰危机的发展态势有了更直接、更真切的认识和感知——和平正在此地发生倾斜，生活已经失去了平衡！毫无疑问，这是一组重要而及时的新闻图片，它成功地向全世界报道了正在发生的危机。

值得称道的是，在使用无人机航拍从事新闻摄影的潮流中，中国新闻摄影工作者站在了世界前列。近年来，国内媒体已经采用了大量无人机航拍新闻摄影作品。

而在第 59 届世界新闻摄影比赛（荷赛）中获奖的无人机航拍新闻作品《天津爆炸》显然是最典型的实例之一。2015 年 8 月 12 日深夜，天津滨海新区危险品仓库发生爆炸。著名作家何建明在《爆炸现场》一书中曾翔实记录了此次爆炸的恐怖。爆炸发生后，国内外记者迅速赶赴现场，但在当时的复杂情况下要想深入核心区域采访、准确报道爆炸造成的整体危害，显然具有很大困难。此后，媒体记者携带无人机航拍设备跟随国家核防化应急救援队再次进入爆炸核心区域，开始对事件进行全方位多角度报道。新京报记者陈杰在爆炸发生第三天抵达了现场，他使用无人航拍器拍下了爆炸现场的大量照片。当陈杰在此次采访中拍摄的图片摘得荷赛奖项后，在接受采访时谈道："我觉得摄影师应该利用一切手段把影像留存下来，用更好的形式将之传递出去。不要排斥新技术，我们一定要去拥抱它。"陈杰的这番感言，也从一个侧面反映了无人机航拍给新闻摄影领域带来的冲击和影响。谁能够尽快接受和掌握新技术，谁就能在媒体版图上找到新的发力点。

2016 年 8 月 25 日，正值 G20 杭州峰会倒计时 10 天，"天空之眼"无人机队记者分两个时段、三个起飞点，对峰会主场馆杭州国际博览中心及附近地标建筑进行航拍摄影报道。通过"申报飞行"，新华社摄影部成功地在重大事件报道中引入无人机航拍技术，实现重大报道的无人机“第一飞”。

事实证明，无人机航拍与传统新闻摄影可以相互补充、相得益彰。新闻摄影作为一种视觉新闻，是以图文结合的形式，表现新闻形象、传递新闻信息，视真实如生命。无人机航拍在新闻摄影工作中同样需要遵循这些准则。面对大量的突发情况，无人机航拍既能快速了解事件的整体情况，又能为记者的人身安全提供保障，是一种效费比极高的拍摄选择。

三、航拍需要注意什么

2016 年夏天，在湖南、湖北、江西、安徽等多地的抗洪报道中，无人机发挥了更广泛的作用。7 月 14 日，湖北牛山湖破垸分洪，新华社湖北分社记者程敏用无人机拍摄了爆破作业的壮观场面。为了报道这一事件，当时有 20 余家媒体的无人机升空拍摄，爆破引发强大的冲击波还造成一些无人机失联。

无人机航拍在新闻摄影领域的快速崛起已是不争的事实。无论是小型的无人航拍器，还是具有航拍能力的遥控飞行器，在本质上都可以划入无人机范畴。然而，“生于限制、死于自由”的哲学辩证思维，对无人机航拍新闻摄影同样适用。换言之，无人机不能像蝗虫一样见天就飞、见目标就捕捉。相对于突发事件和特写新闻，重大报道中无人机的应用面临更严格的管控。

在社会各界热议无人机航拍话题的同时，将无人机航拍置于法律法规、职业道德等视野之中已是当务之急。

首先，使用无人机航拍要有法律法规意识。比如不能随意在军事设施、机场周边等敏感地带使用无人机进行航拍活动。据国内媒体报道，几年前首都机场以东空域曾出现不明飞行物，导致首都机场十余班次航班延误起飞、两班次航班空中避让。该不明飞行物被拦截后，竟然是一架由航模改装而成的无人机。据报道，此次非法航拍造成经济损失的同时，北京军区空军组织各级指挥机构和部队千余人参与处置，2 架歼击机待命升空，2 架直升机升空，动用雷达开机多部，车辆百余台。由此可见，无人机虽小但也能酿成事端，绝不能肆意放飞。

其次，使用无人机航拍要考虑安全因素。无人机航拍要尽可能避开人群聚集区域，以免发生意外情况时危及地面人员生命和财产安全。尤其是大量用来进行新闻摄影活动的经济型无人航拍器，其续航能力相对有限，性能指标也无法与高端无人机相提并论，在航拍活动中遇到恶劣天气、机械故障等情况导致坠机的风险还是存在的。一旦从数百米的空中坠落，对地面目标的威胁不可小视。同时，设备坠毁也将造成直接的经济损失。所以，使用无人机航拍，要时刻将安全意识放在心上，认真做好安全评估、模拟训练和飞行体验，摸清无人机航拍在不同环境、海拔、气象等条件下的操控规律。

最后,使用无人机航拍要恪守职业道德。今年年初,国内某都市报微信公众号曾披露摄影师在青海湖周边地区使用无人机航拍野生天鹅引发争议的事件。无人航拍器从空中抵近拍摄天鹅后,严重惊扰了天鹅,导致天鹅大批逃离转移。此事在网上迅速发酵,引来网友热议和批评。有网友建议在青海湖畔设立无人机禁飞区,以此将青海湖畔野生动物栖息地标注出来,加入无人机的地理围栏系统,或是由政府发文下达野生动物栖息地禁飞令。网友的建议未必合理可行,但在网上搜索此类信息,就能发现诸如此类的事件已非偶然。在惊扰野生动物之外,一些无人机航拍活动也容易产生侵犯民众隐私、影响生活秩序等负面影响。因此,在无人机航拍迅速兴起的背景下,使用无人机进行航拍活动时必须谨记恪守职业道德。

在新华社"天空之眼"无人机创新项目负责人王建华看来,无人机引入新闻摄影,要想"飞得更稳",有四项任务。

任务一:无人机报道常态化。摄影记者使用无人机航拍,既是职业需要,也是业务本能,应将无人机航拍看作摄影记者的一项重要技能升级。成本降低、操作便捷、安全性和成像品质提高,这些因素都会导致便携型无人机成为摄影记者的一支"常用镜头"。

2016 年,无人机在新华社摄影部已基本实现常态化发稿。在 G20、博鳌论坛、上海迪斯尼乐园开园、世界互联网大会等大型报道中;在江西丰城电厂事故、南方洪灾、江苏盐城龙卷风冰雹等特别重大灾害等突发事件中;在"扶贫攻坚""四季美丽生态""天空之眼瞰祖国"等系列策划中,记者熟练地运用无人机,题材涵盖经济、科技、文化、扶贫、社会、体育等领域,全年为通稿线路提供的照片近 2000 张。

新华社摄影记者还把无人机带到了海外。以色列作为驻外试点,成为新华社摄影部为驻外专职摄影记者配备无人机的首个海外分社。驻外摄影记者在以色列、俄罗斯、美国等地多次运用无人机进行新闻摄影报道。

在技术方面,"大疆创新"发布了一款可折叠的无人机"御",不少性能就是针对新闻应用设计的。零度、昊翔、曼塔智能等甚至推出了适合自拍的掌中宝型无人机。无人机便携性的发展方向明确,在将来会越来越适用于新闻摄影。

任务二:重大报道"申报飞行"。重大事件的视觉传播已成为一门综合程度高、专业性强、组织严密的"科学"。无人机航拍既必不可少,也不可能人人都飞,"申报飞行"是此间的必由之路。

"申报"本身也是一项专业化程度很高的技能。在 G20 航拍的申报过程中,"天空之眼"团队严格按照航空管制的要求,提供了一整套具体到经纬度和起飞时间点的飞行计划，体现了“申报飞行”的专业性。无人机将会越来越多地介入重大题材报道，这是受众与传播的需要，也是技术发展的必然。无人机参与此类题材时，既要考虑传播效果、视觉表现，更要把安全性放在第一位，责任重大。

任务三：培训专业化。航拍核心技术：一是“航”，二是“拍”。“航”涉及飞控、航空气象、相关法律法规等多个方面的综合知识。坦白地说，现在消费级的无人机操作门槛并不高，有的人看看说明书就去户外飞了。但笔者认为，应该把无人机航拍（新闻摄影）作为一门严肃的学科（专业）来对待，记者在执行航拍任务前应该经过系统、科学的培训。

在美国，无人机用于新闻采访，导致“无人机新闻学”或“无人机新闻”（drone-journalism）一词的诞生。美国的内布拉斯加林肯大学抢先于 2011 年开设“无人机新闻学”课程，并建立“无人机新闻实验室”（DroneJournalism Lab）。密苏里新闻学院随后跟进，开设无人机新闻学课程。这两所大学的新闻学院不仅展开有关无人机新闻学的理论研究，并理论联系实际，购置无人机让师生尝试如何将无人机用于实地新闻采访。虽然这两个课程后来被叫停，但无人机新闻报道应当由受过培训的专业人士执行，这一趋势没有改变。随着美国相关法规的出台，美联社、《纽约时报》、《华盛顿邮报》等新闻机构先后开始尝试无人机采集新闻素材。CNN 则成立了“AIR”无人机团队[1]。

新华社拥有一支在新闻摄影界堪称一流的“国家摄影队”，在“拍”的方面基础好，起点高。2016 年 7 月，新华社举办了历史上第一次专职记者无人机航拍取证培训班，30 多名专职摄影记者参加培训，取得无人机“机长”合格证，为新华社未来无人机报道“按规飞行、持证飞行、安全飞行”奠定了良好基础。航拍 G20 杭州峰会主场馆的 7 名记者，均来自此次培训的“机长”队伍。

据官方数据，截止到 2015 年 12 月 31 日，中国无人机驾驶员已经激增到 2142 人，预计 2016 年这一数字将会以每天 50 ~ 80 人的速度井喷式增长[2]。对于无人机新闻摄影从业人员应取得何种资质，主管部门和业界尚无定论。笔者认为，目前培训目的不必纠结于究竟取哪种证件，而应把“取证”作为一种手段，让我们需要执行无人机航拍任务的记者，通过“取证”培训，真正科学地掌握无人机航拍这门技术，从而在专业上达标，在操作中把可能遇到的意外和风险降到最低。

任务四：行业运行规范化。无人机技术进入新闻摄影，是必然，也是挑战。一度，无人机总是和“黑飞”联系在一起。北京、成都是两个最早发布“限飞令”的城市，此令一出，这两个城市的“飞手”苦不堪言，要想飞一下，还得驱车到几十公里以外。对于无人机，“一禁了之”略显简单粗暴，也不利于无人机产业发展和新闻报道应用。好的管理需要“关上一扇门，还要打开一扇窗”。

2015 年 12 月 29 日，中国民航局颁布《轻小型民用无人机系统运行暂行规定》，为占据了国内民用无人机大半江山的轻小型无人机监管提供了“交通规则”。作为“当事人”的媒体或行业协会也应该发挥作用，向内“定规”，向外“开路”，既要让无人机飞得起来，又要飞得有规矩。新华社于 2016 年 9 月成立了“天空之眼”无人机创新工作室，除了技术引进、器材测试、报道策划以外，加强行业间的交流，共同促进无人机新闻应用相关规范的制定，是工作室的一项重要内容。我们希望，“按规飞行、安全飞行、持证飞行”在不久的将来可以成为无人机新闻摄影的三项原则。

四、把未来留给遐想

作为一种新兴技术，无人机航拍给新闻摄影带来的影响，归根结底还是以改变工作方式来实现其目的。几乎在所有创造性的工作中，工作方式都是真正策动变革、推动发展的关键环节。然而在现实生活中，人们常常把注意力投入对工作成果的关注上，对工作方式的作用要么视而不见、要么不以为然。比如在人类学领域，功能学说的创始人之一马林诺夫斯基，就以开创田野工作的方式树起人类学发展历程上的一座里程碑。在此之前，人类学家都是通过文献资料和口头传说开展学术研究，属于典型的“沙发型”学者，马林诺夫斯基却以独特的学术理念和工作方式将人类学带到了田野之上。从此，人类学这个最具野心和抱负的学科走出了书斋，呼吸到天地之间的鲜活空气。今天，使用无人机航拍进行新闻摄影，从某种意义上来说也颇具类似意味。

可以预见，无人机航拍将在新闻摄影领域得到更加广泛的应用。道理很简单，无人机航拍正在改变新闻摄影的工作方式，让新闻摄影工作者拥有了更便利的俯瞰现实世界的机会。越是复杂的新闻事件，在无人机的视野下越是能呈现出多维度的解读空间，新闻摄影的表达能力因此陡然增强了。同时，无人机航拍并没有因为自身的新技术而与传统新闻摄影相互割裂，它依然十分重视新闻摄影工作者自身的专业素养，比如视觉教养的形成、传播意识的产生，清醒地认识到读图时代任何形式的新闻摄影只有经过传播才能实现其价值。

此外，无人机航拍要在未来持续发展，必将与人工智能等高新技术产生更加深入和广泛的合作。今天，无人机航拍技术已被广泛应用到电影、农业、地产、新闻、消防、救援、能源、遥感测绘、野生动物保护等诸多领域，在个人电子消费市场也呈现出快速增长势头，国内一些研制和生产无人机航拍设备的科技公司在进军欧美市场的征程上呈现出日趋积极的态势。但是也必须清醒地看到，用于新闻摄影领域的无人机设备,依然有很多方面亟待进一步提高和优化,比如在系统可靠性、成像质量、续航能力、智能飞行、实时共享等诸多技术环节上,还要坚持不懈地更新和升级。客观地讲,困难还将长期存在。无论无人机与什么样的人工智能技术结合,通过航拍发现新闻的能力依然受制于操控者的新闻素养。而且,关于无人机航拍的未来使用情况和发展前景,还有更多现实困难可以预测,要通过新闻摄影作品准确传递"when、where、who、what、why"和"how"所携带的信息,是新闻摄影的永恒难题,无人机航拍不可能成为所有问题的终结者。

可以确信,无人机航拍对新闻摄影的贡献绝不仅限于提供超乎寻常的新闻视角。今天,科学技术发展的速度已经呈现出指数递增的特征,无人机航拍技术同样会以超乎人类想象的速度发展,在超越人类目力所及的范围之后,无人机航拍要挑战的就不仅仅是新闻事件的全貌了,它最终要挑战的其实是人类的想象力。在今后很长一段时间里,凡是需要在工作中用到无人机航拍技术的新闻摄影工作者,还要不断地深入思考和探究无人机航拍的意义,始终以独特视角关注新闻事件、社会变迁和生活场景,完成具有鲜明时代特征的新闻摄影表达。

无人机航拍不仅会改变新闻摄影,也将改变人们认识世界的方式。就像飞行梦想实现之后人类不再被束缚在大地之上一样,随着无人机航拍技术的发展,新闻摄影拥有了俯瞰尘世的智慧天眼,未来绝不会止步于遐想,充满无限可能的明天必将来临。

参考资料:

[1] 部分文字引自《无人机航拍:新闻摄影领域崛起的新势力》(作者吕俊平、陈海强,刊于《军事记者》2016 年第 5 期),部分文字引自《天空之眼,摄影升维——新华社"天空之眼"无人机队新闻摄影实践与思考》(作者王建华,刊于《中国记者》2017 年第 1 期)。

[2] "天空之眼"无人机队是由新华社总编室指导、摄影部牵头、多部门参与的重点创新项目,致力于把最新的无人机及相关技术引入新闻摄影,策划和实施重大报道的无人机航拍任务,在无人机业务指导、技术引进、器材测试、人员培训等方面开展工作,推动实现新闻报道无人机"按规飞行、合理飞行、持证飞行"。

[3] "天空之眼"看祖国系列报道以无人机航拍为主要技术手段,每次选取一座城市,以新华社客户端为平台,进行一天直播式的报道,通过新旧航拍照片的对比,从空中向读者呈现城市的发展变迁和一日风貌。

第二节 移动直播报道

移动直播,是基于移动终端的实时信息发布与社交互动平台。2016 年,国内移动直播迎来了真正的爆发期,同时成为新闻资讯客户端的新一轮竞争点。

据统计,截至 2016 年 6 月,中国网民规模达 7.1 亿,其中,网络直播用户规模达到 3.25 亿,占网民总体的 45.8%。[1]这意味着移动直播已经影响了人们的信息生活,并将在未来影响更多人获取新闻信息的方式。对于 Web 4.0 时代的记者而言,学会移动直播不仅是一种时髦,而且成为工作的必须。

一、移动直播的由来及特点

在探讨如何利用移动终端进行直播之前,有必要先介绍一些移动直播的由来和发展情况以及特点。

当下语境中的移动直播,是基于移动互联网技术构建的集视频、互动、社交于一体的多功能网络直播平台,其前身是基于互联网媒介进行的电视信号数字转换形成的"网络电视直播"。

纵观中国网络视频直播的发展历程,大致经历了起步期、发展期、爆发期等多个阶段。[2]"网络直播"起步时间可追溯至 20 世纪 90 年代。1994 年,中国接入国际互联网,许多资讯网站便开启了网络视频直播尝试。1998 年,央视国际网络首次开展了春节晚会网上直播,受众可坐在 PC 端前享受春晚,赢得了良好口碑,这种网络直播模式一直延续至今。《人民日报》最早使用"网络直播"词组的报道出现在 2000 年,报道提到在 2000 年 4 月份举行的全国围棋女子团体赛中,某围棋网站联合北京有线电视台,对比赛进行了网络直播。整体而言,网络视频直播在早期发展相对较慢,但应用领域逐渐扩展延伸,如应用于体育赛事直播、新闻发布会直播、课程教学直播、大型会议活动直播等。

网络视频直播的发展期在近十年。2005 年成立的 9158 视频社区,被视为国内视频直播行业的鼻祖。2012 年,YY 视频直播间启动,成为第三家依靠秀场视频直播起家的互联网公司。到了 2014 年、2015 年,伴随着移动设备的普及,网络视频直播也从小众的“机构行为”逐渐转变成为大众的“平民秀场”，网络视频直播进入新一轮发展期。斗鱼、虎牙等游戏垂直类视频网站相继涌现，BAT 及网易等知名互联网公司涉足视频直播，直播行业不断细分。2016 年被称为移动直播“元年”，以映客直播、花椒直播为代表的移动端直播 APP 迅速崛起，移动直播市场实现爆炸式发展。

媒介即讯息。传播介质的变化对当下的媒体融合转型带来了全新思考。国内诸多新闻媒体纷纷布局，尝试移动直播。例如，2016 年初，新华社按照蔡名照社长提出的“现场新闻”理念，在新华社客户端 3.0 版打造崭新新闻样式，率先以全息直播态报道，实现新闻的在线采集、生产和播发。整体来看，当前我国媒体的移动直播呈现出以下三大特点：

（一）融媒体传播，移动直播渐成报道常态化标配

基于网络视频直播即时性、互动性、现场感等诸多优势，国内媒体积极加强研发新闻移动直播技术，在视频新闻方面开启移动化直播进程。如央视近年来积极探索将最新技术应用于主题宣传。再如全国两会、2016 年高考、南方水灾等热点事件都成为网易、澎湃等新闻客户端的直播报道内容。积极应用网络视频直播手段进行新闻报道，已经成为当前媒体新闻生产的重要方式，不过，整体而言，媒体新闻移动视频直播市场还处于试水阶段。

（二）新闻客户端成移动视频直播的主要平台

移动互联网给媒体传播格局带来颠覆性改变，新闻客户端成为用户获取新闻信息的重要渠道。调查显示，2015 年新闻客户端在手机网民中的渗透率达 77.8%，一线城市移动新闻资讯 APP 人均安装数量为 1.85 个。目前，包括报纸新闻客户端在内的新闻客户端数量已达 230 多个。

伴随阅读方式的改变和产品创新，视频成为新闻客户端的重点内容载体。一些主打视频直播的新闻客户端纷纷上线。如 2016 年 4 月重磅推出的北京时间，首页下端四个子栏目分别是“资讯”“直播”“视频”和“我”。在“直播”频道中，客户端对直播内容的状态还进行了清晰的标注，包含“精彩直播预约”“正在直播”“回放”等；用户还可在“我”频道查看自己的直播、观看记录。还有一些新闻客户端在最新版本中开设了视频直播功能模块。腾讯新闻和天天快报客户端推出移动直播卡片，腾讯新闻客户端的直播拥有与新闻、推荐并列的一级入口，天天快报直播则是位于视频之后的菜单，入口都很醒目。就新闻客户端而言，实时推送本身就具有较强时效性，而视频直播能够在第一时间传播更生动更丰富的信息。如今年春运期间，腾讯与澎湃联合发起春运直播，以连续 120 个小时不间断的视频记录，实现

了一次移动互联网视频直播新样态的尝试。

（三）媒体直播内容公共性强、权威性较高

基于媒体网站、新闻客户端的媒体视频直播在内容监管上呈现诸多优势，直播内容主题多为公共性活动或社会新闻事件，内容的社会性、公共性、开放性属性较强，这不仅与网易、腾讯等商业新闻客户端包罗万象不同（后者往往包括搞笑视频、社会新闻、娱乐八卦等诸多粗放型主题），也与当下新崛起的网络直播平台偏向个体与社群互动有着显著差别。在内容采编方面，媒体新闻视频直播多出自受过新闻专业训练的记者编辑或具有社会公信力的第三方专业人士（如公共专家），较强的专业性以及相对严格的平台流程审核，触犯法律底线的内容很少，权威性较高。

二、在什么情况下适合移动直播

移动直播行业正经历一个由窄众到大众，再到细分垂直行业的利益重组过程。巨大的利好带来了恶性竞争，其中一些挑战法律底线，涉黄、涉赌、涉暴、涉迷信的内容被搬上了直播平台，损害了公序良俗，污染了网络空间。在新闻移动直播领域，部分媒体为博眼球，甚至提出要将暗访进行直播，违背了新闻记者的职业道德。

2016 年 9 月 9 日，国家新闻出版广电总局下发《关于加强网络视听节目直播服务管理有关问题的通知》，要求网络视听节目直播机构和个人都要“持证上岗”。同年 11 月 4 日，国家互联网信息办公室发布了《互联网直播服务管理规定》，对新闻信息直接播管理、平台等提出了明确要求。

那么，移动直播适用于哪些领域呢？

（一）重大事件，还原现场

在多媒体、多界面的重大新闻事件融合报道中，移动直播适合担任前锋。

美国大选辩论就有多个平台使用移动直播。美国东部时间晚上 9 点整，大选直播正式开始。Facebook 的直播栏实时播放着两位候选人的辩论。15 分钟后，Facebook 的观看人数为 5.8 万；同时 YouTube 的人数达到 88.8 万。之后，Facebook 观看人数一路上升，在一个多小时后达到实时观看人数的最高峰，约为 18 万。

在国内，央媒也对重大政治活动开展了直播尝试。在庆祝中国共产党成立 95 周年大会期间，“央视新闻”新媒体 3 小时内移动直播触达用户超 400 万。央视网首次推出大型移动直播报道《道路：回望 1921》，选取 12 个具有关键意义的地点，以“移动视频多点直播+时空交叉讲述+VCR 短片”方式进行，特别制作 12 个《V 观党课》微视频短片，多终端独立访问用户为 445 万，视频收视次数达 768 万。

作为融合报道的一环，移动直播应注意与后续的图文信息整合、评论互为补充，既保证报道的时效性、现场感，又不失深度。

（二）热点新闻，服务受众

公共热点事件是新闻报道走向移动视频直播的重要契机。

2016 年 7 月 6 日，美国明尼苏达州的黑人青年 Philando Castile 被白人警察在车内枪杀。中枪后，他的女友通过 Facebook Live 开启了直播。7 月 7 日，得克萨斯州举行 Black Lives Matter 游行，12 名警察被枪杀，一名目击者直播了后续过程。这两个直播都在新闻事件发生后发布，但与美国受众联系密切，获得了巨大点击量，Facebook Live 一度瘫痪。

国内还有媒体利用移动直播尝试服务性新闻。2016 年 7 月中旬，北京暴雨灾害刷屏朋友圈，处在北京的诸多新闻客户端均对暴雨过程进行多角度视频直播，百度地图 APP 还第一时间上线直播间，实时更新公共交通信息，市民出门前通过直播就能获悉路况。

（三）突发新闻，快速报道

有些突发事件需要快速报道。但因传统直播程序烦琐，采编时间较长，很可能错失报道的最佳时机，这时候移动直播就是最佳选择。

在这方面，外国记者早有实践。2016 年 3 月 22 日，早上 8 点左右，布鲁塞尔国际机场大厅发生爆炸；9 点多，布鲁塞尔欧盟总部地铁站又发生爆炸，确定爆炸为自杀式恐怖袭击。美联社、CNN、BBC 等国际知名媒体利用移动直播对该事件进行了最快、最新的报道。在我国，也有不少媒体积极开展相关尝试。布鲁塞尔爆炸发生的当日，财新传媒旗下的“世界说”在接到消息后迅速整合了国外媒体的信息，并同步联络在布鲁塞尔的国际专员，在事故发生 3 小时后抵达欧盟总部地铁口，通过秒拍平台进行直播，无时差、全景式地对现场进行了报道。

值得注意的是，由于突发新闻现场往往破坏较大，记者应选择合适机位避免出现过度暴力、血腥的画面；同时，在现场要机智沉着，保护好自己的人身安全。

（四）街头采访，好玩新鲜

除上述三种硬新闻外，还有一种互动性更强的新闻题材适用移动直播——街头采访。街头采访是电视新闻的一种，它不再强调新闻的时效性，但对议题的话题性提出了更高要求。

在传统电视新闻中，为追求观点的简洁、多元，街采画面的过度剪辑，甚至导演成分一直饱受诟病。相比之下，移动直播更真实，更有现场感，深受观众喜爱。

北京时间的直播频道就有不少反响较好的街头采访。2016 年 9 月，南昌市疾控中心发布公告称，南昌市青年学生 HIV/AIDS 病例快速增加，男男同性性传播占 83.61%。该消息迅速被包括人民网、光明网、网易新闻在内的各大媒体转载，同时在微博引起热议。北京时间的云记者第一时间赶赴江西师范大学，了解大学生们对该事件的看法。直播中出现不少好玩的“神回复”，获得平台当日最高点击。

街头采访虽然好玩新鲜，但不可滥用。编辑应注意把关选题，及时与前方记者保持沟通，避免直播内容的片面化、散点化。

三、移动直播的设备及具体操作

首先谈谈移动直播需要的设备。在传统的电视直播时代，新闻直播是一项系统复杂的工作。单就设备而言，就需要配备直播车、信号发射机、接收服务器等。与传统直播不同，移动直播极大地降低了直播活动的门槛。

以《中国青年报》与北京时间合作的 G20 系列报道为例。该系列报道共进行了 35 场直播，共派出五路记者。

五路记者中，有一路记者配备了直播卫星+摄像机。直播卫星可以将视像、图文和声音等进行点对面的传播，信号稳定；摄像机则保证了画面清晰。这一路记者负责直播最为重要的画面。

其他四路记者则是我们讲的移动直播。软件上，各个新闻客户端要着手搭建清晰、稳定的直播平台。硬件上，每位记者随身携带了两部高清画质的手机、一个超大充电宝、4G 卡、大疆 Osmo 云台和麦克风。在这里主要介绍 Osmo 云台，目前的最新版本是 Osmo+，4K 画质，即便记者在拍摄过程中需要奔跑，也可保持画面稳定。但云台的续航能力相对较差，连续 30 分钟的视频录像大概消耗 40% 的电量，记者直播时一定记得多备几块电池。《中国青年报》记者李晨赫在 G20 直播中负责《直击奥巴马最后一次访华》，但由于飞机晚点了 8 个多小时，真正直播时就面临无设备可用的情况。

除专业记者外，北京时间还配有云记者进行素人直播。云记者的直播设备最为简单，相对操作要求最低，拿起手机就能记录身边事。

接下来谈谈移动直播的具体操作。

以财新对 2016 年两会的报道为例。2016 年全国两会期间，财新共派出近 10 名记者，并联合后方文字编辑团队和视频采编团队对两会进行了持续 12 天的直播，总时长 37 小时，直播及视频点击量逾 1500 万。相关经验如下：

（一）准备前期资料

直播如同打仗，知己知彼，方百战不殆。负责直播的记者最好是相关领域的专业记者，在介绍环境、人物时能做到心中有数。由于直播的不可编辑性，在直播前，哪怕是专业记者，都需要补充很多和事件相关的资料，以便在现场能反应灵活，对受众疑问及时做出解答。

（二）完善预告系统

一个明确、及时的直播预告是直播视频向外推广的重要环节。缺乏直播预告或者预告不及时，易导致重要话题的流量损失和已有、潜在用户的流失。本次两会直播是财新在直播领域的首次尝试，由于现场的很多不可预见因素，前方记者多依靠微信工作群实时修正直播的预定计划，在直播中多次出现了预告不及时的现象，直播效果大打折扣。因此，在直播之前做好议程预案，完善预告系统很有必要。

（三）选择合适机位

两会的报道往往是媒体各显神通的时机，抢占一个合适的机位显得很有必要。记者需要提前研究两会议程，熟悉直播环境，在保证信号稳定、画面清晰的基础上选择相对开阔的位置，便于移动，以应付直播过程中的突发情况。

（四）提升专业素质

移动直播对记者提出了“全能型”的要求，这里的专业素质包含三个内容。

其一，对多媒介的掌握能力。记者需要对前文提到的直播设备熟练掌握，不管是直播所用的平台还是进行直播使用的硬件。

其二，直播表达能力。不少直播记者此前都是文字记者，在视频直播时尤其需要重视语态的转变和客观环境的变化。在财新的两会直播中，部分记者表示事先准备的采访提纲不大够用，往往无法对一个问题进行较为深入的探讨。直播采访时，应注意使用一问一答的形式，避免书面化的问题、回答和评论。

其三，互动能力。和过去的电视新闻直播相比，移动直播最大的优势在于互动性，这会极大增强观众的在场感和沉浸感。在直播间，主播可以实时回答观众的问题，拍摄的机位、重点也可以根据受众需求实现调整。

参考资料：

[1] 参见中国互联网络信息中心：《中国互联网络发展状况统计报告》，2016。

[2] 参见卢永春：《借移动视频直播风潮加速媒体转型》，《中国报业》，2016。

第三节 VR 新闻报道

VR 新闻，是新闻从业人员利用 360 度全景摄像机与其他实体设备记录新闻现场，经过后期处理呈现在虚拟现实的穿戴设备上的新闻作品，其中最重要的是使受众与新闻事件主题产生交互。2016 年被誉为“VR 元年”，在短短几个月中 VR 视频迅速发展，尤其在 2016 年的全国两会上，各家媒体使用 VR 技术直播报道极大地推动了 VR 新闻的发展。本节从 6 个关键问题入手，探究 VR 新闻的必要性、可行性、局限性、采编技巧及其前景。

图 5－1　Uto VR 新闻截图

一、什么是 VR 新闻

VR 新闻，是将虚拟现实技术引入新闻传播过程中生产出来的新闻作品，这是一种虚拟技术和新闻现实相结合的新型报道作品。在 VR 新闻作品中，描绘的对象首先是真实的，源于真实的新闻事件、人物或现场。受众在观看 VR 新闻时有沉浸感，如临其境，可自主选择角度、焦点和景别，在这一点上完全颠覆了以往新闻传播受众处于被动的地位的传播模式，受众可获得前所未有的选择权。

VR 新闻分为两类：一类是运用全景相机技术，还原原生态，忠实地呈现新闻现场，这是没有添加任何虚拟的影像、声音；第二种是基于真实新闻事件、事实的，采用虚拟技术生产出来的新闻，其中影像、画面是虚拟的，但是与新闻事实、现场有较高的吻合度和相似度，并且在其中有些细节用原始新闻照片拼接而成。

现在学术圈有一种观点是将全景照片视为 VR 影像，这存在一定的局限性。第一，受众有自主性，在这一点上两者是相同的；第二，VR 影像是动态的，从这个方面来看，全景影像还处于静态的状态，VR 影像中受众可自主选择观看焦点角度，而且往往是动态的影像，不是静态的照片。VR 是在全景影像发展出来的，是全景影像与 Stereo 3D 技术的结合。

VR 新闻与传统新闻区别在于前者较后者有着充足的沉浸感，在观看方式上 VR 新闻往往要通过专门的 VR 显示器观看，在观看的时候受众往往看不到 VR 新闻作品之外的事物，他们完全沉浸在新闻之中，仿佛是新闻事件的某一个人物，这十分依赖 VR 显示器，还要通过专门的 VR 播放器（暴风魔镜等）。

表 5－1　部分 VR 新闻作品

作品名称	作品网址	制作单位
《两会开幕式现场》	www. utovr. com/commonshare? id = 483&code = e-1e32e235eee1f970470a3a6658dfdd5&type = 1	光明网
《万人送考“网红”毛坦厂中学又上头条》	www. utovr. com/commonshare? id = 868&code = dd45045f8c68db9f54e70c67048d32e8&type = 1	《法制晚报》
《山村里的幼儿园》	v. ku6. com/show/DRxdsKLBpQiXGOFYxIARsw... html? from = my	财新传媒视频部
《深圳山体滑坡事故现场全景视频》	v. youku. com/v_show/id_XMTQyMDY4MDYxNg. html	新华社总社、新华社新媒体中心、酷景网、兰亭数字全景视频制作公司、财新传媒

（续表）

作品名称	作品网址	制作单位
《叙利亚之旅》(Syrian Journey)	www.bbc.com/news/world-middle-east-32057601	英国广播公司
《流离失所》(The Displaced)	v.qq.com/page/r/u/r/r0177nmfrur.html	《纽约时报》

二、新闻报道有必要用 VR 吗

自 2014 年 Facebook 以 20 亿美金收购 Oculus VR 后，VR 的发展迎来了新一轮的春天。而在我国，VR 的火爆开始于 2016 年的全国两会上，新闻媒体从业人员对于 VR 的关注使得其在短暂的时间内迅速进入了人们的视野。VR 的特点在于其通过载体（VR 眼镜等可穿戴设备等），将使用者置于虚拟环境之中，并能够在该环境中与人、事等产生交互。VR 视频不是简单的全景视频，VR 视频更多的是强调受众与视频中人、物的交互。

传统的新闻传播难以满足受众对于新闻现场新闻事件的信息需求，传统的网络视频是 180 度，受众无法看到画面之外的内容，比如当记者出现在画面中间，受众是无法看到其背后的信息，这难以做到无死角。在未来，受众的要求不断提高，对于新闻的观赏感与参与感也在不断提升。与传统媒体报道的新闻视频不同的是，VR 新闻视频报道者通过 VR 设备录制新闻现场，后期加工后上传至媒体平台，观看者在使用 VR 设备进行观看时，可以以参与者的身份进入新闻事件之中。其使人们能沉浸其中，超越其上，出入自然，形成具有交互效能多维化的信息环境，获得更加真实的视觉冲击感和心灵震慑感。VR 新闻可做到全方面对新闻事实的扫视，而且高水准的 VR 技术可将嗅觉、触觉等信息收纳其中，受众可获得前所谓有的参与感，这可弥补现有新闻传播的不足。

三、"VR+新闻"可行吗

目前 VR 在技术上得到了一定的发展，受众不仅可在媒体平台观看由全景相机拍摄制作的 360 度现场，也可在佩戴设备后浏览虚拟环境中的景象。虽然目前技术不够成熟，但是仍然在发生不断进步，越来越靠近人们观看理想。现有的全景拍摄技术加上新的视频拼接技术已经能够较好地制作出全方位 VR 视频。

目前生产 VR 新闻的装备成本并不是很高，在新闻单位可接受的范围之内，一体化全景相机售价在 6500 元人民币左右，多目相机售价在 10 万元人民币以内，假若新闻单位要建设 VR 新闻实验室，只需投入不到 20 万元人民币的资本即可满足工作需要，更小规模的可在2万元人民币之内完成。同时智能手机和头部显示器越来越智能化、小型化，这也为设备的进步提供了技术支持。

据艾瑞咨询的大数据显示，2020年中国VR设备出货量达到920万台。《纽约时报》将向超过一百万的选择送货上门的订户赠送价值5美元的VR头盔"谷歌纸板"，软件方面Uto VR、暴风魔镜、橙子VR等APP载体不断完善，这些都将VR产品不断地推向更多人。

在技术发展的同时，诸多主流媒体已经加入了开发VR的行列之中，《华尔街日报》最近发布了舞蹈家Sarah Lane在林肯中心排练《睡美人》的视频，《纽约时报》率先发布全景新闻APP，新浪新闻举办"浸新闻"沙龙等都展示出VR新闻的发展趋势。

四、VR新闻有何局限

作为高科技时代的产物，VR得益于技术的发展，但同时也受限于技术。在硬件设备上，受到VR眼镜等穿戴设备的局限，用户难以在裸眼情况下观看VR视频。目前裸眼观看的多为通过全景相机录制的全景视频，但这种方式交互感较VR视频稍弱，无法真正发挥VR应有的交互性。目前的VR技术大多数还是依赖头部显示器，但是头部显示器还不够小、携带不方便，现有的全景拍摄技术会留下盲区和影像黑洞，有一些小死角，在受众没头部显示器或下载VR播放软件的时候就不能便利地观看VR视频。而这些硬件设备在价格上也影响了用户的选择，目前市面上VR眼镜价格高低不同，便宜的如暴风魔镜只需要一两百元，而贵的如大朋则几千上万元不等，这使得VR新闻推广的成本大大增加。同时VR新闻对后期的要求也远远高于普通视频新闻的制作，VR新闻作品在编辑时，对电脑的内存有比较高的要求，要专门的游戏显卡，要安装专门的影像拼接软件，VR中重要的Stereo 3D技术都加强了后期的难度。

目前VR新闻都是通过"暴风魔镜""Uto VR"等软件搭配VR头盔进行播放，微博、微信还不支持播放全景视频。然而目前，大部分新闻媒体都利用微博、微信进行融媒体新闻传播，在各自的阵地上，积累了大量用户，如果为实现全景视频传播，放弃积累起来的受众群，有些不现实。从目前看，推进全景视频在新闻采访上的应用进度不仅取决于新闻媒体单位，也取决于各视频内容运营商，尤其是微博、微信对VR新闻视频的支持力度。

多目相机有时候容易发生故障，造成影像不完整；目前成本新闻单位可承受，普通记者靠个人难以接受；VR新闻不是适用任何作品，适用于特殊新闻现场、重大新闻事件，普通的事件没必要采用VR技术；在观看VR视频时，手机、头部显示器配置达不到要求时会延迟视频的播放,影响清晰度,在线观看时还会受到网速限制等,这些都在一定程度上对 VR 新闻的发展造成了不利影响。

五、怎么采编 VR 新闻

VR 最大程度满足了人们对于难以触及事物的窥探欲,这也为传统新闻转向 VR 新闻提供了题材上的可能性。例如以单人牢房为题材的纪实类报道,一般人难以进入监狱的单人间,但 VR 可以做到让用户身临其境一般,在这种特殊的新闻类报道中,VR 有着得天独厚的优势。其次,在大众都感兴趣的题材上,例如奥运会开幕式,VR 新闻又可以做到与众不同的效果。VR 新闻极大程度让受众与新闻事件产生触手可得的交互感,这是之前的新闻报道都做不到的。在其他常规的新闻视频无法满足用户观赏需求时,VR 新闻又可以弥补这一缺憾,受众将在 VR 新闻视频中获得 360 度的视野自由。只需要扭动头部,就可以观看到周围的环境,这也增强了观看的自主性。

图 5－2　后期剪辑软件 Video Stitch 截图

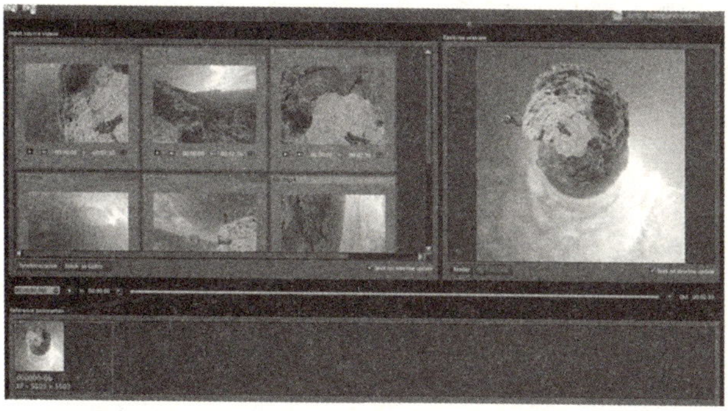

图 5－3　后期剪辑软件 Kolor Autopano Video Pro 截图

图 5-4　VR 视频《舞狮》截图

在拍摄 VR 新闻作品时，首先要准备好相关的全景相机、三脚架、拼接软件（如全景视频拼接软件 Kolor Autopano Video Pro，全景视频播放软件 Kolor Eyes）、大内存电脑以及蓝牙遥控器。在将全景相机、蓝牙遥控器带入新闻现场完成拍摄后在电脑上运用 Video Stitch 和 Kolor Sutopano Video Pro 等软件对视频进行拼接和后期制作，最终将成品放在网络平台进行传播。其中值得注意的是，在拍摄时，记者要正对某一个相机的正前方，不要出现在多目相机接缝处，否则画面容易产生畸变。同时相机也应当处于景物 3 米之外，记者处于相机 1 米外、3 米内的地方，蓝牙在相机半径 3 米处……满足这些条件才能做出合格的 VR 新闻作品。

六、VR 新闻前景如何

在进入被誉为“VR 元年”的 2016 年后，VR 新闻进入了蓬勃发展的时期。很多公司都很重视研发 VR 技术产品，许多地方要发展 VR 产业。无论是腾讯的 TOS+，还是索尼 Project Morpheus，抑或是 Facebook 的 Oculus VR，都展现出 VR 产业的火爆程度。在第 32 届国际年度太空科学讨论会上，Koncept VR 在会议期间展示了一段 360 度视频，近距离拍摄 ULA 火箭发射现场。受众实现了裸眼观看 VR 视频的可能性。这些都表明从长远看，VR 新闻将会得到发展。拍摄越来越便利、设备越来越小型智能化、影像质量越来越好、盲区越来越少都为 VR 新闻的发展提供了支持。虽然目前出现了一定的局限，对新闻行业从业人员提出了更高的要求，但随着 VR 技术的迅速发展以及设备的不断普及，VR 新闻将在未来有一个更大的发挥空间。

参考资料：

[1] 韩丹：《新闻记者离 VR 还有多远？》，《中国记者》2016 年第 4 期。

［2］杜江，杜伟庭：《“VR+新闻”：虚拟现实报道的尝试》，《青年记者》2016 年第 6 期。

［3］蒋庆全：《国外 VR 技术发展综述》，《飞航导弹》2002 年第 1 期。

［4］赵金：《VR 新闻及对媒体融合转型的启示》，《青年记者》2016 年第 13 期。

［5］邱嘉秋：《中国首部 VR 新闻纪录片〈山村里的幼儿园〉创作全录》，《传媒评论》2016 年第 4 期。

［6］东南卫视：《台湾推出首款新闻 VR 直播》，http://v. ifeng. com/news/taiwan/201606/016896d5-2944-11e6-b1cd-002590c2aaeb. shtml。

第四节　美式新闻摄影

纵观历年世界新闻摄影大赛（“荷赛”）、普利策新闻摄影奖、国际新闻摄影奖（“华赛”）中关于政坛领导人题材的新闻摄影，可以明显感觉出中外新闻摄影的差异，尤其是与获奖专业户美国之间。中美新闻摄影的差异由来已久，政坛领导人题材只是比较明显的一方面，究其原因，既有历史方面和政治经济文化方面的原因，也不乏摄影师自身的局限性，但主要还是与政治传统、政治文化背景息息相关。为此，认清现状，借鉴并学习就显得格外必要。

看完 2009 年“荷赛”新闻人物类组照一等奖《奥巴马竞选总统》，2009 年普利策奖新闻特写组照作品《奥巴马》，第五届“华赛”新闻人物组图铜奖照片《总统之路》及第四届“华赛”非战争灾难类银奖作品《布什在即将结束的第二个任期》后，我们不难发现这些静止的瞬间画面展示的是与平日电视画面中“正儿八经”不一样的国家领导人，他们有血有肉，会哭会笑，不论是正面、背面、仰拍、平视，或是用光、构图，都体现了美式新闻摄影的特点：真实性、多样性、趣味性、形象性，在这种原则指导下拍摄出的作品人物自然显得平易近人，非但不会让人觉得损害国家形象，反而使这些政坛领导人更加深入人心。

反观中国国内相关政坛领导人题材的新闻摄影，除少数部分外，基本上未完全摆脱传统思维的束缚，都在试图塑造完美的领导形象，片面追求领导人高、大、全，无形中拉开了与民众的距离，这不得不说是我国新闻摄影的遗憾。

下面具体谈谈美国政坛领导人题材新闻摄影的特点，这些既是美国新闻摄影的优点，也是可供我们借鉴之处。

一、巧妙地用光，帮助塑造形象

光在新闻人物肖像摄影尤其是政坛领导人题材新闻摄影中起着相当重要的作用。光线不仅是造型的基本条件，更对表达情感、刻画新闻人物内心世界、现场气氛、主题思想等有着不可替代的作用，它是一幅作品成败的关键。

从美式摄影中可以明显地感觉出，虽然顶光易在人物面部鼻头、颧骨、额头等突起的下方留下浓重的阴影，使脸部突起的部位反光过强，会破坏画面形象，而脚光易给人以恐怖狰狞的感觉，但事实上美国的摄影记者并不忌讳对顶光及脚光的使用，反而这一用光方法频频出现在美国政坛领导人的摄影中，它给观众带来了强烈的视觉冲击，如《选举结果产生前的星期六，奥巴马参议员在科罗拉多州做着最后冲刺》《奥巴马在雨中演讲》等。

另外，侧光、逆光都在美式摄影中大量出现，如《参议员奥巴马在新泽西州的演讲上》，这种略带艺术效果的新闻摄影也给人不一样的感觉。

二、构图不拘一格，主题突出

新闻人物肖像摄影的构图是指对新闻人物在画面中的布局与安排，构图的好坏直接影响着读者的视觉效果。好的构图不仅能强化人物的特点，更能突出人物形象，充分表达主题思想。

从画幅形式上看，中国倾向于采用竖画幅这种适合表现高大的景物和人物形象的方式，而美式政坛领导人新闻摄影中绝大部分是采用适合表现宽广场景的横画幅形式。可见，它试图表现的不只是焦点人物，更是政坛领导人与周围环境的融合，通过对大环境的抓拍以体现摄影师的表现意图。这样做的好处是省却了摄影记者介绍照片拍摄背景时所需的文字描述，让观众能直观地获取最大容量的信息。

在景别上，两者并无太大差异，在表现人物的性格特点、内心世界时，都尽量采用近景或特写；在表现人物和环境时，都尽量用全景或中景，且都较少用远景拍摄新闻人物。但在拍摄高度及拍摄方向的选择上，出于政治等因素的考量，两国在表现手法上表现出明显的不同。

在中国，政坛领导人新闻摄影多是摄于会议或是视察等正式场合，拍摄照片多以平视拍摄及仰拍为主，拍摄方向以正面及前侧面为主，这样虽有利于塑造领导人的形象，却也显得单调。

而美国摄影在拍摄会议、讲演等场合时，却是在平拍及正面拍摄的基础上，大量运用俯拍，侧面、后侧面及背面拍摄，如《布什在南卡罗莱纳州的杰克森堡会见部队官员》《奥巴马走进在辛辛那提大学的竞选集会的后台》等，都试图用镜头记录政坛领导人鲜为人知的一面，这样既增加了画面的趣味性，又让领导形象更易为受众所接受。多面性拍摄，不仅满足了观众对政坛领导人的好奇心，同时使观众有了更大的选择余地，且丝毫不影响政坛领导人威望的树立。

三、镜头多样化，人物形象生动自然

我们平时看到的国人拍摄的政坛领导人新闻摄影，一般都是中近焦镜头为主，几乎难觅特写的踪影，拍摄手法比较单一，缺乏变化，而美式政坛领导人的新闻摄影则是手法多样，既有标准镜头的运用，也有长焦跟广角的身影。

如《俄勒冈州斯普林菲尔德的竞选集会上，奥巴马和他的女儿萨沙、玛利亚还有他的妻子米歇尔在一起》一图，就用到了广角镜头，由于广角镜头具有一定的空间压缩功能，能使画面结构紧凑，这便拉开了奥巴马一家与台下观众的距离，并很好地控制了人物与背景之间的虚实关系，奥巴马虽退居配角，但现场气氛热烈，人物生动自然。

四、注重人物个性，形神兼备

个性是指一个人身上的那些经常的、稳定的、本质的心理特征。为了使被摄人物不至于千人一面，摄影记者就有必要深入生活，了解和熟悉拍摄对象，善于观察和发现拍摄对象的个性特点的典型瞬间，将细节放大，塑造让人印象深刻的新闻人物个性。这就要求摄影记者抓拍被摄人物的形体外貌与神态，即“形”与“神”，而在具体拍摄时要注意观察人物表情的变化，着意刻画人物的眼神。

在这一点上，美国的摄影界做得相当到位。组照《小布什和伞的故事》《小布什接见各国政要》就是典型的例子。看得出来，布什搞怪的表情非但没让人觉得他的不庄重，反而让人了解到世界第一大国领导人自信自在、更有个性的一面。

相较之下，中国摄影记者在拍摄政坛领导人时受传统规矩的约束较多，在摄影的可操作空间上不够。

五、人物表情丰富，有亲和力

政坛领导人题材的新闻摄影同样要遵循反映新闻人物的真情实感的原则，应努力做到以情动人。摄影记者在实际拍摄过程中，应注意人物的面部表情、姿态动作以及新闻人物活动的背景，因为他们都是人物情感外露的具体体现。另外，表达人物的情感还要注意抓取细节，如新闻人物的服饰、首饰、工具以及对新闻人物烘托起作用的前景、背景等，它们是突出人物性格、表达人物情感的有机组成部分。往往也就是这些平常人不太注意的细节，决定一幅政坛领导人摄影作品成功与否。

在获得2008年新闻人物摄影奖项的奥巴马系列照片中，既有情到深处潸然泪下的奥巴马，又有与人相拥而笑的奥巴马，其中不乏他与家人相聚时的幸福时刻，也不乏他与妻子相互倚靠休息的画面，如此种种，虽贵为一国总统或万众瞩目的总统候选人，但与常人无异。或许这才是中美政坛领导人题材新闻摄影的差距所在：在中国，对领导人的拍摄是基于其政治地位，政治考量优先，政治色彩较为浓厚；而在美国，对领导人的拍摄首先是基于他是一个凡人，有跟平民一样的感情，只不过是借用了政治场合这一特殊的背景罢了。

美式摄影在政坛领导人题材方面给人的另一印象是：摄影记者偏爱对这些政治领导人日常生活细节的抓拍。这就保证了拍摄时，被拍摄对象处在比较随意的状态下，流露的也是日常生活情趣，有利于在读者中引起共鸣，进而消除其神秘感，拉近与受众的距离。

政坛领导人题材的新闻摄影，由于题材的特殊性，这个领域并不是每位摄影记者都能接触，相关的理论也不够完善。值得欣慰的是，我国的摄影记者在政坛领导人新闻摄影实践方面已有了明显进步。我们有着自己特有的国情与传统，与西方国家存在差异也是可以理解的，但同时我们也必须巧用“拿来主义”，向其学习借鉴，并结合自身的国情，去粗取精，使政坛领导人题材的新闻摄影焕发出不一样的光芒，使其适应新的传播环境，取得更佳的传播效果。

参考资料：

[1] 盛希贵：《新闻摄影教材》，武汉大学出版社2001年版。

[2] 延百亮：《解读“荷赛”——世界新闻摄影比较探究》，吉林摄影出版社2005年版。

[3] 李舒：《普利策新闻奖与中国新闻奖比较分析》，复旦大学硕士论文，2008。

[4] 第五届“华赛”新闻人物组照铜奖作品《总统之路》，http://www.chipp.cn，2009.3.20/2009.5.01。

[5] 2009年普利策奖新闻特写组照作品《奥巴马》，http://www.pulitzer.org/works/2009-Feature-Photography，2009.4.20/2009.5.01。

[6] 2009年“荷赛”新闻人物类组照一等奖《奥巴马竞选总统》，http://www.worldpressphoto.org，2009.2.13/2009.5.1。

第六章　数据新闻与可视化报道

“大数据”定义自被提出以来,因其卓越的功用被广泛运用于各个领域,并且在这些领域当中起到了越来越重要的作用,大数据时代悄然来临。同样,“大数据”也参与到了新闻生产当中,起到了重要的作用,为新闻生产注入了新的力量。

数据新闻(Data Journalism)是在大数据时代兴起的一种新的新闻生产方式。“数据新闻”最早的表述之一,是由 Every Block 的创始人阿德里安·哈罗瓦提(Adrian Holovaty)在2006年提出的。Every Block 是一项信息服务,旨在帮助用户了解他们居住的当地发生了什么事情。在一篇短文《报纸网站所需要的根本变革》中,哈罗瓦提认为,记者应公布结构化的、机器可读的数据,而抛开传统的“大量文字”。

数据新闻,也被称为数据驱动新闻。区别于基于文字的传统新闻报道,数据新闻报道以数据为核心,通过数据分析、数据挖掘、数据可视化等技术手段,从海量数据中提取出具有新闻价值的数据加以处理,并以形象化的方式加以呈现。

在国外,利用数据进行新闻生产的模式已经逐渐成熟,如英国《卫报》开放数据平台,邀请读者参与其数据新闻报道;开放数字技术,邀请第三方参与数据增值开发;使用大数据挖掘分析技术,提升广告效果[1]。而我国的新闻生产活动远不如外国媒体成熟,以中央电视台为首的主流媒体,在数据新闻生产当中起到了先头部队的作用,积极探索数据新闻生产的方向。

世界知名咨询公司麦肯锡(MGI)提出了“大数据时代”这一概念。关于“大数据(BigDate)”,麦肯锡全球研究所在《大数据:创新、竞争和生产力的下一个前沿》的报告中明确定义:大数据即指大小超出了传统数据库软件工具的抓取、存储、管理和分析能力的数据群。

“大数据”是时下最火热的话题词汇,数据分析、数据挖掘、数据安全、数据仓库等围绕“大数据”的商业价值的利用,成为行业内争相追捧的利益焦点。“大数据”也逐渐走入寻常百姓的日常生活。互联网、移动终端、数码传感器等设备在日常电子产品上的广泛使用,随时传递着有关位置、运动、震动、温度等数据的信息。再加上通信技术与互联网技术相互结合起来,整个社会的信息总量呈现了爆炸式的发展。数据,变成了重要的社会资源和生产资料;数据,将成为国家竞争的前沿,行业创新的源泉。[2]大数据迅速席卷了政界、商界等各个行业和领域,而新闻传媒行业,本就是一个与数据息息相关的产业,大数据所具有的大量、高速、多样、价值特点,正是我们创新新闻报道内容的方向所在。

在大数据时代,我国的传媒行业正在摸索着前行,怎样抓住大数据带来的发展机遇,在数据的运用上不断创新,有力地将大数据与新闻生产结合在一起,成为摆在每一家媒体机构面前的重要问题。在这种情况下,把数据新闻和可视化报道作为一项专业能力,对于每一位志在从事新闻行业的学生来说,显得必不可少。

图 6-1　大数据时代

第一节　报道运用大数据的典型案例

2014 年春节前夕,中央电视台(以下简称央视)大数据电视新闻报道《据说春运》系列亮相《晚间新闻》栏目,引起社会的关注和热议。随后,在春节、两会、五一期间又推出《据说春节》《据说两会》《数说五一》系列。而在 2015 年两会期间的新闻节目中,大数据报道新闻在央视常态新闻报道中所占比重持续上升。

一、汇集海量数据进行报道

央视的两会数据报道当中,以海量的数据为例证,不仅注重利用网络数据库中的公开数据,还与网络媒体、专业数据公司深度合作,获取了广泛、深入、多样化的数据信息。

央视分别与百度、腾讯和亿赞普三家公司进行了合作。百度作为中国最大的搜索引擎公司,利用网民的搜索数据,通过整合运用百度热搜榜、百度热词榜等信息,可以较为全面地展现网民的关注热点。腾讯微博在国内的覆盖人群达数亿以上,通过微博热门话题信息,可以深度了解网民的热议内容。亿赞普公司是国家863计划大数据领域中的领头企业,是一家专业的全流量数据分析公司,覆盖89个国家8亿互联网用户,能够进行全球范围内的实时数据挖掘、多维度数据对比。央视通过与这三家公司合作,所汇集的数据涵盖国内国际,兼具广度和深度,为报道两会提供了数据基础。

二、多元化呈现方式全面展现"大数据"

央视不断对大数据电视新闻的创新表现形式探索着:从《据说春运》中使用"动态迁徙图",到2014年两会期间使用的"数据哥"虚拟形象,2014年五一劳动节报道使用景区"实时热力图",再到2015年两会期间对立体成像技术和人机互动技术的熟练把控,央视多次实践大数据新闻的创新报道形式,数量和质量上都实现了突破。

图6-2 《"一带一路" 世界新期待》截图

我们从《数字两会》特别节目中看,像传统的以图表为工具呈现数据的方式已经被央视运用得炉火纯青:《国家忙碌这一年,百姓怎么看》中运用折线图表现网友对GDP的关注度,《绘制法制中国新蓝图》中用饼状图展现《安全生产法》中新增或修改的法律条例的比例,《您享受文化“美味”了吗?》中用了条形图的形式展现2013年与2014年人们看书时间的多少和对比,由此可见,图表已经成为“大数据”展现的常态工具,并被广泛而熟练地使用在电视新闻画面当中。

而像《“一带一路” 世界新期待》这期节目中,亿赞普数据公司绘制的各国各地区关注中国的热度图直接作为主持人的“地毯”踩在脚下,所有的内容均被呈现在这张特殊的“地图”上,并选取这张地图上的热度最高的几个国家做了详细的阐释。《舌尖上的安全》这期节目中,央视运用立体成像技术直接在演播室模拟了菜市场的情境,菜市场的摊贩和骑三轮车卖豆芽的商贩惟妙惟肖,而主持人在模拟的三轮车上竟然变魔术般拿出了一把真实的豆芽,节目的可看性和趣味性大大增强。

三、深度挖掘,准确找到新闻事件的切入角度

央视对所汇集的数据进行清理、整合、运算、分析,从中寻找新的报道视角和有价值的选题,并进一步运用技术围绕选题进行深度挖掘,探索选题事件之间的联系、总结事件发展的规律,解释其中的原因,深化报道的深度。[3]

在央视的两会报道中,大数据的运用带来了全新的视角,不断涌现出新鲜有趣的话题。这些话题既在情理之中,又在意料之外,在传统的新闻报道范畴内是无法发现的。如《两会脉搏,全球跳动》中列举的10个最关心我国两会的国家,印尼位列第一,南美的秘鲁位列第七。节目进一步探究发现了这些国家上榜的理由:近年来印尼年轻人对中国关注度直线上升是因为越来越多的印尼学生到中国留学,而秘鲁是因为出口牛油果问题关注两会。

图6-3 《两会脉搏 全球跳动》截图

第二节 大数据在新闻报道中的作用

大数据运用在新闻报道中，尤其是相较之前的新闻报道，起到了诸多有利作用，使得新闻报道的方式、切入角度、报道深度、公信力、时效性等发生了重要转变。

一、多元可视化的呈现方式使新闻更加通俗易懂

运用大数据进行新闻报道，由于数据的特殊性，要求新闻工作者把数据多元地、可视化地呈现给观众。而此种方式比文字报道更加高效。具体来说，以图表、数量关系为主要内容，配以少量文字的数据新闻更容易被观众所接受。在实际的记者工作过程中，他们往往通过数据计算、分析等技术手段来发现新闻线索或拓展现有新闻主题的深度，然后依靠可视化技术将这些数据整合，以形象、艺术的方式呈献给观众。这样，原本生涩、难懂的数据变得更加通俗易懂。

图 6－4 《“互联网+”带来了什么?》截图

2016 年的央视两会新闻报道中，《数字两会》第一期节目《“互联网+”带来了什么?》，亿赞普大数据专为节目绘制了一张“互联网+”关注热度图。利用技术手段，主持人欧阳夏丹在演播室内站到了热度图的中央，向观众解读了各个省市公民对“大数据+”的关注热度。不出意外，东部各省市在图中颜色较深，即显示关注热

度较高（北京、浙江、广东分列一、二、三位）。而正在崛起的中部地区和西部地区，河南、四川、湖北超过了不少东部发达地区，分列七、八、九位。在亿赞普公司和央视工作人员的共同协作下，各省市对“互联网+”的热度以形象生动的方式呈现在电视上，使得观众更容易接受。

二、大数据分析得出更准确的切入角度，创新报道视角

在新闻报道中使用数据分析，能帮助记者得出更准确的新闻切入角度，甚至是新的报道视角。常规新闻中，新闻记者往往根据自己的经验和机遇选取新闻的切入角度。在大数据时代，通过数据的分析，能在非结构化数据背后，发现常规新闻中不能体现的逻辑和切入点，以此对新闻进行更深层次的报道。

比如，2015 年央视《数据两会》第七期节目《中国报告，24 小时的世界关注》中，央视依据亿赞普公司的数据分析，不仅将世界上关注李克强总理政府工作报告的地区热度做了排名，还将全球范围内对报告热议的话题进行了解读。“经济发展”“国际关系”“环境治理”“体制改革”“民生”这五个最热话题，体现了国际上对中国问题的关注情况，这是以往的新闻报道中难以找到和发现的切入点。往年的“两会”报道也聚焦全球关注，可在国际上是谁最关注中国“两会”、他们最关注什么这类问题的报道只能通过记者收集材料以及适当的臆想，即使能一定程度上反应国际热度，但是材料收集手段有限、参与人数更加有限，最终也不能正确地反馈该新闻的报道切入点。而现在利用大数据报道“两会”，可以把最真实、最客观的切入点呈献给观众。

三、挖掘新闻线索，增强报道深度

新兴媒体一直凭借自身优势冲击传统媒体的原有地位，大数据初步进入我国新闻业界时，国内各大门户网站纷纷推出了以数据为主要报道内容的板块，如“数字之道”“数独”等。但报道的深度和专业程度仍是传统媒体的固有优势。央视的数据新闻栏目没有局限于数据表层的现象，而是通过对大数据的分析，感知社会情绪，把握社会动态。

央视《据说春运》系列报道中提到了“逆向迁徙”的新现象，正是运用了大数据分析技术所得。春运人口迁徙图中，成都至北京的线路连续多日大热，经过数据的采集与分析得知，为了避开春运高峰，把家中亲人接到北京过年成为很多人的新选择。在传统的新闻报道中从未提出过“逆向迁徙”的概念，因为传统的报道方式和思维根本无法分析出“逆向迁徙”的结果。这个例子充分说明了大数据使得新闻报道更具有深度。

图 6－5　《迁徙热门线路:成都往返北京》截图

四、引入大数据，报道公信力显著提高

在社交网络、移动网络普及度迅速发展的现在，大数据为新闻提供了更真实的信息。数据新闻的播报基于媒体工作者对数据的分析和处理，而非媒体工作者的主观臆断。所以，在新闻报道中，大数据让观众对媒体的信任度显著提高。

正处在转型期的中国社会，央视的官方背景、喉舌的身份设定长期以来对其公信力产生一定的影响，与文字相比数据本来就更具有理性色彩，再加上提供数据的又是第三方的公司，这两点因素都在一定程度上助力公信力的提升。[4]

在 2014 年央视《两会大数据》关于就业问题的报道中，主持人通过亿赞普公司提供的本科生、高职生就业率的大数据比较，得出社会对高职毕业生越来越认可的结论。试想，若没有数据的比较，以观众的固定思维，本科生应该比高职生有更好的就业前景。但通过数据的展示，完全能让观众信服高职毕业生的就业情况。正是大数据的客观性，使得报道更具有了公信力。

五、大数据独具预见性，大大缩短新闻报道的响应时间

舍恩伯格说“大数据的核心就是预测”，在数据新闻的预测报道中，通过多维度、多层次的数据，找到问题的关键，进行分析、预测并依靠技术手段呈现给受众，为预测性报道的传播和发展带来了新的思路。基于大数据分析技术的应用，记者们可以对数据更快、更及时甚至超前反应，为观众提供更为及时的新闻播报。其实这一点早就运用到了电视节目当中，天气预报就是根据卫星传感器传递的数据分析预测所得。

媒体工作者使用大数据分析技术，能有效地缩短事件响应的周期，能快速有效地掌握报道的先机，进而节约报道成本，获得更高的收视率。而最能体现大数据预见性的例子，莫过于2014年初央视与百度合作推出的《据说春运》系列节目。

2014年初，春运逐渐进入高峰，央视抓住这一热点问题，与百度大数据基于LBS推出的“景区热力图”“百度迁徙”进行合作，推出带有预见性的节目《据说春运》，这也是数据可视化的预见性新闻首次在电视上呈现。百度大数据技术为央视提供大量的随动型数据，而央视负责可视化呈现。在节目中，央视对数据进行了时间和空间上的可视化处理，观众可以看到各个地点、各个时段的人口迁入、迁出情况，一些热门的迁徙地区和线路被着重标出，用来表现该线路和地区的人流趋势。根据热力图，观众可以在出行时，根据自身实际情况避开热门线路和时间，缓解春运压力。

不仅是春节期间，随后在2014年的清明假期和五一黄金周期间，央视继续与百度合作推出《数说五一》。《数说五一》发布了“五一黄金周旅游景点舒适度预测”，在节目中，预测了哪些景点和线路拥挤，哪些地方人少而舒适。不仅如此，节目还给拥挤的景区运用百度预测进行路线调整的建议。像这样充分地利用大数据的可视化技术进行报道，让新闻变得更加直观，更有深度，在时效性和实用性上的作用尤为突出。

第三节　大数据时代对媒体人的要求

随着大数据时代的到来，数据越来越多被运用于新闻报道中，新闻业态也必将发生重构，如何在大数据时代下把握先机，抓住机遇，占据有利地位，值得媒体和媒体工作者探究和发现。

一、媒体自身加强数据获取能力

大数据有两个核心要素：一是数据源，数据源决定了数据的广度；二是数据挖掘技术和实力，技术决定了数据的深度。有了广度，又兼顾了深度，才能初步实现大数据的“4V特性”。我们了解到，走在大数据技术前列的都是互联网公司。正如央视利用大数据报道两会新闻的时候，选择了百度、腾讯和亿赞普三家公司为其提供数据方面的支持。

在春节的时候，百度迁徙图对于春运回家的流入和流出实时的呈现，让不少观众大开眼界，另外，丈母娘的礼物、长辈逼婚等百度热搜词，为观众提供了新鲜的报道视角。在两会报道当中，百度具有信息抓取的功能，公众对某一话题感兴趣时，就会利用百度的搜索功能去深入了解，这对两会新闻话题的热点调查就起到了至关重要的作用。基于百度热搜榜，央视针对热搜词进行了深度的扩展。

腾讯微博在国内覆盖人群在数亿人以上，通过腾讯提供的网民微博话题活跃度，给央视提供了深度了解网民话题的可能性。

亿赞普公司不如百度、腾讯有名，但其连续两年承担国家 863 计划大数据课题，数据挖掘覆盖全球 89 个国家，在国内的覆盖人数也超过了 4 亿人，作为一家全流量数据分析公司，它具有构建不同的抓取和分析维度的能力，使得央视数据新闻的报道具有深度和细节。

媒体在新闻生产活动过程当中，要通过合作、外包或者购买等方式，掌握大数据的应用能力；引进数据方面的专门人才，如数学、计算机、商业、自然语言处理等多方面技能的数据人才；管理者和开发者应具备运用大数据开发产品和运营节目的能力。

二、媒体工作者加强“数据素养”

在大数据时代全面来临之际，对新闻记者的要求也不断提高。大数据时代有海量数据，而数据之间互相联系难以观察。对海量数据的分析能力，是新闻记者面临的难题。例如，两会中的数据新闻线索是经过统计分析发现的，如何挖掘数据，发现数据与线索的相关性，以此形成可视化数据新闻为受众接受，这一新闻模式实则在考验新闻记者对数据的敏感度。学会数据分析工具，掌握数据分析能力，将成为记者提升自我业务能力的重点方向。而培养未来记者的摇篮——高校新闻传播教育单位，也要抓住数据时代的机遇，将数据分析、计算机运用和技术思维的培养与传统的教育方式结合起来，培养出优秀的、全方位的大数据时代新闻人才。[5]

媒体工作者加强数据素养，有助于提升其主动获取新闻来源的能力。以往的新闻采集过程中，记者只能通过线人或者在茫茫人海中寻找可以报道的点，这类获取新闻源的方式耗费大量人力、物力，效率低下。要善于利用大数据，将数据作为寻找新闻线索的工具，主动出击，初步定下新闻选题之后，积极主动寻找相关的数据来认定事件背后的新闻事实。

媒体工作者所应具备的数据意识既包括数据敏感，同时，也包括了贯穿整个数据新闻生产过程中的批判、反思意识。具体来讲,它主要包括以下五个方面:获取数据的能力、分析和解读数据的能力、数据叙事能力、呈现数据的能力、整合新媒体以及深度开发数据新闻内容的能力。

然而任何一种事物都具有两面性。大数据技术一方面为新闻报道的准确性和深度方面起到了无可替代的作用,但另一方面,数据毕竟是一堆冰冷的数字,往往将新闻从业者带离正确的轨道。新闻从业者往往一味依赖数据分析,丧失了独立思考和判断的能力。可一个新闻话题是否值得报道、报道后会引起什么样的负面效果,是不能仅依赖大数据来判断的,新闻从业者的新闻价值理论才是做出正确判断的标尺。新闻价值理论是报道规律的总结,大数据分析不仅不能代替它,反而必须受其指导才能做出正确的认定。[6]越来越多的新闻报道的话题源自于数据,素材源自于数据,报道的结果也源自于数据,如果记者不掌握一些必要的社会科学研究方法,那么对统计的理解就会比较单一。要知道大数据分析不是真理的"万能判断器",一名合格的新闻从业者要成为数据解读者,而不是让数据占据主导地位,左右新闻话题的延伸和发展。新闻从业者不仅需要对大数据分析提供的思想做出正确的判断,还需要独立思考,谨慎地处理数据,遵循新闻的真理性原则进行报道。

三、主动与受众分享数据,扩大媒体影响力

媒体所使用的数据可以作为附加产品分享给受众,可以得到进一步的效果。以英国《卫报》为例,《卫报》在制作新闻中所使用的数据在其网站上是完全公开的,公众可以免费下载这些数据进行研究或者私人使用。映射到我国媒体身上,我们的媒体可以在自己的网站、博客、微博、微信等平台上分享自己所使用过的数据以及新闻的背景、议题等,并开辟专门的模块与公众进行互动。这样,首先提高了媒体数据新闻的传播效果,增强媒体的影响力;其次,受众广泛互动的数据、观点也可以被媒体记者再次使用。这种与受众互动所生产出来的新闻,无疑具有很强的接近性,符合贴近民众、贴近实际、贴近生活,即我们所倡导的"三贴近"原则。

四、转变报道理念

数据新闻改变了传统的信息传播中观众处于的被动地位,在数据开放的环境下,观众的每一次点击、反馈、互动都会影响到数据新闻的报道。在过去的新闻传播过程中,观众往往关心自己所处的环境中发生了什么事情,而大数据时代下,他们往往关心的是这些事件对自己产生了什么样的影响。这就要求传统的媒体要针对数据新闻进行报道理念的转变,由报道事实变为根据大数据分析的情况推导出事实进行报道。

传统意义的新闻是什么？任何一个接触过新闻专业的人都能脱口而出——新闻就是新近发生事实的报道。而在大数据时代背景下，这已经不是新闻的唯一答案。因为数据新闻往往是从海量的数据中发现新闻线索，其内容往往不是新近发生的事件或者事实，而是对社会现实的宏观报道。

关于“新闻价值”，一般我们认为“事件发生的概率越小，新闻价值越大”，“越是知名人物身上发生的事件，越有新闻价值”。但对于数据新闻，事件发生的概率越大，越是小人物身上发生，就越有价值。在以往的新闻报道当中，新闻只能选取少量的事实进行报道，因而媒体呈现的社会的真实程度相当有限，但数据新闻可以对宏观社会进行报道，实现了“整体真实”的新闻理想。

总之，在大数据时代环境下，新闻报道的理念发生了巨大的转变，需要媒体及其从业者尽快转变报道的思路、方向，才能适应数据新闻的快速发展，甚至抓住大数据时代新闻传播环境的机遇，引领数据新闻的发展。

附二维码：

2014 年两会《“据”说新闻》视频集

2014 年两会大数据新闻视频集

2015 年《数字两会》视频集

参考资料：

[1] 陈娟：《大数据时代的媒体用户关系管理》，《传媒观察》2013 年第 7 期。

[2] 周婷婷：《大数据时代数据运用的理念与实践研究——以英国〈卫报〉为例》，《汉江学术》2015 年第 2 期。

[3] 刘双：《央视两会报道中的数据新闻探索——以〈两会大数据〉〈数据两会〉为例》，《青年记者》2014 年第 6 期。

[4] 尹研：《数据新闻：媒体应对大数据时代的变革——以央视“据说”系列报道为例》，《新闻窗》2014 年第 3 期。

[5] 李丽波：《“分析为王”致胜数据新闻》，《传媒 E 时代》2015 年第 2 期。

[6] 程丽:《数据即信息:大数据时代新闻模式的共识》,《今传媒》2014 年第 1 期。

[7] 陈力丹:《数据新闻研究——大数据与新闻报道》,《新闻记者》2015 年第 2 期。

[8] 朱希琳:《图解大数据:特点有“4V” 大量多样高速价值》,《贵阳晚报》2014 年 2 月。

[9] 毛湛文:《大数据在电视新闻中的应用:创新、问题与方向》,《电视研究》2014 年第 11 期。

[10] 石焱:《两会报道中数据新闻的特点》,《青年记者》2014 年第 9 期。

第四节 《新京报》新闻可视化探索[1]

作为一种视觉报道形式,新闻的可视化设计比文字报道能更直观地反映数据对比、新闻事件发生发展的过程和事物发展的趋势,它相对于文字具有快速、简洁明了、易读易懂的优势。可以说,新闻的可视化设计是现代报纸适应新媒体时代需要的一个“新法宝”。

一、新闻可视化的发展脉络

《新京报》自 2003 年创刊开始就很重视视觉化,不久即设立专职的制图美编岗位,到 2007 年增加至 3 人,目前已有 6 位专职的制图美编。10 年来,《新京报》在信息可视化设计方面不断推陈出新,不但在国际国内大赛中频频获奖,而且在读者中也赢得了很好的口碑。

《新京报》的信息可视化设计包括新闻制图、漫画、插图三大类别,本文主要解析《新京报》的新闻制图类。

新闻制图可以将时间和空间的盲点告诉给读者,能够实现文字、图片实现不了的时空完整性,并且用形象的画面来解释新闻事件的过程或新闻事物的内部结构,既可单独使用,突出新闻的一个瞬间,又可连续使用,揭示新闻的全过程。

《新京报》的新闻制图主要分突发新闻类制图、策划报道类制图。突发新闻类制图又包括了现场还原制图、科技分析解释性制图、创意图表、地理位置示意图等；策划报道类制图则常见于专题和特刊报道，一般是新闻背景的延伸阅读以及常识性资料，便于读者对新闻的全面了解，“新图纸”专版也多采用此种形式。

现场还原制图、科技分析解释性制图主要集中在A叠时事新闻版面，一般采用三维软件制作还原事发现场、运动轨迹，是事件的概括性图解，让读者第一时间了解新闻过程以及事件原因等，比如车祸、地震、营救等突发事件及航空科技等领域。

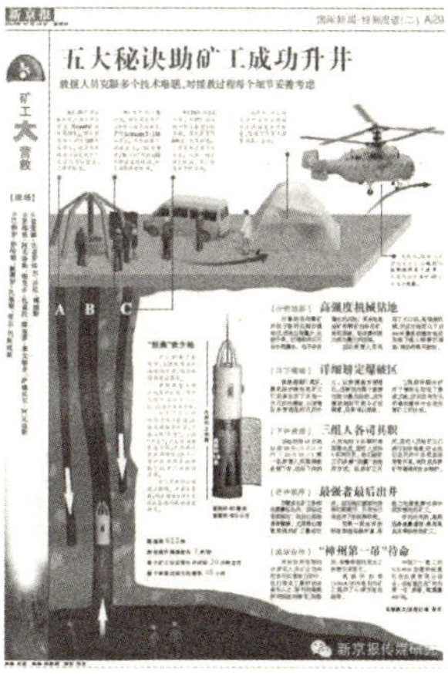

图6-6 矿难营救新闻制图

智利矿工大营救采用国际合作形式，全世界人民的目光都聚焦在这次矿难后的营救活动。在营救成功之际《新京报》采用了制图的形式（如图6-6）还原了此次营救过程各个难点和先进技术。地下、地上、空中，充分地展示了营救行动的各个细节和人文关怀。

神舟七号制图（如图6-7）展示了神七发射升空到回收的一系列过程，在多天的持续报道中都有较大篇幅的制图，根据不同的内容，制图相应运用到了空间转换、解剖、还原等多种手法，在还原整体的同时，注重对细节的刻画，将每个新闻点尽最大努力地传递给读者。此系列3D制图可谓新闻性、知识性、观赏性兼具。

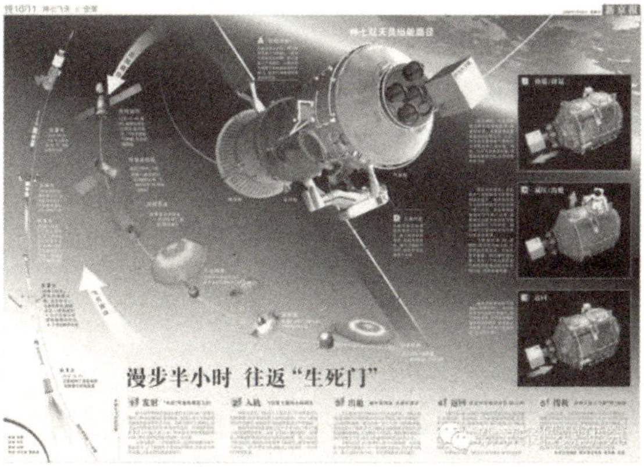

图6-7 神舟七号制图

2011年3月11日，日本大地震引发海啸以及核泄漏。《新京报》采用3D制图的形式，将这10天里的大事件全程记录，版面信息丰富，构图巧妙，布局合理，给读者一目了然的阅读体验。

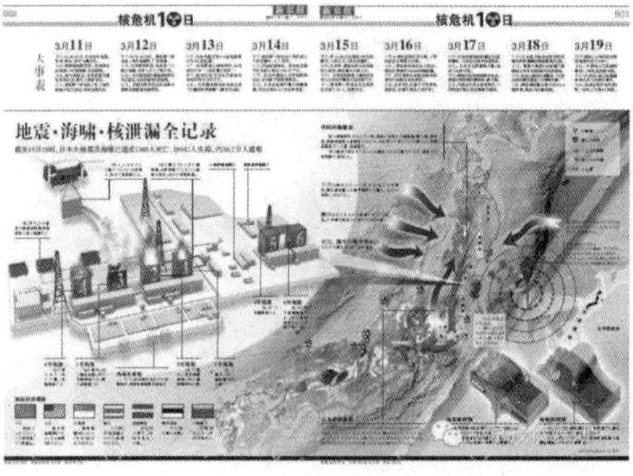

图6-8　现场还原制图类：日本大地震全记录

创意图表则常见于时政、经济报道板块，用创意将枯燥的数据、统计报表等进行图形化处理，提高读者阅读兴趣。新图纸专版也运用得较多。经济新图纸经常要将不同类型的数据图形化，整合归纳并辅以适当的插图，将抽象的概念形象化。

经济新图纸《钓鱼网站“青睐”谁?》通过鱼钩和鱼的形象，生动地揭示了钓鱼网站的危害。此版获得了2012年度SND全球新闻设计大赛新闻版设计优秀奖。

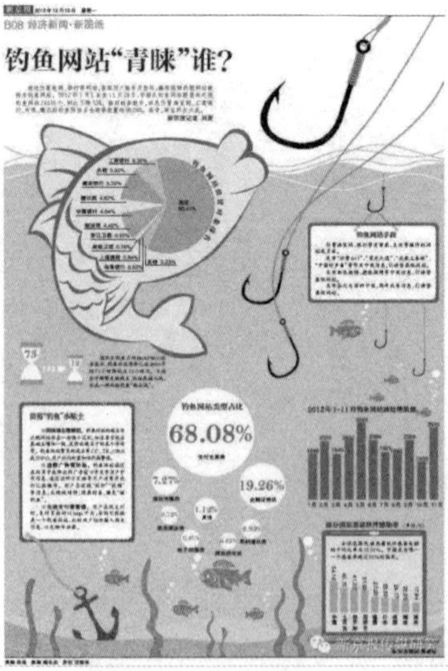

图6-9　创意图表类：钓鱼网站“青睐”谁?

地理位置示意图重点揭示新闻中的地点这一主要因素，有时也兼顾时间等其他因素，所以用途更广，无论是新闻报道还是生活服务类报道都经常用到。

北京7·21大雨制图将遇难者名单在地图上分区域进行详尽系统的梳理，通过图表直观体现，充分体现了《新京报》的责任感和人文关怀。此系列报道在SND国际新闻设计中获灾难报道奖，同时在国内的中国新闻设计大赛中获日常报道金奖，“其体现出的整合信息的能力超越了同城所有的媒体。这个设计也是当今报纸设计业信息化制图以及杂志化趋势的明显代表”（评委评语）。

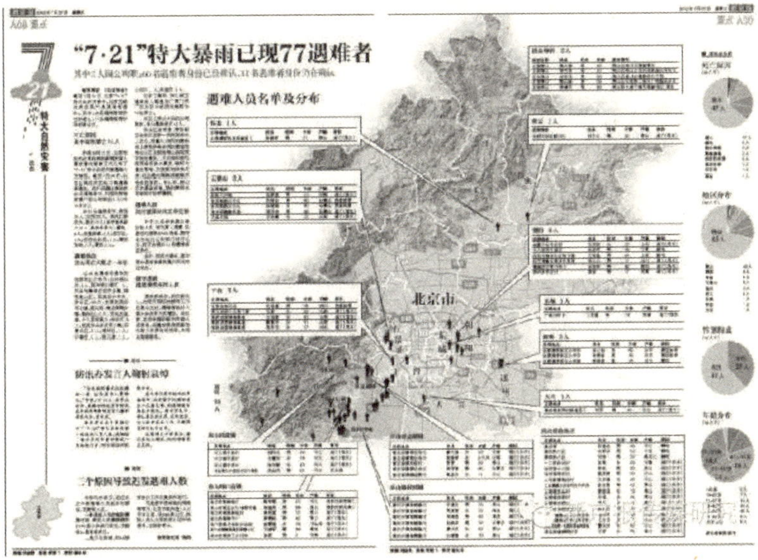

图6－10　地理位置示意图类：北京7·21特大暴雨

二、信息可视化设计的原则

《新京报》的信息可视化设计虽不像版式规范有那么多的逐条规定，但同样需要遵守“做减法”的设计理念，遵循“简洁、时尚、优雅、大气”的设计风格。

（一）简洁，坚持“做减法”

制图的首要功能是传递信息。一张制图首先要让人了解发生了什么或说明了什么情况，所以需将复杂的信息条理化、简洁化，努力将信息高度概括，提炼出最核心的部分。这其中要对信息进行适当删减，甚至大刀阔斧地调整。一个版面的信息如果太庞杂，最终会导致互相干扰。

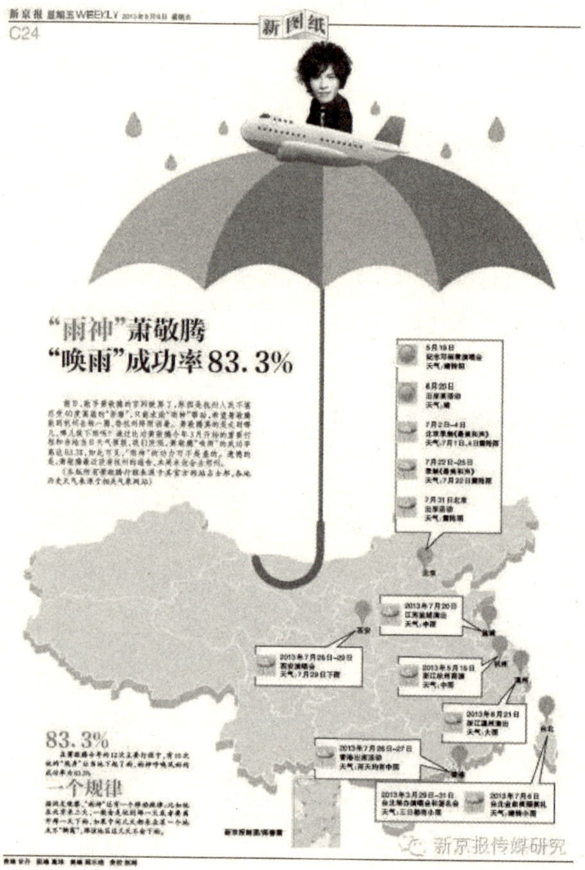

图6－11　娱乐新图纸《“雨神”萧敬腾》

（注：信息精炼，主题突出，清新有趣，令读者印象深刻）

（二）时尚，注重阅读秩序

如果有一个有冲击力的图片或图形作为视觉中心，能迅速抓住读者眼球，所有的信息都围绕视觉中心展开文字排列也相对容易。如果平均用力，追求面面俱到，往往适得其反，起不到吸引读者的作用。

如果找不到一个强有力的视觉中心，就要形成一个指引方向来引导读者一步一步读下去。这对于步骤的解析至关重要，读者顺着图形的方向阅读，大大提高阅读效率。

图6－13的地球新图纸《地震后的24月》虽然版面上没有大的图形，但用螺旋线作为时间轴构成了整个版面的视觉中心，引导读者阅读。

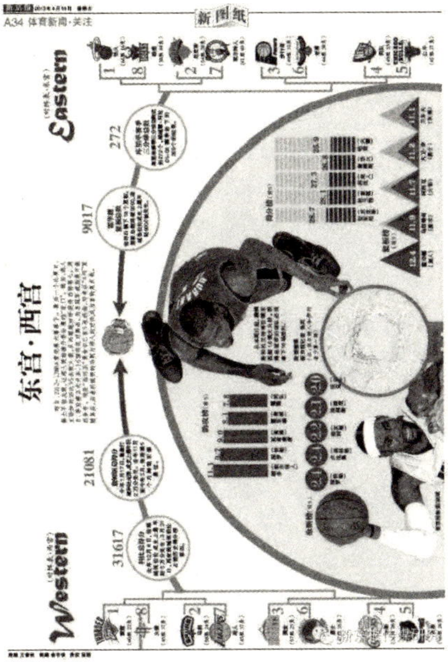

图 6－12 《东宫·西宫》
（注：半圆形球场形成视觉中心，
其他信息围绕图形左右展开）

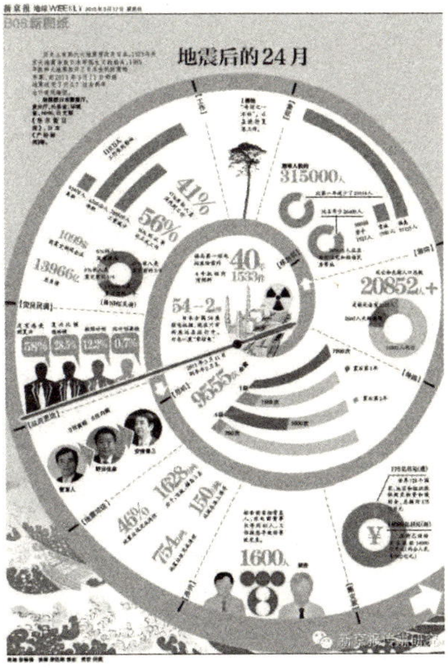

图 6－13 地球新图纸
《地震后的 24 月》

（三）优雅，用色“少而精”

良好的色彩感觉需要经验的积累，每种色彩要赋予其适当的功能，花哨和单调两个极端都是不可取的。要适当运用对比色和同色系的颜色，为版面加分。一般来说，选择灰色系会比较保险，没有浓墨重彩的刺激，读者更容易接受。不过如果制图美编对色彩把握能力很强，选择高纯度的对比色彩，又会给读者带来不一样的阅读体验。

体育新图纸《900 胜天王》虽然只使用同一色系的颜色，但通过点线面的配合，达到了很好的视觉效果。

在地球新图纸《“堵城”与拥堵费》中，每个城市被赋予一个特定颜色，充分发挥了色彩的功能，使版面逻辑清晰。

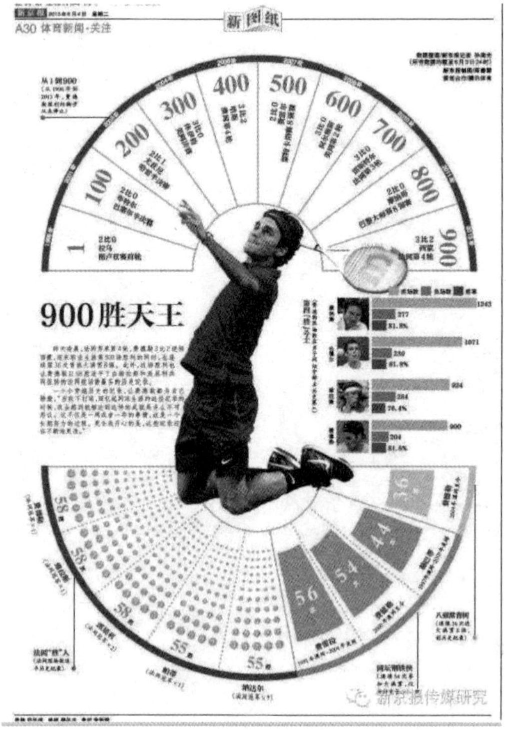
A30 体育新闻·关注

新图纸

900胜天王

图 6－14　体育新图纸《900 胜天王》

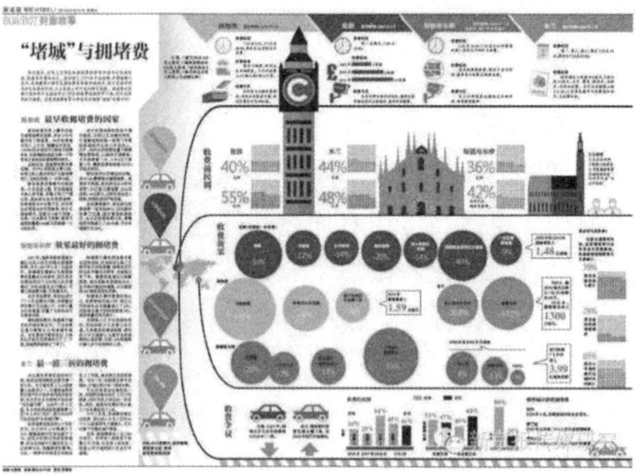
“堵城”与拥堵费

图 6－15　地球新图纸《“堵城”与拥堵费》

（四）大气，重视文字标注

文字是构成制图的重要元素，制图是经过信息提炼后便于读者阅读的视觉语言，所以制图上的文字须简明扼要，易懂可读。好的制图离不开讲究的文字标注，这体现在每一个细节。如果版面上文字经常出现错位，或者和图形互相干扰，将造成阅读障碍，为版面减分。

地球新图纸《追星逐月的探测器》将星球和数据巧妙连接在一起，文字标注严谨考究，一目了然。

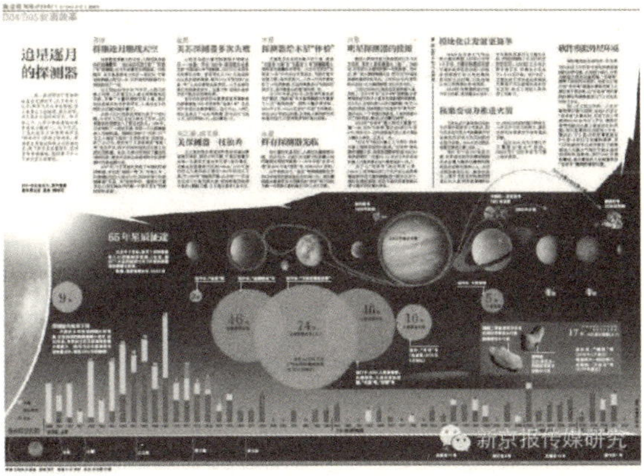

图 6－16　地球新图纸《追星逐月的探测器》

三、《新京报》新闻可视化的探索之路

美国学者有关研究表明，人类视觉信息处理或记忆储存分为三个阶段：第一阶段为感性储存，信息的储存时间只是一两秒钟；第二阶段为短期记忆储存，各感性单元记忆在相对时间内储存的容量不会超过十“小块”；第三阶段是读者对自己有关联的信息长期记忆储存。从这三个阶段的记忆储存可以看出，每个阶段的储存容量都是有限制的，如果超出限制，信息处理就会出现混乱。所以，编辑美编在制图选择信息时必须“抓大放小”，以少胜多。

提到信息可视化设计，不能不提到《新京报》擅长的策划报道的设计制作。因为提前策划的报道相对日常突发报道有更充裕的时间，所以制图比日常新闻的信息更丰富，所占版面面积也更大，制作上也更精致。

《新京报》2010 年的世博鉴系列制图，制图美编以记者的身份深入一线采访，用信息制图的形式，直观、科学地报道世博会。新闻性、艺术性、实用性和知识性，在版面上取得完美平衡，带给读者全新的阅读体验。

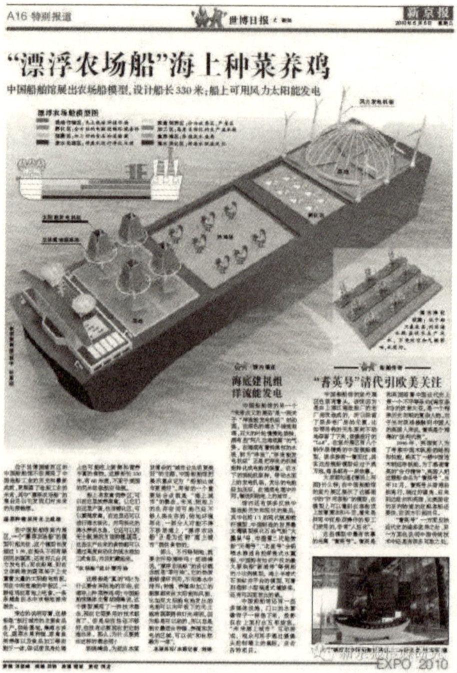

A16 特别报道　世博日报　新京报

"漂浮农场船"海上种菜养鸡

中国船舶馆展出农场船模型,设计船长330米;船上可用风力太阳能发电

海底建风组 洋流能发电

"耆英号"清代引欧美关注

图 6－17　世博鉴制

世博特刊以全景插画艺术回顾世博会的历史,以巨幅制图呈现世博展馆面貌与精彩看点,以多元化的视觉元素应用,以全方位的版面设计技巧,以气势恢宏的大拉页印刷,造就一份值得收藏的报纸精品。

图 6－18　世博特刊

随着发展需要,新闻制图不只是单纯呈现新闻,而是已经承担起了分析新闻、总结新闻甚至预测新闻的作用了。

《新京报》2012 年下半年推出的新图纸系列版面,就是其在积累了丰富的制图经验后又开始挑战新的高难度领域,并且取得了一定的实践经验,得到了读者和业内的好评。2013 年上半年改版时,为让读者更悦读,《新京报》还专门提出精心打造"新图纸系"的口号。

《新京报》的新图纸版没有局限于新闻板块，而是不断尝试在报纸的各个板块推进，比如时事新闻、体育新闻、经济新闻板块，地球、娱乐、健康周刊等板块都陆续推出了新图纸，经过一年多的探索，新图纸已成为深受读者喜爱的品牌栏目。

四、信息可视化设计的流程

下面以新图纸为例简单介绍一下《新京报》新闻制图的设计过程。

做新图纸版是一项需要群策群力的工作，而且有时是个浩大的工程，需要编辑、记者、版式美编和制图美编一起合作完成。新图纸版需要编辑有高度概括的思路以及清晰的编辑思路，记者尽可能多采集信息，美编需要面对的是整版甚至连版的制图，对构图和细节的要求要比普通制图高很多。同时，从确定主题到版面完成需要比普通版面多花两三倍的时间，这就要求大家提前介入版面的策划设计制作。

（一）确定选题

通常报纸刊登的内容会晚于互联网的碎片化消息，所以报纸需要将新闻深度挖掘以满足读者的需要。

信息的可视化是新图纸版的一个重要条件。有的新闻虽然是热点，但内容抽象，不容易转化成图形，这样的内容尽量避免制图。信息的完整性是另外一个必要条件。有的新闻信息很少或不完整，巧妇难为无米之炊，如果根据不完整甚至错误的信息来制图，必将误导读者。所以，编辑和记者就要根据热点新闻，找出其中能够可视化并且信息丰富的新闻来确定版面的选题。

（二）收集资料

主题确定以后，就开始了信息的搜集工作。清晰的编辑思路更是不可或缺。各方信息经过汇集以后，还要经过初步筛选，有的需通过采访专业人士来补充内容。一些内容是国外的资料，还需要准确地翻译出来。真实是新闻的生命，也是新闻制图的生命。新闻制图的真实主要体现在图像的准确性。

（三）版面构图

美编拿到编辑提供的内容，要考虑构图以及文字的排列。这个过程又需要对内容进行适当的增加和删减。这个阶段如果考虑不周，到完成以后再有较大调整或全盘推翻，时间就来不及了。

（四）设计制作

接下来美编就要将文字转化成图形，图形的搜集也是必不可少的。整体效果完成以后还要重视细节的刻画。最后，将制图调上版进行文字的编排和修改，有可能还要根据文字的编排再将制图做微调，以达到最佳效果。

关注朝鲜高官的制图能够取得很好的效果，就归功于这一流水生产线的精诚协作，在众多的图片中选取了角度合适的图片为视觉中心，在图片上直接做信息处理，回顾了这些人一年来的变化，丰富而直观。版面下方详细解读了崔龙海和张成泽一升一降，对比了两个人的现状。

A24 国际新闻·要闻

朝两年更换97名高官

图 6－19　时事新图纸《朝两年更换 97 名高官》

《新京报》的信息可视化设计不仅体现在报纸上重点打造新图纸系，而且在新媒体也推出了“图个明白”长微博、微信制图等。长微博制图的特点是信息容量大，没有太多的版面限制，色彩上也更加丰富，对色彩的把握上难度也随之加大。长微博制图整体上看似无视觉中心，但同样要在细节上仔细打磨，争取做到每张图上都能出彩，都有画龙点睛之笔。同时我们在新媒体的互动新闻设计、多媒体动画设计方面也在做有益的尝试，希望今后能创作出更多更好的作品。

参考资料：

［1］此部分内容引自《新京报传媒研究》刊发的论文《数据新闻及可视化探索》，作者是《新京报》版式设计部主编书红和首席美编许英剑，详见 http://mp.weixin.qq.com/s/3DeUWkPMwo8ggjD3DS4IZg。

第七章　新闻评论

对新闻媒体而言，目前行业竞争日益激烈，独家新闻资源稀缺，一些媒体机构纷纷设立评论部，组织评论员队伍，以便将自己与其他媒体区别开来。

如果说新闻报道是新闻宣传的主体和基础，那么新闻评论就是旗帜和灵魂。尤其在价值观多元、自媒体发达的今天，虽然人人都有麦克风，人人都能说几句，但是观点良莠不齐，泥沙俱下，真正对人的思想有启迪的观点极少，反而误导舆论，我们的社会越来越需要一批有知识、有理想、有追求的评论员队伍来涤荡浊气，以正视听。新闻评论，当有感而发，却不同于议论文、散文、杂文等文体，更具新闻性、形式感、内容性，给人以启迪，给人以警示。

新闻报道（消息和通讯）、新闻评论分属不同新闻体裁，前者讲求客观，尤其消息要求不添加作者任何感情色彩。评论则强调个人观点的抒发，讲究一语中的、一针见血，展示出作者的立场和特点。

新闻评论有许多品种，包括社论、评论员文章、普通评论。其中，社论和评论员文章属于要求较高、难度较大的评论品种。

社论作为新闻评论的一种，是最为重要的新闻评论和舆论工具，是报刊编辑部就重大问题发表的评论，选题针对重点典型、重大事件和重大问题，庄重严肃。党报的社论，不是代表本报发言，而是代表党报这一级党组织发言。《人民日报》的社论，代表中共中央发言。

按论述方式和方法分类，社论包括阐述型、启迪型、评价型、认辩型、礼仪型、纪念型、号召型等类型。例如，下篇就是一篇号召型社论。

坚定不移推进全面从严治党

丙申金秋，硕果累累。中国共产党第十八届中央委员会第六次全体会议胜利闭幕。这是在中国共产党成立95周年、红军长征胜利80周年的历史节点，在全面深化改革、决胜全面小康的关键时刻，召开的一次十分重要的会议。全会充分肯定了党的十八届五中全会以来中央政治局的工作，高度评价全面从严治党取得的成就。全会全面分析党的建设面临的形势和任务，系统总结近年来特别是党的十八大以来全面从严治党的理论和实践，就新形势下加强党的建设作出新的重大部署，充分体现了党中央坚定不移推进全面从严治党的坚强决心和历史担当，体现了全党的共同心声，对确保党始终成为中国特色社会主义事业的坚强领导力量，对统筹推进“五位一体”总体布局和协调推进“四个全面”战略布局，更好进行具有许多新的历史特点的伟大斗争、推进党的建设新的伟大工程、推进中国特色社会主义伟大事业，实现中华民族伟大复兴的中国梦，意义重大、影响深远。

治国必先治党，治党务必从严。全面从严治党，是这次全会的鲜明主题。作为一个有8800多万名党员的大党，作为一个在有着13亿多人口的大国长期执政的党，党的建设关系重大、牵动全局。党的十八大以来，我们党先后召开十八届三中、四中、五中全会，对全面深化改革、全面依法治国、全面建成小康社会作了部署，这次全会专题研究全面从严治党，这是党中央着眼于"四个全面"战略布局做出的整体设计，是党中央治国理政方略的渐次展开、深度推进。加强和规范党内政治生活、加强党内监督，是新形势下加强党的建设的重要课题，也是推进全面从严治党的重要抓手。严肃党内政治生活是我们党的优良传统和政治优势，也是全面从严治党的基础，党要管党，首先要从党内政治生活管起；从严治党，首先要从党内政治生活严起。党内监督是党的建设的重要内容，也是全面从严治党的重要保证，党的执政地位，决定了党内监督在党和国家各种监督形式中是最基本的、第一位的。

"法与时转则治，治与世宜则有功。"党中央决定这次全会制定准则、修订条例，正是着眼于推进全面从严治党、坚持思想建党和制度治党相结合的一个重大安排。两个文件最鲜明的特点就是继承和创新的有机统一，既深入总结了我们党在加强自身建设方面的经验和教训，继承了我们党在长期实践中形成的制度规定、发扬了我们党的优良传统，又全面总结了党的十八大以来党中央推进全面从严治党的生动实践，对全面从严治党的理论和实践创新成果进行了集纳，并深入分析新形势下党的建设面临的新情况新问题，直面当前党内政治生活和党内监督存在的突出问题，聚焦党员领导干部特别是高级干部这个"关键少数"，形成了新的制度安排，实现了党内政治生活和党内监督制度化、规范化、程序化，为推进全面从严治党、提高党的创造力、凝聚力、战斗力提供了更加有力的制度保障。

一个国家、一个政党，领导核心至关重要。我们这样的大国、大党，要凝聚全党、团结人民、战胜挑战、破浪前进，保证我们党始终成为坚强有力的马克思主义执政党、始终成为中国特色社会主义的坚强领导力量，党中央、全党必须有一个核心。党的十八大以来，习近平总书记带领全党全军全国各族人民开创了中国特色社会主义伟大事业和党的建设新的伟大工程新局面，在改革发展稳定、内政外交国防、治党治国治军等方面取得了一系列具有重大现实意义和深远历史意义的成就，实现了党和国家事业的继往开来。习近平总书记在新的伟大斗争实践中已经成为党中央的核心、全党的核心。这次全会，正式提出"以习近平同志为核心的党中央"，反映了全党全军全国各族人民的共同心愿，是党和国家根本利益所在，是坚持和加强党的领导的根本保证，是进行具有许多新的历史特点的伟大斗争、坚持和发展中国特色社会主义伟大事业的迫切需要。这对维护党中央权威、维护党的团结和集中统一领导，对全党全军全国各族人民更好凝聚力量抓住机遇、战胜挑战，对全党团结一心、不忘初心、继续前进，对保证党和国家兴旺发达、长治久安，具有十分重大而深远的意义。

历史使命越光荣，前进道路越宽广，就越需要我们党谋划全局、引领方向。全会决定，党的第十九次全国代表大会于2017年下半年在北京召开。这是党和国家政治生活中的一件大事，全党要全面贯彻党的十八大和十八届三中、四中、五中、六中全会精神，团结带领全国各族人民，坚定信心，奋发进取，进一步做好党和国家各项工作，特别是要切实做好思想理论准备工作、组织准备工作、经济社会发展工作、意识形态工作，切实维护社会和谐稳定，以优异成绩迎接党的十九大召开。

梦想照亮前方，奋进正当其时。让我们更加紧密地团结在以习近平同志为核心的党中央周围，全面深入贯彻本次全会精神，牢固树立政治意识、大局意识、核心意识、看齐意识，坚定不移维护党中央权威和党中央集中统一领导，继续推进全面从严治党，共同营造风清气正的政治生态，更加扎实地把党中央的各项决策部署落到实处，万众一心、众志成城，为实现“两个一百年”奋斗目标、实现中华民族伟大复兴的中国梦而不懈奋斗。

（《人民日报》　2016年10月28日社论）

评论员文章和社论没有明确的界限，但规格低于社论，偏向论述局部性重要事件和问题，选题更为广泛和具体，篇幅较社论更短，介于社论和短评之间，署名一般是“本报评论员”“本刊评论员”或“本台评论员”。党报的评论员文章，代表本报发言，不是代表评论员本人发言。例如，下篇就是一篇典型的评论员文章。

家庭文明则社会文明

家庭和睦则社会安定，家庭幸福则社会祥和，家庭文明则社会文明。

在第一届全国文明家庭表彰大会上，习近平总书记发表重要讲话，动员社会各界广泛参与家庭文明建设，推动形成爱国爱家、相亲相爱、向上向善、共建共享的社会主义家庭文明新风尚。习近平总书记的重要讲话，充分体现了党中央对精神文明建设的高度重视，对全国亿万家庭的亲切关怀，为推进家庭文明建设提供了重要遵循。更加注重家庭、家教、家风，把家庭文明建设作为一项长期任务切实抓好，千千万万个家庭才会成为国家发展、民族进步、社会和谐的重要基点，成为人们梦想起航的地方。

家庭是人生的第一个课堂，父母是孩子的第一任老师。无论时代如何变化，无论经济社会如何发展，家庭对于文明养成的重要作用不可替代。家是最小国，千家万户都好，国家才能好，民族才能好；国是千万家，国家好，民族好，家庭才能好。注重家庭，要求我们融骨肉亲情与爱国情感为一体，把爱家与爱国统一起来，将家庭梦融入民族梦之中，在追求家庭幸福的过程中建设好社会和国家。注重家教，就是要重言传、重身教，教知识、育品德，帮助青少年扣好人生第一粒扣子，迈好人生的第一个台阶。注重家风，要求我们弘扬优良家风，把修身齐家落到实处，以千千万万家庭的良好家风筑牢社会风气的基础。

"服民以道德，渐民以教化"。重视家庭文明建设，加强价值观建设至关重要。中华民族历来重视家庭，孝老爱亲、相敬如宾、兄友弟恭、妯娌和谐、克勤克俭、忠厚传家等传统美德，铭记在中国人的心灵中，融化在中国人的血脉中，是今天我们加强家庭文明建设的重要资源。社会主义核心价值观是我们时代价值的最大公约数，我们要用社会主义核心价值观引领家庭文明建设，锤炼个人品德、书写家庭美德、遵守职业道德、弘扬社会公德。领导干部更应带头注重家庭、家教、家风，廉洁修身、清正齐家，做家风建设的表率。

精神塑造呼唤榜样的力量。全国文明家庭评选表彰活动，就是对时代美德的汇聚和提炼，也是在全社会范围的一次正能量传播。爱国守法、遵德守礼、平等和谐、敬业诚信、家教良好、家风淳朴、绿色生活、崇尚节俭……300 个全国文明家庭从不同角度、不同侧面阐释了新时代家庭文明风尚和家风文化。以他们为榜样和标杆，激励广大家庭崇德向善、见贤思齐，鼓励全社会积善成德、明德惟馨，我们就一定能唤醒文明建设的家庭力量，以丰厚的道义力量推动社会文明进步。

先贤有言："惟有民魂是值得宝贵的，惟有他发扬起来，中国才有真进步。"家庭文明建设，正是一项为百姓立心、为民族铸魂的时代工程。以培育和践行社会主义核心价值观为根本，以文明家庭创建活动为载体，以"注重家庭、注重家教、注重家风"为着力点，唤醒广大家庭崇德向善的道义自觉，我们 4 亿多个家庭的生活一定会更美满幸福，我们的国家、我们的民族一定会更加和谐兴旺。

（刊于《人民日报》2016 年 12 月 13 日头版）

第一节　选题的来源

新闻评论的选题，从哪里来？原《人民日报》副总编辑、评论部主任米博华认为——没有一个孕育过程，就不会获得源源不断的创作灵感。有时，题目确是闪念中产生，但那闪念正是孕育的结晶。我们的眼睛总是处于搜索状态，大脑总是处于对各种信息加工处理的工作状态，“闪念”就会不期而至。一些作者通常习惯随手记下一些感想、观点、新闻由头，有时这种未经加工处理的材料多达十几个。搜集这些思想碎片，是因为感觉到的东西未必能立即深刻地去理解它，抓住这些转瞬即逝的一毫之光，而后细细地消化、思考；一旦酝酿成熟，就可以援笔成文。写掉一批题目就是割掉一茬韭菜，割掉旧的，新的又长出来。这是一个连续不断的创作过程。概言之，选题和写作两个阶段密不可分。在大多数情况下，选题可以被看成是不动笔的写作，而写作则是对选题的深加工。

选题的产生，主要来自交流、观察和思考。把交流多得、观察所见进行综合归纳，最终以题目显示出来的途径是思考。交流的方式可以有多种，如与专业人士交谈，阅读报纸书籍，听取会议报告和发言等。通过交流获得知识的好处是不言而喻的，但更重要的是，它可以产生摩擦和碰撞，激发某些思想灵感或唤起某些可能还沉睡的思维。有人说，一篇作品的产生，有时仅仅需要一个小小的提示。可能是几句话，也可能是几个字，犹如“棒喝”。观察，则是长时间地研究某一现象而有所发现。但观察必须辅之以思考，懒得动脑子的观察，只能是看热闹；浮光掠影的观察，则可能流于肤浅的感觉。

题目之所以要选，其实包含了一个十分明确的意思，就是择优汰劣。这是言论创作的核心所在、难度所在。所谓优劣，当然是比较而言，难有统一标准，但一般认为应该注意三个问题。

一是因事而作。一个人很饥饿，而另一个热心人建议：“请允许我弹一支曲子助兴”，那一定是很扫兴的。选题首先要明确这些话要讲给谁听，他们需要什么。有时即使文章写得不算太好，只要是选题应运而生、因事而作，有针对性，也是上佳之选。正如一个人饥饿的时候，你及时送去面包，而不是充满华丽音符的空气。

二是有所创见。比如，我们说“储蓄并非一成不变的可喜”，这样的选题总比重复那些人所共知的老生常谈要好。一篇言论，很难有“突破性发现”，但是要力求在某一点上有些新的独到的见解。自然，我们应该了解在某一课题上别人已做过什么，现在正做什么，达到何种水平，有何成果。总之，有独创性的选题亦为上佳之选。

三是别有洞悉。一样的答案有不同的解法，一样的疾病有不同的治法，一样的山水有不同的看法。有些选题恐怕是永恒的，变动的只是认识的角度与探索的路径。平中见奇，旧中见新，更是上佳之选，这方面论列甚多，不必重复。

新闻性、针对性、独创性和新颖性，四个方面同时包含在一个选题中最好，但仅有其中的一个因素也好，同样算优质选题。

当然，具体到不同的评论类型、投稿对象，选题来源和选题原则又有不同。

本报评论员文章、社论，主要是上级指定选题，或编辑部根据上级精神确定。

时评写作的选题，主要源于社会新闻、时政新闻热点——社会舆论关注什么，就评论什么。

通讯员如果要给中央党报撰写评论，就要根据中央文件精神、国家需要、社会需要、党报宣传报道重点来确定选题。

通讯员如果要给省级党报投送评论稿件，就要根据中央、省委省政府文件精神、国家需要、该省发展需要、社会需要、省级党报宣传报道重点来确定选题。

通讯员如果要给市级党报投送评论稿件，就要根据中央、省委省政府文件精神、国家需要、该省发展需要、该地市需要、社会需要、市级党报宣传报道重点来确定选题。

通讯员如果要给晚报、都市报投送评论稿件，一般是要针对新闻热点来确定选题。

通讯员如果要给企业报投送评论稿件，一般是要针对该企业发展的需要、企业领导工作思路来确定选题。

通讯员如果要给校报投送评论稿件，一般是要针对学校发展的需要、校领导工作思路来确定选题。

有时，一些媒体（例如《人民日报》《半月谈》）会抛出一些评论话题，通讯员紧紧围绕这些话题展开论述就可以投稿，而且比较容易发表。读者回应式的评论，则是对媒体所刊载的报道进行回应，或评论，或补充，或发挥，或纠错，或点赞。《南方周末》评论版的“读者来信”栏目，就经常刊登读者对前一期该报报道的回应稿件。

《南方周末》评论版“读者来信”栏目 2008 年 5 月 1 日发表的《图书馆“高收费”当休矣!》,就是读者回应式短评。

图书馆“高收费”当休矣!

◆ 回应“图书馆的书不是用来看的?”(4 月 24 日 E29 读者来信)

两年前,因撰写论文需要外报资料,所以去国家图书馆查询。为得到朝鲜《劳动新闻》某期头版图片(对开报纸,需扫描两次后拼在一起),我缴费 80 元! 管理员不让用数码相机拍,而复印、扫描又收费昂贵,以扫描为例,扫描一张 A4 大小的样收费 40 元(市场价 3 ~5 元)。

管理员给出的理由,一是“保护文献资料”。这当然不能成立,因为如果不打闪光灯拍照,根本不会损坏文献。

另一理由是“收费标准得到物价部门的核准”。不信? 旁边就有一个牌子写明这个批准文件的具体内容。我当时想,物价部门怎么会同意这样的“高收费”? 无独有偶,我在本省档案馆查阅、复印文献资料时,也发现物价部门批准了类似的“高收费”——复印 1 元/张,每次取档 6 元/本。

“图书馆者何也,所以输入文明、实验教育,坚其信心、富其能力者也。”这是《创设湖南图书馆兼教育博物馆募捐启事》的原话。“公共图书馆是传播教育、文化和信息的一支有生力量,是促使人们寻找和平和精神幸福的基本资源。……原则上,公共图书馆应提供免费的服务”,这是《联合国教科文组织公共图书馆宣言》中的原话。

什么时候,我们的图书馆、档案馆才能告别“高收费”,与“彻底免费”握手呢?

(嘉荞　大学教师)

目前,许多报纸都在头版开设有小言论栏目,这类栏目是通讯员可以投稿的,这类栏目的言论稿件该怎么确定选题呢?《江西日报》编辑钟兴旺曾这样总结该报小言论栏目《求是坛》的选题技巧:

《求是坛》栏目开办的宗旨是激浊扬清、针砭时弊,弘扬真善美、抨击假恶丑。稿件的选题广泛,政治、经济生活中的任何事情,大到国家大事,小到身边小事都可做选题。但要做到“小”中见“大”、以“小”见“大”,要言不烦,点到为止。同时,由于处在党报头版位置,决定了《求是坛》言论选题的题材要尽可能大一些,政治性和思想性强一些,指导性和服务性强一些……因为篇幅短小,决定了其稿件在写法上“口子”尽可能小一些，从小角度切入引出令人深思的大道理。

……

不少基层通讯员反映，给《求是坛》投稿不少却很难见报。其中原因固然很多，除了选题不对路、文字粗糙、论述缺乏条理等原因外，还有就是话题老、缺乏新意。当然，“旧”选题并非不能写，关键是要有新意。以新颖的话题、巧妙的角度切入，加入新时期的一些鲜活元素，老话题之“树”照样能发“新枝”。

在《江西日报》评论员骆辉看来，党报短评的选题可以遵循如下三个原则——

一是要从大局着眼，小处入手。

短评虽然不直接阐述大的方针政策，但要着眼于当前的中心工作和任务，着眼于客观形势的需要。强调选题要从小事入手，但所说的小事并非鸡毛蒜皮、不足挂齿的琐事，而是能反映新事物、新方向、新的矛盾的事物，选择那些意义重大的小事，倡导时代新风，鞭挞落后现象。

比如，在学习贯彻落实省委十三届八次全体会议方面，《江西日报》拟推出各类言论近20篇，除了社论及本报评论员外，还有很大一部分是短评，如1月13日见报的《改革要有“舍得观”》、2月4日见报的《改革者当有“硬骨头”》等。这些选题，就是从“学习贯彻落实省委全会”这个大局着眼，从具体事情入手的范例。

二是要具体细化，切忌大而空泛。

比如表扬一个先进人物，最好从他事迹中选择一点闪光的东西加以评论；批评一个坏的典型，也应该选择一点去揭露去批驳，切忌面面俱到。努力使论题具体些、角度小一些，矛盾的焦点集中一些，议论的口子要窄一些，新闻素材要细巧些、典型些。

2013年9月25《江西日报》在一版《求是坛》栏目刊发的《兰辉的“群众热线”》一文，堪称“攻其一点，不及其余”的典范。兰辉身上表现出来的优秀品格很多，但作者却抓住“手机里储存着2000多个电话号码”，以“群众热线”为主线，深刻反映了兰辉的群众观。

“小”不是意义小，而是要求小中见大。谈的尽管是一点、一滴、一斑、一叶，却都能够由点而面，由滴水见太阳，一句话，能够抓住反映事物本质最核心的一点，弹动那根绷得最紧的时代之弦。

三是要从群众关注、社会关心入手。

短评要善于选取当前群众感兴趣的新事物、新问题，选取群众有疑惑有争议又亟待搞清楚的问题作为选题，反映群众的呼声，消除群众的疑惑。

新，指的是既要有新鲜引人的题目，选择具有强烈时代气息的话题，对工作、生活、思想各方面的新问题及时加以评论，更要有新颖独到的见解，要有新角度，新的论据，新的表达方式，能给人以新的启迪。不少短评写得一般化，引不起人们的兴趣，往往跟文章本身缺乏新意、角度老一套有关。因此，要提高短评的写作质量，就得下决心剔除泛论，选取新的立论角度。新与快是对孪生兄弟，但评论的刻意求新，还不仅仅限于它的时效性。在强调快的基础上，更重要的是评论的思想新、问题新、内容新以及角度新、语言新。抓住人们最热心、最敏感、最关注的焦点问题，有的放矢，积极反映当前的现实，引导当前的现实，推动当前的现实。论出真知灼见，正确地进行舆论引导，让评论的作用发挥得更充分。

2014 年 1 月 8 日刊发的《算好公车改革“民心账”》，处处彰显新意。新事件，新余市率先在全省开展公车改革；新观点，在算好公车“经济账”的同时，最根本的是要算好它的“民心账”。

实际上，本书第二章提及的找新闻选题的那些方法，有一些也适用于找评论选题。

在某个节日（如教师节）或纪念日（如“中国人民抗日战争胜利纪念日”）到来之前，就可以撰写相关主题的评论稿件并投稿。

在日常生活、工作中，也可以找到评论选题。《南方周末》评论版《读者来信》栏目于 2010 年 9 月 9 日发表的短评《莫让非自愿扎根》，选题就来源于作者王卫明的一位教师朋友的闲聊。

那些被媒体报道、被网民热议的新闻事件，往往是时事评论的最佳选题。晚报、都市报的评论版，大多是刊登这类评论。

例如，《人民日报》2014 年 9 月 5 日头版《今日谈》栏目刊登的短评，选题就来自前一天的新闻事件。

高考改革，关键的第一步

“看见太阳，你就把阴影甩在脑后了。”一位孩子高考落榜，父亲这样安慰他。9 月 4 日，《国务院关于深化考试招生制度改革的实施意见》正式公布，合理的制度设计、科学的改革谋划，应该可以让更多孩子和父亲告别阴影。

改革开放之初，恢复高考成为多少人命运的转折；新一轮改革大潮起势，高考的改变同样牵动人心。不仅是因为这一改革能减少城乡教育差距、缓解唯分取人的弊病，更因为它是教育改革的重要一步。从高考到中考、从高校到中小学、从高等教育到职业教育、从考试方式到教育理念，改革不断推进，必能真正改变更多人命运的辙痕。

而这一步,也与更多改革息息相关。异地高考在大城市的突破,仍需户籍制度改革助推;城乡孩子要站上同一起跑线,仍需收入分配改革发力。“牵一发需动全身”,教育改革的基础性、系统性、复杂性,正折射中国改革的艰辛;而教育改革的突破,也就更能体现改革者的勇毅。

“千里之行,始于足下”。考试招生改革迈步,中央重视、社会期待、群众支持。相信伴随教育改革的不断深入,更多的青春将“甩掉阴影、看见太阳”,拥有更好的未来。

(作者陈凌)

有些评论选题,来源于自己的采访。

例如,《江西日报》2014 年 9 月 4 日 B3 版刊登的评论《做“大家的公司”》,选题就来源于作者王卫明、刘若兰对正邦集团总部的采访。这篇评论的正文如下:

近日,笔者采访了位于南昌市艾溪湖畔的正邦集团总部。印在企业一楼大堂墙上的一句话,给笔者留下了深刻的印象:“把小公司做成大公司,把大公司做成大家的公司。”有关负责人告诉笔者,“做大家的公司”这一理念体现在集团发展的各个方面。2008 年以来,该公司累计安排了 2 万多名大学生就业,通过企业内外部各种培训帮助员工成才;通过项目承包制、投资人才等方式扶持员工创业;对于投身国内畜牧业领域的年轻创业者,给股份、给平台、大胆放权,扶持壮大了 50 多家志同道合的小微企业。

做“大家的公司”,让员工、合作者、消费者及公众共享企业的发展成果,实现多方共赢,正是国内外一些企业迅猛发展的重要原因。

要把企业做成“大家的公司”,首先要善待员工。善待员工,可以吸引并留住优秀人才,有助于公司实现可持续发展。比如,四川海底捞餐饮股份有限公司不仅给予员工物质回报,而且给他们别处难得一见的信任与授权。这家公司授予服务员这样的权力:不论什么原因,只要认为有必要,都可以给客人免一个菜或免一餐。如此一来,每一个海底捞的员工(包括基层服务员),实际上都在行使管理者的权力。这使得员工更愿意把公司当作自己的家来爱护,共同促进服务品质的提高。

做“大家的公司”,就要让合作者一起发展壮大。淘宝网的成功,其实就是以众多网店的成功为基础的。在淘宝网开店成本低,受众面广,消费者也能够用较低的价格买到商品,这样的共赢平台,大大提高了淘宝网在电子商务领域的市场份额。

做“大家的公司”,还要尽可能承担社会责任、回报社会。很多商界名人在公司做大做强后，都会选择将财富与社会分享。“股神”巴菲特2006年决定向5个慈善基金会捐出约375亿美元的个人财产；微软创始人比尔·盖茨2008年宣布将580亿美元个人财产捐给慈善基金会；李嘉诚自1980年至今，已向李嘉诚基金会捐出145亿港元。取之于社会，用之于社会，让公司的发展成果惠泽更多的人，正是成功企业的一大特质。

当然，也有一些人把企业做成“自私自利的公司”，忽视员工的权益和福利，不肯与合作者公平分享利益，更没有主动承担应尽的社会责任。这样的企业，在市场上往往是昙花一现，遑论做大做强。企业要与社会共成长，就要培育类似于做“大家的公司”的企业文化。善于合作，乐于分享，这是我们这个时代需要的企业文化。

当然，有些牛气的通讯员，会被聘为特约评论员，定期或不定期地给特定媒体撰写评论约稿，这种稿件的选题是根据媒体提供的新闻素材确定，或者是由媒体工作人员直接指定题目。

第二节　选题的选择

新闻评论的选题还要有所选择、取舍。

一、考察新闻由头的真实性

无论新闻报道还是新闻评论，真实性都是生命。评论的基础是新闻事实，评论一个事实都站不住脚的新闻的社会意义不大，反而给人以误导。

比如，中国人在泰国抢虾视频一流出，无论是普通网友还是新闻媒体，都是骂声一片，但是事件出现了反转，有媒体进一步采访报道称，该自助餐厅地处泰国的免税区，吃饭要等很长时间，而导游给的吃饭时间却很短；餐厅供应的其他食品很少，取完也很少补充，只有虾最丰富，而且补充最快；此外，取食品的夹子也很少，等不及了只能用盘子铲。关键是，这家餐厅发生这种哄抢食品的场景很少见，被拍下来的视频也发生于一两年前。没有立足新闻真实的评论既冤枉了抢虾实践中的国又，更给中国人的形象抹了黑。

“泰国抢虾”为何引爆国人的群体焦虑

有关“泰国抢虾”的话题，如同春节时期网络热议的江西“凤凰男”一样，在网友中持续发酵。新的说法是，这段视频是两年前的了，并且当时是上千人的游客被安排在了一家“没有什么可吃”的餐馆，要紧的是，只有半个小时的用餐时间。

有人说这是在“洗地”，有人说这是剧情反转。但骂者恒骂，既然引爆了话题，很多人认为真假已经次要了，就像“凤凰男”也是假新闻，但城乡二元差别是真就行了，很多国人“素质差”也是真的。

这段疑似旧视频，今天翻出来曝光，是与最近以来中国人对国民素质所呈现出来的集中批判有着关联的。此中的负能量传播效应，很容易引起人们在价值判断上的共鸣。因此发布者在这个时间点、用这样的方式发布出来，应该是有意的，如同我们没法要求每个普通网友有专业媒体人那样的质疑习惯，也没法要求人人都有非常理性的去伪能力一样，发布者在“舆情”的爆点上，是有精准判断的。

当然并不能说发布这段视频的网友一定有着某个具体目的，但从客观传播效果来看，它起到的批判国民素质的效果是明显的。这么多网友在关注、在讨论，至少在是非判断、三观上是靠谱的。但是我们如果把它作为新闻来审视，不论从这段视频的要素，还是从这场带有谩骂性质的讨论中发布者装聋作哑不站出来解释的姿态来看，这种做法却是不妥当的，也是很不严肃的。毕竟牵涉这么多的中国人，牵涉这么多人的情绪，甚至牵涉国家形象、公民形象，发布者把视频发出去、引爆了话题，却把自己当成一个旁观者一样，这种心态也缺乏基本的善意。

国家强大之后，中国人渴望改变自己的形象、追求世界的认同，这是一个非常好的追求。但世界这么大，什么样素质的人都有，中国是这样，别的国家也是这样。比如前几天，也是在泰国，就爆出了一个乌龙新闻，说一群中国人在泰国喝多了酒，赤身裸体下海游泳。当时很多中国人一听就破口大骂了，说这帮没素质的同胞又去外面丢脸去了。结果泰国方面第二天给出的调查结果是，这帮人不是中国人，而是日本人。由此我们可以看出，经历过长时间物质匮乏的中国人，今天面对国力的强大，面对自己鼓鼓囊囊的腰包，心里的自卑感和渴望被世界所欣赏、赞美的自尊心，交织在一起，形成了一种复杂的焦虑心态。

把一个人、几个人、一群人的失态，当成自己在丢丑，当成整个中国都在丢丑，这种心态其实非常脆弱，也非常沉重。我们很多网友对于事物的客观认知程度，需要有一个提升的过程。这次泰国抢虾事件，很多网友不分事实真假，不分青红皂白，张嘴就骂，怎么难听怎么骂，怎么刻薄怎么来，用很没素养的方式谩骂别人没有素养,这种忽略客观真实的表达方式要不得,也很容易被别人所利用。中国人在对待自身形象问题上,既不要妄自菲薄,也不要盲目自大,更不能自取其辱。

(2016 年 3 月 23 日刊于《钱江晚报》,作者刘雪松)

对“上海女孩逃离江西农村”事件的评论,也是需要考察新闻由头真实性的典型例子。下面这篇评论对相关评论进行了反思。

媒体别被牵着鼻子走

火了整个春节的“上海女孩逃离江西农村”事件突然之间发生了逆转——中国江西网报道称,这一网络事件从头到尾均是虚假内容,自称“上海女孩”的发帖者不是上海人,而是某省一位有夫之妇,她春节前压根没到过江西,走红网络的帖子则是其发泄情绪所为;其后发帖回应的“江西男友”则只是话题的碰瓷者,与发帖者素不相识。

这个时代,仿佛无论多么夸张的逆转,在人们的“口水”里都不再惊人了,因为总有更多的“猛料”夺人眼球,各种信息的制造者和散布者,似乎只怕自己的爆料不够耸人听闻,只怕获得的关注和争论不够多。

在“上海女孩逃离江西农村”事件的整个发酵过程中,媒体和公众的争论是多维度的,有人关注个人修养,有人关注爱情婚姻是否应该门当户对,有人关注人口流动中的社会阶层问题,有人关注中国城乡之间仍然存在的差异……但不管怎样,所有的争论都建立在相信事件本身真实性的基础上。尤其对于媒体来说,在关于事件的所有观点和辩驳都喧嚣沸腾的同时,却几乎没有人对事件的真实性进行探究和考问。媒体是新闻事实和社会情绪的放大镜,但在事实依据都不确凿的情况下,被放大的情绪究竟又是什么呢?

新媒体时代,舆论环境的复杂性已经今非昔比,尤其在我国目前正处于社会转型期的形势下,各种各样的社会负面情绪往往在不经意中就被煽动和点燃。在这个过程中,媒体对信息的去伪存真功能对整个舆论场和社会情绪的平稳有着至关重要的意义,一旦媒体失去对事实进行探究和甄别的能力,就很容易被那些别有用心的信息散布者牵着鼻子走,给社会发展和老百姓的生活带来严重的负面影响。

“上海女孩逃离江西农村”事件,给媒体上了生动一课——没有探访、没有追究、没有到一线的皇皇高论都是立不住的,只会给社会带来更多的困扰。用事实说话,才是媒体发声的根本所在。

(2016 年 2 月 25 日刊于《人民日报》17 版,作者君然)

二、突出新闻性

新闻评论，当以新闻性为先。新闻性也决定了评论是为时代而生，而非评论落伍的过去，也非虚无缥缈的未来。评论选题也只有富有新闻性，紧跟时代步伐，才能吸引读者眼球。

比如，2003年湖北青年孙志刚被非法收容殴打致死事件轰动全国，如今收容制度早已经废除。2013年正式废除劳教制度，也让劳教渐渐远离了人们的生活，因此，无论当初的意义多么重大，再进行相关的新闻评论意义已然不大。不过可以作为具体事例来丰富其他新闻选题的论点。

劳教消亡见证法治文明共识

在2013年即将落幕之时，全国人大常委会通过了关于废止有关劳动教养法律规定的决定。这一存续半个多世纪的制度从今走向终点。这是我国法治建设不断推进中的又一重要举措。

制度的变迁总是与社会的发展相适应，也显示出与时代的“对位关系”。劳教制度的雏形，是1955年针对不够判刑的“反革命分子”等进行的特殊“管理方式”。1957年《国务院关于劳动教养问题的决定》被批准，宣告这一制度的诞生；1979年11月公布的《国务院关于劳动教养的补充规定》，意味其作为一种维护社会治安的措施被启用；1982年国务院转发公安部《劳动教养试行办法》，开启劳教制度普遍化适用阶段。可以说，在50多年的时间跨度内，从诞生、运行及至最后的废止，这一制度都有着它的现实背景和历史意义。

粗略回顾这段历程，不难发现，劳教一直都在寻求自身的合理性，以不断适应社会发展对制度的需求。在功能目的上，从当初的“政治控制”到后来的“治安控制”，再到近年来用于维稳需要，其在实现违法和轻罪行为的矫正上发挥了一定作用，也有利于维护特定时期的治安秩序。

但是，旧制度在寻求合理性的过程中，总会遭遇到一个自身难以突破的极限。当2002年劳动教养适用对象扩大为“十种人”之时，中国的民主法治进程也是轻舟已过万重山，法治意识的增强和权利意识的觉醒，使得实践中大量适用的劳教制度受到挑战。尤其是随着尊重和保障人权入宪，劳教制度日渐显现出缺陷。

劳教制度最终走向消亡，是社会进步的结果，提供给我们一个普遍性的启示则是：与人一样，国家法治的肌体，也需要经常洗洗澡、治治病。如果说当年“收容遣送办法”因孙志刚事件而废止、旧拆迁条例因各种强拆事件而终结，那么此次通过法定途径废止劳教制度，则更接近于主动地清理，意味着公民自由权利再一次得到伸张，宪法的权威和尊严再一次得到维护。

法治首先乃良法之治。一国的法律体系中，宪法是最高法、根本法。正如习近平总书记所说，“保证宪法实施，就是保证人民根本利益的实现”。宪法的有效实施，要求其他法律法规与宪法相违背时，能够得到快速而果断的制止和追究。对此，我国宪法将“监督宪法的实施”职权赋予了全国人大及其常委会，使其有权撤销同宪法和法律相抵触的行政法规。从这个角度看，此次全国人大常委会依职权废止劳教制度，正可感受到宪法实施的脉动。

在法治的长征中，当我们若干年后回望劳教制度的废止时，或许能够清晰感受到这一时刻的历史性意义。废除劳教清除的不仅仅是违宪的旧规范，清洁的也不仅仅是法律制度的肌体健康；在更大的意义上，它见证了制度文明进步的力量，折射出上下互动共同推动法治中国的共识。

（2013 年 12 月 30 日刊于《人民日报》，作者傅达林）

三、讲究接近性

所选新闻选题应跟随大政方针，紧贴本地生活，锁定关注的热点，才能发挥评论的最大价值。

比如，面对 2016 年的马蓉王宝强离婚事件，素来不谈论娱乐新闻的官方媒体新华社发表评论文章，《炒作家丑令人不齿》，揭露离婚的本质是为了炒作，并对这种炒作行为进行了无情的鞭笞。

炒作家丑令人不齿

今天上午，备受关注的某明星离婚案官司与名誉权纠纷案，在北京市朝阳区人民法院召开庭前会议，引发大批媒体和群众围观。作为影视明星，把家事当公事，拿炒作家丑来扩大社会影响，实在令人不齿。

常言道：“家丑不可外扬。”普通人尚且明白这个事理，作为影视明星更应明白。发生家庭婚变，一般人都会低调处理。作为某些影视明星，却是唯恐天下不知，又是微博发布，又是在新片发布会上大讲此事，把家丑放到如此巨大的舆论场中并持续发酵，形成强大的关注度效应。这种违逆中国传统道德，利用家丑来造影响的行为，真是毁人“三观”。

正如一些网友所称，一场本很正常的婚变，竟带火了其执导的影片，使其未映先火。沸沸扬扬的离婚事件，不过是为了公司利益而精心策划的一出闹剧。试想，当这些信息被媒体报道放大，一次次引爆各大社交媒体平台，网友再讨论，形成新的所谓“线索”，从而形成叹为观止的互动效应。难怪有网友一针见血地指出，这种炒作家丑的行为，已经成为影视娱乐公司内部的一种“赢利模式”。

一场“明星离婚闹剧”透出如此吊诡的味道，而一些媒体、商业网站和营销平台利用“明星效应”去跟进时，广大网友其实是被利用了，无形当中成了有关推手的造利工具。

也许，围在朝阳法院门口的媒体和群众迟早会明白，其实一个明星的婚变和一个普通人的婚变并没有什么区别，是利益让它产生了区别。

（新华社北京2016年10月18日新媒体专电，作者徐祥达）

第三节　立论的要领

一、立论要鲜明

新闻评论的立论应该鲜明干脆，一就是一，二就是二；对就是对，错就是错。模糊的立论只会带来模糊的文章倾向，这就成了探讨性文章而非立论鲜明的评论。

比如，春节燃放烟花爆竹是否应该管制的问题，有人认为是中国人的民俗活动之一，不应该完全废除，还有人认为时代在进步，烟花爆竹污染空气，存在安全隐患应该废除。

二、立论要有力

倘若立论肤浅，评论的意义何在？倘若立论超人，禁不起推敲，文章也就意义不大。

如报考公务员热的问题。很多人一听到百万人报考公务员，第一时间会说人人都在想报考公务员说明社会其他行业的吸引力下降，年轻人更加功利，害怕吃苦。但是很少有人会真正为报考公务员的主角们去思考问题。下面这篇评论立论有力。

考不上公务员的年轻人怎么办

最近几天有这么两则乍看起来毫不相干的消息。

一则是有关2017年国家公务员考试情况的新闻。报道称,此次国考网上报名人数为211.5万人,通过资格审查的人数是136万人,而在今年招考的980个岗位中,“民盟中央办公厅接待处主任科员及以下”一职,报考人数竟多达9837人,以其报名者最多、竞争比最高而成为今年国考的“最火职位”。人社部发言人道出了其中缘由,“主要是因为这些职位的学历、专业或者工作经历等方面的要求相对比较宽泛,考生选择余地比较大”。在京工作,这自然也是最具吸引力的条件。相比较而言,那些工作地点在偏远的基层、工作内容比较专业且工作比较繁重的职位,报考者就很少,甚或无人问津。

另一则消息说的是警察在风雨中救下轻生女的故事。据报道,10月22日晚,台风“海马”肆虐,将整个杭州城笼罩在狂风暴雨中。在开发区某幢19层建筑的顶楼天台上,却有一名21岁的何姓女孩要轻生,经民警两个多小时的反复沟通劝导,女孩终于放弃了轻生念头。报道的重点在于强调民警劝说女孩时说的一句文绉绉的“琼瑶式”台词:“相信我,握住我温暖的大手!”

这两则貌似风马牛不相及的消息,其实涉及的都是有关年轻人就业的问题。在让人叹为观止的国考大军中,既有明年即将走出校门的大学生或研究生,也有近年“沉淀”下来的各类毕业生。毕业生之所以对公务员趋之若鹜,主要是因为社会提供给他们公平竞争的机会相对稀缺,无论如何,国考的难度、竞争的激烈和残酷程度,都决定了登上这个“天梯”是需要有些本事的,尽管岗位少,但对考生来说却是平等的。

在我们对此感慨的同时,往往忽略了背后的另一个事实,那就是即便这980个职位都能招到适岗人员,却依然还有数百万人需要另谋生路,解决吃饭问题。面对这么庞大的待业人群,有人认为不必担心,按说这一代年轻人家庭条件基本上都不错,适当地啃一啃老也不会影响父母的生活。试想想,一个正值青春年少精力旺盛活力四射希望能一展才华的姑娘小伙儿,整天窝在家里饱食终日,无所事事,别说父母看着烦,“当事人”怕是都会变得日益焦虑、烦躁。对于那些来自农村无老可啃却“漂”在各个城市的毕业生来说,房租、日用开销可都是一笔不小的开支。这一相当数量的“无业游民”大军的存在,对个人、对家庭、对社会来说可不是什么好事情。

记得以前有毕业生问及某知名人士，说自己找不到工作该怎么办，该人士给出的建议是希望他们能自主创业，也希望他们能到边疆去，到农村去。这些主意其实也经不起推敲。自主创业的建议有种“何不食肉糜”的感觉，而到边疆去、到农村去的口号，也有点“站着说话不腰疼”之嫌。

自主创业和上文中的第二则消息有关联。由于报道的着眼点在于对民警救人中温情表达的赞赏，有关女孩的信息却少有提及。根据21岁的年龄就已创业失败来判断，何姓女生应该是在读大学的阶段就已经开始创业了。对于不谙世事的大学毕业生甚或研究生来说，自主创业何其艰难？慢不说资金、经验、有前景的项目这些实实在在的问题，单说在应试教育下培养出来的学生，能有几个具有创业创新的能力？

其实，对于很多毕业生来说，能在别人创的“业”中找到一份适合自己的工作，踏踏实实地做下去，能养活自己，把自己的日子过得体面些、有尊严些，就已经很不错了。在经济不景气的时期，有“业”的能守得住已是万幸，大可不必让初出茅庐的学生进行一场创业的豪赌。在他们这样的年纪，勤工俭学倒是不妨试试。

到边疆的主意也有点不切实际。无论是国家的发展政策，还是居民的收入水平，东部沿海开放城市都甩出边疆地区好几条街，仅凭描绘美好的蓝图、空疏的理想和一腔热血，是解决不了生计问题的。所以，即便是国家公务员考试，边疆的职位也缺乏吸引力就在情理之中了。

至于说到农村去的建议，也不会成为很多人的选择。因为许多大学生都是从农村出来的，或者其父母就是走出农村，以“农民工”身份“暂住”在城市的，毕业后反而要他们去农村，进行新一轮的上山下乡，估计他们是不会愿意的。即便是如今许多去当村官的大学生，其目的仍是为了曲线回城，而且他们帮助农民脱贫致富的能力也很有限。

说到现在的就业难，也不排除其他因素的存在。比如毕业生只想找那些工资高、福利好而且清闲不累的工作，在挑肥拣瘦中自然就错失了很多就业的机会。不过大多数学生还是愿意吃苦、踏踏实实工作，过一种普通平常生活的。这个时候，或许真的需要有能力的人，都像那位救人的警察一样，“伸出你温暖的大手”拉他们一把，为他们今后真正的创业打好基础，因为年轻人的潜能确乎不可限量，给他们一个平台，没有什么不可能！

（2016年10月31日刊于《北京青年报》，作者马建红）

三、立论要新颖

新颖是指立论有新角度，做到平中见奇、旧中出新。比如，最近较热的女大学生裸贷事件。很多人的第一反应是认为女大学生不能洁身自好，属于咎由自取。但是，实际上，很多的女大学生属于失足性质，很多人还清了贷款，却仍然被曝光，她们才是整个事件的最大受害者。

“裸条”事件，皆因女大学生爱虚荣？

今年6月，女大学生“裸条”借贷一事闹得沸沸扬扬，而在11月份，10G“裸条”照片和视频资料的流出引爆了舆论热点，媒体整理归纳后发现，压缩文件内容涉及161位女性，年龄段集中于17岁到23岁之间。从具体所属的市县来看，绝大多数借款人籍贯为三四线城市，且居住地在农村的较多。

年轻女孩贪图享乐而出卖色相的说法，并不是第一次出现。十多年前，暴力胁迫女孩卖淫事件高发，犯罪团伙瞄准那些刚刚开始进城务工的农村女孩，利用她们涉世未深的特点，哄骗到私密房间内，暴力殴打，强奸或者轮奸，彻底摧毁她们的自尊，然后卖给鸡头。因为卖淫收入来钱比打工要快，并非每个人都会努力逃跑，因此总有一部分女孩自愿做了下去。如果从结果来倒推，完全可以批判，当年这些农村来的年轻女孩子，怎么这样没有自尊、这样不顾廉耻，好逸恶劳、贪图享乐！

笔者认为，如今的“裸条”，不过是当年胁迫卖淫的一个翻版。放贷者瞄准的目标，依然是那些刚刚进城的农村女性，只不过，变换了另外一种手法。事实上，学习氛围偏弱的学校，更容易片面地接受社会对女性的物化。在一些人眼里，如果一个女生不漂亮、不瘦、不化妆、不时尚，简直就是一种“犯罪”。其实，经济发展不均衡的人群，被同样的消费标准要求，弱势者会变得更为弱势。

而“裸条”的贷方，营造出来的骗局，更是超出了一般小女生的认知。在这个层面上责骂她们的愚蠢，无异于责骂当年被胁迫的女性，为何那么容易被骗到房间内强奸。

有的女生本来只借了5000块买手机，可是她低估了“裸条”的疯狂，发现自己已经还不起。此时，如果有一个可以信赖托付的家庭，问题也完全可以请父母支援解决。可以想象，多少家庭中只是将女孩作为负担，买手机不支持，欠债更不会支持。情急之下，她会开始向更多的高利贷者拆借。拆东墙补西墙的结果是，越欠越多，有人欠账高达八九万元。此时，借贷方恩威并用，一方面用卖淫作为化解债务危机的出路，另一方面用裸照作为胁迫尊严的威慑，主动地哄骗她们出卖身体。

如果非要将指责的起点，放在年轻女孩对美好生活的错误理解和虚假向往之上，这不过是放弃了整个社会的责任，换一个说法，也就是弱势人群都是自作自受。弱势人群在社会中的弱势地位，本身就决定了他们拥有更少的和社会谈判与交易的能力。胁迫卖淫、电信诈骗、非法传销，哪个不是利用信息上和能力上的差异，来让弱势人群落入更为困窘的地步。

如果舆论围绕着一群受害者去批判，放弃对加害者的追究，放弃对不规范金融产品的约束，放弃对社会整体责任的探讨，最终的结果，不过是在丛林社会中指责弱者不够强大。而社会的责任，恰恰是去帮助到弱势的群体，不让他们的生活更加悲惨。“裸条”事件，女学生不应该成为被指责的对象。

（2016 年 12 月 8 日刊于《新京报》A04 版，作者姚遥）

第四节　具体的写法

在评论的写作过程中，可以采用引证法（引用经典语录、约定俗成的言论、生活常识等来证明论点）、例证法（举出具体实例来支撑评论的论点可以增强文章的说服力）、驳论法（通过证明与自己观点相反的论点的错误来证明自己观点的正确）等多种写法。

新闻评论贵在独立思考。可时下一些媒体尤其是网络媒体由于评论员人数有限，往往对外招揽一些特约评论员，这些评论员为了完成稿件任务，少掉了独立思考的关键环节，而是人云亦云，致使观点重复，毫无新意，让人读后昏昏欲睡。当有人提出另外一个角度，又会有一批评论员跟风，让人厌烦。有时候先不看评论论证有多么严谨，用词多么准确，但只要看到一个新鲜的观点，就让人印象深刻。

比如，教学生混社会的爆粗口老师视频，很多观点认为该老师话糙理不糙。笔者却认为很多评论员并未仔细去听视频内容，并未仔细去思考问题的严重性。

教学生"混社会"违背育人理念

近日，山东菏泽一名中学男老师在课堂训话，传授学生如何"混社会"，其间脏话不断，视频传出，引发网络热议。随后，当地教育部门做出回应，对该教师做解聘处理，同时对该教师所在中学予以全区通报批评，并责成该学校进一步加强师德教育，杜绝类似事件发生。

有网友还为该教师受处分鸣冤叫屈，说他话糙理不糙，笔者却认为该老师说的话实在是糙到硌牙。他的话看似在向学生说一些江湖"大实话"，揭露一些社会"潜规则"，传递的却是一种错误的价值观、人生观和世界观，用时下流行的话讲，这是一锅"毒鸡汤"。道理很容易理解，无论怎样的江湖规矩、丛林法则，都要以法律作为底线。可该老师说，对惹了自己的人，要打断他的腿，甚至弄死他，这种"以暴制暴"的价值观念输出容易让学生误入歧途，将来遇事只懂得用"拳头"解决问题，到头来只会害人更害己。该教师还说，只要奋斗成功，别人就不敢把你如何。笔者不禁要问，难道努力奋斗的目的就是为了让别人不敢把你怎么样？假如真有一天奋斗成功了，难道就可以恣意妄为，无视法律法规，违背做人做事的底线，轻视甚至是无视别人的存在吗？

教师是太阳底下最光辉的职业，是人类灵魂的工程师，他们的职责不仅在于教书更在于育人。唯有言传身教、以身作则，使学生树立正确的"三观"，才能让他们在步入社会后即使面对着可能存在的所谓的黑暗面、潜规则，心态依然可以积极、乐观，在稍有能力的时候能够不断消除所谓的"潜规则"，真正促进社会的不断进步。

（2016 年 12 月 6 日刊于《南昌日报》，作者黄仕琼）

除了上述的"无病呻吟，毫无新意"误区，评论作者还需要规避"观点不明，角度过多""论证空洞，对策连缀""高高在上，故弄玄虚""语言艰涩，矫情拖沓"等误区。

一、评论标题的写法

新闻评论的标题基本要求是准确贴切、简明扼要，贵在鲜明生动、文采斐然。

（一）开门见山式

这是最常用的新闻评论标题写作方式，让人一眼便知作者想表达的观点。例如：

《"特事特办"应淡出历史舞台》（2016 年《半月谈》第 4 期）

《用铁的纪律选出好干部》(2016 年《半月谈》第 9 期)

(二)反问式

反问式有助于加重语气。例如:

《以死岂能"谢"罪?》(2015 年 12 月 31 日新华网评)

《学生减负为何家长不买账?》(2015 年 12 月 13 日新华网评)

(三)对比式

对比让人眼前一亮,印象深刻。例如:

《推动"双创"既要"硬政策"也要"软环境"》(2016 年《瞭望时评》第 22 期)

《以农业供给侧改革变"老短板"为"新动能"》(2016 年《瞭望时评》第 20 期)

(四)期待式

在标题中表达作者、民众、媒体的期待,语气平和,富有建设性。例如:

《期待教育改革推动个性回归》(《人民日报》2014 年 12 月 17 日第 5 版)

(五)文采斐然式

以比喻、引用、排比、对偶等修辞手法展示生动的文采,深入浅出,通俗易懂,以魅力十足的文字吸引读者关注。例如:

《突击提拔,注定埋下"定时炸弹"》(《人民日报》2014 年 11 月 27 日第 5 版)

二、评论开头的写法

(一)开门见山亮观点

作者在评论开头开门见山亮出观点。例如,赵婀娜的《期待教育改革推动个性回归》是这样开头的:

恢复高考 30 多年来,这一影响着、改变了亿万人命运的考试,走到了改革的又一个关键路口。

(二)举例带出话题来

姜赟的《当好记者　讲好故事》(《人民日报》2014 年 11 月 20 日第 6 版)是这样开头的:

从埃及、利比亚,再到叙利亚,《人民日报》记者焦翔把青春绽放在弥漫硝烟中;从汶川地震、钓鱼岛巡航,再到南海维权,新华社记者孙铁翔让人们读懂中国军人的字典里只有进没有退;从生命最后 14 天的孔繁森到守岛 28 年的王氏夫妇,《光明日报》记者郑晋鸣半生写好人;从结识郭明义到受其影响加入中国共产党,东北新闻网的李理让正能量在网络上荡涤出晴朗天空……

（三）巧用修辞增韵味

张洋的《法治，推动中国前行的力量》（《人民日报》2014 年 10 月 21 日第 5 版）是以设问这种修辞开头的：

举世瞩目的十八届四中全会开幕了。会议的主要议题，是研究全面推进依法治国等重大问题，会内会外关于法治的讨论不绝于耳。其中，有这样一个焦点问题：法治的力量究竟有多强？

《别让权力成为亲情之痛》（《人民日报》2014 年 12 月 12 日第 5 版）是以引用这种修辞开头的：

“一人不廉，全家不圆。”为父母官，需要为权力坚守什么？父母为官，又该给孩子留下什么？值得每一个从政者深长思之。

三、评论正文的写法

（一）并列式

这种写法，通常每段的头一句是并列性质的句子，层次分明，让人一目了然，且彼此顺序可以调换。

以《人民日报》2015 年 12 月 18 日第 4 版刊登的本报评论员文章《建立新的全球互联网治理体系》为例，第三段的开头句（“多边、民主、透明是基本遵循”）和第四段的开头句（“和平、安全、开放、合作是重要的价值理念”）就是并列的。

建立新的全球互联网治理体系

网络空间同现实社会一样，既要有自由，也要有秩序；自由是秩序的目的，秩序是自由的保障。在这样一个用户数量达 32 亿的全球网络空间，良性的运行规则是必不可少的。“尊重网络主权；维护和平安全；促进开放合作；构建良好秩序”，习近平总书记在第二届世界互联网大会上提出的这“四项原则”，着眼推动建立多边、民主、透明的全球互联网治理体系，阐明了推进这一变革应该坚持的理念准则，引起与会嘉宾共鸣，赢得国际社会认同。

互联网是一把“双刃剑”，是“宝库”还是“魔盒”，取决于国际社会的治理水平和能力。一方面，随着世界多极化、经济全球化、文化多样化、社会信息化深入发展，互联网对人类文明进步将发挥更大的促进作用。另一方面，从不同国家和地区的信息鸿沟，到现有网络空间治理规则的不完善，再到网络恐怖主义活动等全球公害，互联网领域发展不平衡、规则不健全、秩序不合理等问题日益凸显。这些问题和挑战表明，只有推动互联网全球治理体系变革，建立新的全球互联网治理体系，互联网才能更好地造福各国人民。

建立新的全球互联网治理体系，多边、民主、透明是基本遵循。主权平等原则是当代国际关系的基本准则，其原则和精神也应该适用于网络空间。网络空间不是“法外之地”，不容无序运行。只有尊重网络主权，尊重各国自主选择网络发展道路、网络管理模式、互联网公共政策和平等参与国际网络空间治理的权利，全球互联网的共享共治才有前提。只有构建良好秩序，坚持依法治网、依法办网、依法上网，让互联网在法治轨道上健康运行，同时加强网络伦理、网络文明建设，用人类文明优秀成果滋养网络空间、修复网络生态，全球互联网才能良性运行、健康发展。

建立新的全球互联网治理体系，和平、安全、开放、合作是重要的价值理念。一个安全、稳定、繁荣的网络空间，对各国乃至世界都具有重大意义。网络空间，不应成为各国角力的战场，不应成为“扳倒”他国的工具，更不能成为违法犯罪的温床。因而，维护和平安全，应当也必须成为全球互联网治理的基本要求。“天下兼相爱则治，交相恶则乱。”各国推进互联网领域开放合作，推动彼此在网络空间优势互补、共同发展，才能实现互利共赢，让更多国家和人民搭乘信息时代的快车、共享互联网发展成果。

“志合者，不以山海为远。”国际社会坚持相互尊重、相互信任，加强对话合作，致力推进互联网全球治理体系变革，共同构建网络空间命运共同体，就定能实现全球互联网善治，让互联网释放出造福人类的强大正能量。

下面的新华网评《各行业如何驶入供给侧改革的“快车道”》[1]，其正文第四、五、六段也是并列论述的。

各行业如何驶入供给侧改革的“快车道”

从2015年11月10日到18日，中央四次提及“供给侧改革”，从那以后，“供给侧改革”屡屡见诸各大媒体的新闻报道之中，成为当下中国政治经济领域的热门词汇。

所谓供给侧改革，主要是相对于过去的宏观调控手段而言。以往，我国政府的宏观调控主要着力点在需求侧——投资、消费、出口“三驾马车”。如今，消费占比过低的时代已经渐渐远去，但供需结构性失衡、错配的问题浮出水面。比较常见的例子是，我国传统的大量中低端消费产品生产过剩，卖不动；而高端消费品造不出、造不好，逼得国内消费者只能海外扫货。这折射出了我国长期对“供给侧”管理的疏忽，造成今日生产无法满足需求的窘况。供给侧改革主要就是针对供需错配的问题，注重经济结构的持续优化，让劳动力、土地、资本、创新四大要素实现最优配置，提升经济增长的质量。

对于各个行业的发展，供给侧改革意味着什么？又该如何搭上这一改革的顺风车，顺利进入“快车道”？

首先，必须淘汰落后产能，化解产能过剩。这需要相关部门和企业拿出壮士断腕的决心和气魄，一方面通过综合利用“互联网+”、国际产能合作等方式拓宽国内外市场，逐步消化过剩产能；另一方面，运用政府审批手段严格控制新增产能，设定全国总量“天花板”，对环保、能耗、安全生产等不达标的企业以及“僵尸企业”坚决予以关停，通过兼并重组等方式提高产业集中度。当然，在此过程中要创造新的就业空间，为从业者转岗再就业做好服务。

其次，充分发挥创新引擎的推动作用。改变企业旧的组织架构，实现流程再造，转变生产模式，以适应新的消费需求，用创新的思维方式来应对新问题、新挑战。比如，对于日用消费品生产行业，如今的消费者已经不甘于“你生产什么，我就消费什么”的供需模式，他们更钟情于个性化定制，希望企业能够按照自己的想法设计、生产商品。在这种情况下，企业若还是像以前那样，一门心思埋头搞生产，不去了解消费者的需求是肯定不行的，必须更多应用互联网技术、互联网思维去了解用户、分析用户。

还有一种是通过技术或渠道创新，挖掘出隐性的市场需求，进而催生出新的业态。比如，自 2013 年诞生的互联网金融就源于余额宝的推出。它让广大消费者知道原来还有货币基金理财这么个投资渠道，收益率比银行活期高得多，存取却和它一样方便。这一产品本质上就是渠道创新，把线下的理财产品搬到了线上，让中国人渐渐了解、熟悉并习惯了互联网金融，使得这一新兴业态迅速发展壮大，让整个金融行业普惠大众的目标更近一步，从而为“双创”、中小微企业的资金融通打开了一片广阔的空间，给中国经济的转型发展注入活力。

中国经济进入新常态，这将是一路风雨伴彩虹的旅程，对于各个行业来说也是一样。焕发新生，不仅要用猛药医治旧疾，也要用创新的理念和行动勇于开拓，披荆斩棘。“雄关漫道真如铁，而今迈步从头越”，前路虽非坦途，但我们志比金坚。

（二）层层递进式

这种写法，正文各段落的观点是层层递进、环环相扣、次序不可颠倒的。

1998 年 12 月 2 日《中国青年报》发表的“冰点时评”《国旗为谁而降》（作者郭

光东[2]),就是如此论说的一篇评论。

1990年颁布的《中华人民共和国国旗法》第十四条第二款规定:“发生特别重大伤亡的不幸事件或者严重自然灾害造成重大伤亡时,可以下半旗致哀。”今年我国发生洪水的河湖之多,时间之长,水位之高,损失之大,为历史罕见,更为《国旗法》颁布以来所仅有,当属“严重自然灾害”;洪灾中,人员死亡达3656人,当属“造成重大伤亡”。尽管《国旗法》对严重自然灾害造成重大伤亡时下半旗规定的只是“可以”,不是“应当”“必须”。但如果一次灾害死亡3656人还不能适用这一法条的话,不知这一规定几时才能派上一回用场。

事实上,国旗不仅是国家主权和民族尊严的象征,也是民族精神和民族凝聚力的体现。而下半旗正是一种由中央政府以全体国民的名义举行的哀悼仪式。它不但能给予死难者的亲人以莫大的精神慰藉,再次体现抗洪斗争中全民族的强大凝聚力,而且更有助于增强每个公民的国家观念和爱国情感,使人真切地感受到自己是祖国大家庭的一员,从而激发为国奋斗的热情。

遗憾的是,我国还从未有过为一般民众下半旗的先例。古代的礼制,其实质是正名分,巩固等级制度。《礼记·曲礼》曰:“礼不下庶人”,一直是西周以来的一条重要原则。及至现代民主政体确立,“礼”理所应当下及“庶人”,因此我国现行《国旗法》规定,除了国家重要领导人逝世应下半旗外,对国家做出杰出贡献的人、对世界和平或者人类进步事业做出杰出贡献的人逝世,以及因不幸事件、严重自然灾害造成重大伤亡时,也应或也可下半旗致哀。这项立法反映了社会进步,无疑使我国的降半旗制度走上了民主化、规范化的轨道。

但从目前实践和人们的观念看,下半旗的对象还仅限于逝世的国家重要领导人,其他几类对象尚未予以充分重视。比如,在洪灾刚过的9月21日,我国依法为不幸因病逝世的杨尚昆同志下半旗致哀;而3656名普通民众在洪灾中死难则几乎与此同时。

值得一提的是,就在我国洪灾前的1998年6月3日,德国一列高速列车出轨,酿成德国近50年中最惨重的铁路交通事故,100人死亡。事故次日,德全国降半旗致哀。

两相对照,没能为36倍于德铁路事故死亡人数的我国洪灾死难者降半旗,我宁愿看成是有关部门的一时疏忽。倘若今后再有我们不愿其发生的重大伤亡,请切记关注《国旗法》的相关法条,以下半旗的仪式寄托全国人民的哀思,体现国家对普通公民生命的珍重。

干部和农民捆在一起 赔钱分摊 赚钱分红
"官农股份制"冒头
冰点·新闻
法庭：不再神秘
国旗为谁而降
让你调查你别说
零点调查公司被告上法庭
生命无价
沉重的谎言

图7－1 《国旗为谁而降》截图

四、评论结尾的写法

（一）信心式

这种写法是在评论结尾时写上一段表示有信心的话，其实也是一种对未来的展望。例如，评论《以"四个自信"占领反腐新高地》是这样结尾的：

面对反腐败斗争的新形势新目标，我们要信心百倍、成竹在胸，踏石留印、抓铁有痕，占领反腐新高地，不断开创全面从严治党新局面。（2016年1月20日）

（二）呼吁式

这种写法是在评论的最后以呼吁结尾，也是一种对有关方面的期待。例如，新华网评论《在传承党的红色基因中坚定理想信念》是这样结尾的：

"行程万里，不忘初心。"习总书记重上井冈山，所传递出的乃是不忘革命传统、传承红色基因的深刻寓意。广大党员干部一定要坚定执着追理想、实事求是闯新路、艰苦奋斗攻难关、依靠群众求胜利，让党的红色基因在传承和实现理想信念的世纪征程中放射出新的时代光芒。（2016年2月5日）

评论《他们，为什么能站上这舞台中央》也是这样结尾的：

"网络无疆、人间有爱、大美无言、草根有力"，让我们带着感动上路，走到花开

满地,走到绿树成荫,走出每个人生命中独一无二的风采。(2016 年 1 月 18 日)

(三)对策式

这种写法是在评论的最后提出一项或若干对策,其实就是建言献策。例如,评论《推动“双创”既要“硬政策”也要“软环境”》是这样结尾的:

优化和提升双创软环境,更需要全社会协同推进,打造“创新友好型”社会环境。“双创”的核心在“创”,而基础却在“众”,要集众人之智、汇众人之财、齐众人之力;要在全社会弘扬创业创新文化,让人们在创造财富的过程中,更好地实现精神追求和自身价值;要培育传统社会价值观中有所缺乏的鼓励探索、鼓励原创、宽容失败的文化,进一步弘扬创业企业家精神,最终激发起全社会的创造活力。(2016 年《瞭望时评》第 22 期)

参考资料:

[1] 唐华,网址 http://news. xinhuanet. com/comments/2016-01/08/c_1117717361. htm。

[2] 当时是华东政法学院三年级研究生,后来担任南方周末报社编委兼评论部总监、新闻部执行总监。这篇作品的创作、发表过程,详见 http://msh01. blog. sohu. com/162311519. html。

第五节 在《人民日报》发表评论的心得[1]

徐新林,江西省丰城市秀市镇公务员,出生于 1962 年,热爱写作,30 多年笔耕不辍,评论稿屡上《人民日报》头版,他是如何做到的?2016 年 4 月 11 日上午,徐新林应邀在南昌大学讲台向研究生们分享自己的评论写作经验。《中国记者》2016 年第 6 期刊发了他这次演讲的主要内容:

作为一名乡镇干部,工作之余,我十分痴迷于评论写作。至今,已在各级党报刊发评论稿200多篇，其中，《人民日报》用稿22篇，并有10篇上了一版“今日谈”。辛勤付出，也有喜悦的回报，20世纪90年代，我的工资收入每月只有360多元时，有一年得到的稿费、奖金就有9800多元；2015年，稿费加奖金达到9.3万多元。

作为一名基层干部，我是如何爱上写评论的？又如何坚持30多年不放弃？我身处最基层，怎么才能提高投稿命中率？下面，我就近年来评论写作与投稿谈谈个人的粗浅认识，与同行交流。

一、兴趣是最好的老师

我写评论，纯粹是个人兴趣。爱因斯坦说过：“兴趣是最好的老师。”这就是说一个人一旦对某事物有了浓厚的兴趣，就会主动去求知、去探索、去实践，并在求知、探索、实践中产生愉快的情绪和体验。

怎么才能有兴趣而且又能有成就呢？

兴趣可以培养。世界上没有任何一个人是一出生就注定只能干某一行，很多时候都是受环境影响。打一个不太恰当的比方，一对外国夫妇生个孩子，假如这孩子一生下来就由北京人抚养，跟着学说北京话，吃北京味，试问，这个孩子还能说外语、吃西餐吗？这就是环境的作用，是北京的语言、生活环境培养了小孩的兴趣。生活中，有人看了几次好风景后，就产生旅游的想法，继而又萌动摄影的热望，最后成为自然风景摄影家，这就是兴趣的作用，其中，就有兴趣培养的过程。

兴趣需要坚持。人们要想在某个方面取得成果，凭一时的冲动很难实现，我们必须有耐力、长期坚持。著名科学家达尔文因一次考察，对加拉帕戈斯群岛上动物外型的异样产生兴趣。之后，达尔文用了22年的时间写成《物种起源》一书，提出进化论，推翻了“世界上的一切生物都是上帝创造的”这个亘古不变的说法。

兴趣应当专注。其实，兴趣敏感的人都生而有之，只不过，有的人由于兴趣太广泛而造成对什么都一知半解；也有的人经不住诱惑，今天对这个目标感兴趣，明天又对另外一个目标感兴趣，最后，都应了“艺多不供家，崽多不供爹”的古训。比如：有人看到某人官越当越大，或者某人当上了老板，觉得自己并不比他们差，为何就只能清苦地写写文章呢？我觉得，这样认识就错了，因为，人家的兴趣本来就是一心想做官、当老板，人家一直坚持不懈地追求，而你不是，也不行。看到什么都眼红心跳，那有可能到头来什么都不是，终将一事无成。

兴趣应耐得住寂寞。仅有兴趣，不可能一开始就很“风光”，甚至有可能一辈子都“风光”不了。因此，在写作的道路上，我一直信奉意大利文学家但丁的名句：“走自己的路，让别人去说吧！”1986年，我在一所村小学教书。有一天，我在办公室看报纸，有人来到我身边，一把将我手中的报纸夺去，冷冷地说：“这么大一份报纸，怎么净登别人的文章，你写的都沉到大海里去了？”从此，我发誓，我一定要写出能登报的文章！

二、机遇光顾有准备的人

执着于写评论的我，时刻都在关注着身边的每一件事、关注着生活中所有的点点滴滴。我始终坚信，机遇总是光顾有准备的人。如何做到有准备呢？我以为应从以下几方面努力：

一要勤学苦练。要想多用稿，勤学是基础。学习是多方面的，从小学到大学再到研究生是学习，这是系统的基础学习。但我觉得，光拿文凭还不够。像我，只是个师范毕业生，而且，我还是学物理教学的。毕业后，利用业余时间，我又相继自修了“汉语言文学”，自学考试“马列主义理论”专业、广播电视大学“新闻”专业等课程。除此之外，读书看报也是学习，每天坚持看6种以上的报纸成了我的习惯。

另外，我还有一个习惯，平时看到一些生动感人的故事及时记下来，领导在布置工作时的一些经典语句，群众说的一些顺口溜等都记住；有时，晚上想到一个什么主题，我都要翻身起床记下来。这样，日积月累，知识就能丰富，写东西就能得心应手。一个从来不读书看报，不关注身边事物的人，不太可能写出好文章。

写文章，苦练是关键。熟能生巧，写文章也和学技术一样，要有“工匠精神”，有了理论，多实践、多动手才能精通。有的小伙子没有耐心，比较浮躁，投几篇没用出来就失去信心。初学写作的年轻人，你可能投100篇才能用1篇，如果你投了99篇就放弃，那成功的喜悦就永远没你的份。倘若你执着地坚持下去，也许，在不久的将来，你投100篇有90篇以上能见报。

二要善于思考。有的评论作者总觉得没什么可写，但当看到别人见报的稿子时，好像自己身边也发生过类似问题，值得评论。出现这种情况，就是善不善于思考的问题。所谓思考，就是对身边的人物、事件多关注、多留意、多问几个为什么。有思考才能有思想，才能形成创作的冲动，思想的火花也就能迸发出能量。

三要抓准问题。投向报社的稿件，许多人梦寐以求希望见报。但很多情况下往往是稿源多，但真正适合用的却是少数。而决定稿件质量的因素，有时就在于作者是否精于点点滴滴，是否能抓准问题。

有这样一个故事：两个女大学生同时进入一家公司，经过一段时间，一个升为经理，另一个不服气。公司老总决定测试一下，分别叫她们到市场上问一下螃蟹是什么价格。回来后，老总先问不服气的员工，她只说了多少钱一斤。老总再问升了职的员工，得到的答案是：现在价格多少，大的小的各是什么价格，哪家便宜一点，前几天的价格大概是多少，如果是自己吃的话，买什么价位的，如果是送人建议送什么类型与价位的，等等。

同样交代一件事，一个人只是机械地照做了，而另一个人却发挥主观能动性带来了与之相关的大量信息，这些信息将会给领导科学决策提供更多有价值的参考。同理，对于写稿的人来说，有时，作者与作者之间的差别就在于这些不经意的点滴之中，在于作者能不能抓准问题。能否抓住问题的差别，可能来自多方面，但主要恐怕还是在于平时的观察、思考和行动。

三、小故事评出民生“大”主题

我认为，基层作者写不了“大”主题，更不要刻意去追求写“大”主题。我们完全可以通过基层司空见惯、蕴含着厚重民生的某个小故事作为“点”，一滴水见太阳，结合当时的时政方针，讲好故事，分析原因，或呼吁，或提醒，以发表作者的观点和态度。

同时，评论主题往往可遇不可求。我所发表的评论稿，绝大多数主题都是在路上“捡”到的。我在这里讲两个“捡”主题的故事。

故事一：2015 年 6 月下旬，我遇到一位找市行政服务中心办事的农民。他说，问了好几个路人，却被指引到离行政服务中心还有 2 千米的市政府大楼来了。由此，我联想到平时在城里之所以经常遇到有人问路，是因为城市缺少路口指路牌。安装指路牌其实是件很简单的事，路牌缺失，反映干部为民服务意识缺位。于是，我写了篇题为《解决好群众的小麻烦》的评论投给《人民日报》“今日谈”，6 月 28 日就用出来了。

故事二：有一次开车送个人去某中学办事，发现学校旁边的红绿灯南北方向左转通行时间只有 10 秒钟。学校处在新城区，之前刚建校时，很少有汽车通行，红绿灯设置多长时间都无所谓。然而，经过好几年，新城区热闹起来，私家车拥有量迅猛增加，开车接送孩子的家长不在少数。有关部门却完全忽视了情况的变化，10 秒钟绿灯一直未改，由于每次只能过 3 辆左右的车，造成交通拥堵现象时有发生。

想到目前很多地方，公交改线了，站台上的路线图却久久没有更改；干部调离了，办事大厅告示牌上还有他的照片、电话等等，便写了篇《公共服务得“赶趟”》的评论，2015 年 11 月 29 日就在《人民日报》“今日谈”见报。不久，江西电视台都市频道播发的南昌市内建地铁时，一些道路设置了改道行进红绿灯，可是，地铁围挡拆除很长时间，红绿灯都没更改过来，使过往司机很迷茫，意见也很大。这说明，我那篇评论切中了时弊，是民生大事。

以上的故事说明，评论要接地气，要从现实生活的最底层找话题，找最小的话题，坐在办公室里凭空想象，以高大上的姿态，很难写出有血有肉的东西。

另外，一篇作品的产生，有时虽然仅仅只需要一个小小的提示，可这却是长时间研究、观察某一现象而有所发现的结果。观察必须辅之以思考，懒得动脑子的观察，只能是看热闹；浮光掠影的观察，则可能流于肤浅的感觉，这都是写不出有见地的评论的原因。

评论写好了，就要向媒体投稿。关于投稿，我个人的经验是——

四、投稿要克服两种心态

寸有所长，尺有所短，写文章也一样，永远没有最好，没有高手，只有更好，只有暂时领先。文章不怕千回改，多听听他人的见解，不可以自以为是，也不要羞羞答答怕见人。因此，打算向报刊投稿的人一定要克服两种心态：

一是自以为是。有的人自以为文章写得最好，不需要别人品头论足。评论虽然是作者个人观点的释放，但必须让受众接受，也就是说，你对某个人或某件事的评述，不仅仅只代表个人的主观意见，更要代表大众发声。自以为是，与指鹿为马没有什么区别，其所发表的观点也只能是强词夺理。我承认，写文章也像十月怀胎，自己身上掉下的肉，哪个母亲都认为自己的孩子是世界上最聪明、最漂亮的孩子，其心情可以理解。但无论你怎样认为，是骡子是马，总得牵出来遛遛。我那篇《有一种年礼叫“帮扶”》的稿子，就是和我们市委宣传部的干部讨论出来的，题目则是与市委办一个副主任商量定下的。

二是怕别人看了笑话自己。有的年轻人投稿时存在自卑心理，怕别人看了自己的文章后，不是帮助修改、提意见，而是拿其中某句话当笑料，或者怕人知道投出去的稿件没用而被人嘲讽。这样的人，你记住下次别让他看就是了。遇到挫折就打退堂鼓，这就正是某些心怀叵测的人想要的效果，因为，他又可以嘲笑你无能，不出他所料。

五、如何与编辑交流

投稿，免不了要与编辑交流。作为作者，在与编辑交流、交往时，我们也要理解编辑。有的作者总希望自己投的每一篇文章都用出来，有的甚至一时心血来潮，一天向同一家报纸或者同一版面投好几篇稿子，这样是很不妥的。

在人际关系十分微妙、复杂的年代，总有人把简单的事情想复杂。身边经常有人问我，你报社有熟人吧？有一次我们几个文友聚会，一名小学老师听文友介绍，说我在《人民日报》上了不少稿，那人一脸不屑地说："是通过熟人吧？"当时，我真有点愤怒。我不否认投稿用稿存在人缘关系，但有的关系是靠稿件质量、个人人格魅力建立起来的，是纯洁的、高尚的。

举一个自己与编辑交流的例子。2014 年 9 月 24 日，我接到《人民日报》"今日谈"编辑的电话，他告知，我投的题为《让孩子们懂得国庆》一稿已编为"今日谈"备用稿。接电话时，我都没问人家的名字。10 月 2 日，我在《人民日报》一版"今日谈"刊发了第一篇评论稿，见报稿改题为《懂得国庆，才知国家》。当天，稿件编辑吕晓勋发信息告诉我稿子见报的消息，我才知道编辑名叫吕晓勋，从此，我们结下了不解之缘。

2015 年 1 至 7 月，我连续在"今日谈"用稿 5 篇。用第五篇之前，他说我见报较多，让我取个笔名。我说，我是丰城人，丰城又有"剑邑"之誉，我便取笔名为：丰剑。吕老师很赞同。7 月 29 日的"今日谈"用稿《引进经验需要本土化》便用了笔名"丰剑"。2015 年 9 月 14 日，吕老师又发信息与我互加微信。虽然，我们一直没有见过面，甚至不知道他多大年纪，但他对每一位普通作者高度负责又谦虚温和的崇高精神境界，深深地激励、感动着我。

尽管我们已经是微信交流中的熟人，但我从来没有催问过用不用稿子的事，更没有向他要求过帮忙用稿之类的话。我们应该相信编辑能认真处理每一篇作者来稿。2015 年 7 月，我有一篇题为《完成指标不等于落实》的稿子，投稿时，我把手机号写错了一个数字，编辑编稿时想核对一个问题，他按稿子后面的电话打了 3 次，对方都说打错了，后来他又发信息，对方回复说是广西人。这个编辑却没放弃我的稿件，最后问到吕晓勋老师，才得知我的电话，并打了电话给我，说了事情的经过。这篇稿子 7 月 18 日在"今日谈"登出来了。由此说明一个道理，写出能让编辑眼前一亮的稿子，才是我们应该追求的目标。

六、投稿要研究栏目定位

报纸评论栏目很多，有的只谈党建话题，有的专门涉及经济，有的则侧重文化，有的专议民主法制，有的只聊生态环境，有的则对教育话题进行讨论，等等。下功夫研究栏目定位，抓住栏目特性，有针对性地选择合适的主题，投向相适应的栏目，才能提高命中率。否则，将经济类评论投给党建类栏目，写得再好也用不了。

当然，也有不设定主题的栏目，我们同样要琢磨透栏目对稿件的具体模式。像《人民日报》"今日谈"专栏的特点就是：

不预设主题——无论是新近发生的，还是身边存在的，只要是值得一议的现象和话题，都可进入“今日谈”视野。当然，栏目特别欢迎来自一线、接地气的鲜活题材，以小见大，居高声远。

不预设立场——或褒扬，或针砭；或倡导，或劝勉；或解惑，或释疑；或为当头棒喝，或为灌顶醍醐。只要符合主流价值，立论表达精当，你尽可开门见山、直抒胸臆。

不预设风格——无论是专业化的评点，还是拉家常的表达；无论是老到的辛辣，还是活泼的文风，都是这块“绿地”欢迎的类型，“群言堂”就是“百花园”。当然，杜绝“长假空”，唯求“短实新”，坚持三四百字的短小篇幅，是这个栏目不变的风格。

参考资料：

[1] 徐新林 2015 年在《人民日报》发表评论 10 篇（头版《今日谈》栏目发表 7 篇），2016 年在《人民日报》发表评论 14 篇（头版《今日谈》栏目发表 3 篇）。

第八章　英文采访与国际新闻报道

第一节　英文采访常用语句

随着对外开放的不断深入，中国记者采访外国人的机会越来越多，采访外国人的需要也比以往更为迫切，大多数记者都可能遇到采访外国人的情形，这时，“使用英语这一国际通用语言进行采访”便成为许多新闻记者希望掌握或需要掌握的本领。

但是，目前国内的新闻教育（包括“英语新闻”和“英美报刊选读”课程在内），缺乏对有关英语采访知识的介绍，在网上也难以检索到直接可用的资料。因此，相当多的记者（即使英语口语特别好）在采访外国人的过程中颇为尴尬，不知道如何用英文表达某些语句，因此丧失采访良机。

一次采访，包括采访前、采访中、采访后三个阶段，每个阶段都有其不同的常用句型。

一、采访前的常用句型

（一）对采访对象的称呼、问候

Mr. ××（姓）		Good morning!
Miss ××（姓）	+	Good afternoon!
Premier ××（姓）		Good evening!

或者，干脆直接说：

Hi，Mr. ××（姓）.

Hello，President ××（姓）.

甚至，不说对方姓氏，而直接以“Hi”或“Hello”向对方打招呼。

（二）自我介绍（向采访对象表明身份）

1）I'm the journalist from+某媒体.

例句：I'm the journalist from Jiefang Daily（《解放日报》）/Chuncheng Evening News（《春城晚报》）/Southern Metropolis Daily（《南方都市报》）/Tianfu Morning News（《天府早报》）.

2) Please let me introduce myself. I'm a reporter. My name is …

例句：Please let me introduce myself. I'm a reporter and my name is Li Shuang-shuang.

或者，如果是名气较大的新闻单位，可以直接说：I'm+姓名，+媒体名称。

例一：I'm Bob Woodward, Washington Post.

例二：I'm Zhang Quanling, CCTV.

（三）说明来意或采访意图

1) Our interview is mainly about …

2) Our interview will focus on …

3) I hope we can have a in-depth interview about …

以上三种句型，都可以表达采访者的来意，在介词 about 或 on 后面直接加上自己所要了解的问题（表示话题的名词或名词性短语）。

例句：Our interview will focus on current financial crisis.

（四）提出采访要求

1) Can I contact with you at your convenience ?

2) Can I / May I / Could I interview +某人 ?

例句：May I interview you ?

3) Would you mind …

例句：Would you mind giving an exclusive interview with me?

4) I wonder if I could interview+某人+about+某事.

例句：I wonder if I could interview the Prime Minister about government policy.

（五）说明采访对方所需的时间

1) I shall only take +数字+minutes of your time.

例句：I shall only take 3 minutes of your time.

2) My interview should only last +数字+minutes.

例句：My interview should only last 5 minutes.

3) Would you mind I taking your +数字+ minutes ?

例句：Would you mind I taking your 5 minutes?

4) I wonder if I could …

例句：I wonder if I could talk with you only 5 minutes?

5) Will you take +数字+minutes for me ?

例句：Will you take 5 minutes for me?

(六)约定时间

对于一些话题,被采访者无法立即给予记者肯定的答复,记者可以争取与采访对象另约一个具体的时间与地点继续采访,可以使用以下的句型:

1)If you have time,we will interview on +某时间+at+某地点 . Do you agree with our plan?

例句:If you have time, we will interview on Monday this week at our station. Do you agree with our plan?

2)如果对方同意,则记者可以说:Ok,we will meet on that day.

对于一些明星、企业家之类的名人,记者比较难与他们直接联系,必须通过其秘书或代理人进行预约,这时可以这样说:

1)Hello,I'm a journalist from+某媒体,I want to interview+某人+about+某事 . When does he have time? Can you help me to reserve it? Thank you!

例句:Hello,I'm a journalist from People's Daily(《人民日报》),I want to interview Professor John about current financial crisis. When dose he have time? Can you help me to reserve it? Thank you!

2)Hello,I'm a reporter at+某媒体,某人+ recommended that I get in touch with +某人+about+某事 .

例句: Hello, I'm a reporter at Jiangxi TV(江西电视台), Doctor Miller recommended that I get in touch with Professor Anderson about current financial crisis.

二、采访过程中的常用语句

电视台的演播室采访或电话连线采访,开始时可以这样说:

1)Good to have you with us,Sir/Ms.

记者采访外国人时,如果觉得用英语对话有难度时,记者可以首先询问被采访者是否懂中文,如果被访者懂中文那采访自然更顺利。记者可以这样说:

1)Can you speak Chinese?

2)Can we talk with each other in Chinese?

采访的基本内容包括五个“W”和一个“H”(即 What,When,Why,Where,Who, How),对这几个关键问题,常见的提问句型有:

关于 Who,可以这样问:

1)Who is involved in …

例句:Who is involved in it?

2)Who benefited from …

3) Who suffered from …

4) Who made …

关于 What,可以这样问:

1) What is the current status of …

2) What's your opinion of …

3) what kinds of … can you share?

4) What is similar to …

5) What time do you usually …

6) What is different from …

7) What are the causes of …

8) What happened before …

9) What happened after …

10) What are the consequences of …

11) What were the physical surroundings?

12) What parts make up … How are they related to each other?

例句:What had happened?

关于 When,可以这样问:When did … occur ?

例句:When did this accident occur?

关于 How,可以这样问:

1) How long did … take ?

2) How would you describe …

3) How have you faced …

4) How would … have been different if the circumstances were different?

例句:How many people were injured now and what is the current status of the wounded?

关于 Why,可以这样问:

1) Why did … exist or occur ?

2) Why did …do ?

3) Why do you…

例句:Why did it happen?

关于 Where,可以这样问:

1) where comes …

例句:Where comes it ?

采访中常用的开放式提问,可以用到的句型包括:

1)What do you think / imagine …

例句:What do you think of/ imagine the economic situation?

2)Could you give us some comment on …

例句:Could you give us some comment on the environmental issues/your new partner?

3)Can we talk a bit about …

例句:Can we talk a bit about the state station?

4)Can you give us a simple introduction of …

例句:Can you give us a simple introduction of your company?

5)Can you give us a few sentences to summarize … for us ?

例句:Can you give us a few sentences to summarize your opinions for us?

6)Could you give us an brief introduction …

例句:Could you give us an brief introduction this word ?

闭合式提问,能够引导被采访对象回答一些他们没有提到的问题,或者是被采访对象不愿意说的话题,这方面的常用句型包括:

1)Do you agree with it ?

2)Are you +形容词

例句:Are you angry ?

3)Do you +动词或动词词组

例句:Do you love her?

4)Like +名词

例句:Like McDonald's?

5)Are you planning to … ?

例句:Do you agree with the proposition that consumer spending is patriotic?

当采访对象说话跑题太远时,记者要及时礼貌地打断,这时记者可以说:

1)Could / Can / May I interrupt ?

2)Excuse me.

3)Pardon me.

4)I beg your pardon. /Beg your pardon.

5)I'm sorry.

记者所提的问题往往不止一个,必须懂得使用恰当的语句进行话题转换,这方面的常用句型包括:

1) Well, let's move on to the next point.

2) We will now come to the second problem.

3) Turning to the next question, I'll talk about …

4) So much for … I would now like to shift to discussion …

5) Now, let's move away from … and switch over to the next section of …

6) Next, I would like to turn to …

7) The next point I'd like to talk about is …

8) Please draw some light on …

9) My second question is…

10) The other question is …

2009 年 2 月 1 日英国《金融时报》记者采访温家宝总理时,是这样转换问题的:

1) Before I turn to … I have one small question regarding …

2) What specific measures are you taking to assure social stability as … And within that question, one last question on …

为了保证采访的顺利进行,记者应该不时发声(以表明自己在听对方回答),或表达自己的意见,与采访对象互动交流,激起被采访对象的兴趣,以猎取更多的信息。这时记者可以说:

1) I got it.

2) Yeah.

3) I think this one will do.

4) So do I.

5) Neither do I.

6) Yes, I doubt it.

7) Yes, I think so.

8) I disagree.

9) I'm afraid I can't agree.

由于语言不通,记者可能没有把握是否听懂了被采访者所说的话,这时需要确认一下,记者可以说:

1) Am I right?

2) Is this right?

3) I'm not sure I'm getting this. Are you saying …

例句:I'm not sure I'm getting this. Are you saying you have planned to reduce the property price?

4) I don't know exactly what you mean. Do you mean that …

例句:I don't know exactly what you mean. Do you mean that you have planned to reduce the property price?

5) I'm not sure I understand. Do you mean to …

例句:I'm not sure I understand. Do you mean to reduce the property price?

6) Are you suggesting that …

例句: Are you suggesting that you have planned to reduce the property price?

7) I didn't quite catch that. Do you mean to …

例句:I didn't quite catch that. Do you mean to reduce the property price?

或者,记者没有听清楚被采访对象的话语,需要对方复述时,记者可以说:

1) I didn't get the last part / word.

2) What did you say ?

3) Pardon, I couldn't hear what you said.

4) I beg your pardon, I didn't catch what you said.

5) Could you go over that again ?

6) I'm not sure what you're getting at.

7) Would you mind repeating that ?

8) Could / Would you repeat that please ?

9) Could / Would you say that again please ?

记者用英文在表述自己的意思后,询问被采访对象"是否明白"时,可以说:

1) Are you following me ?

2) Are you with me ?

3) Did you get that ?

4) Do you understand so far ?

5) Does that make sense to you ?

6) Is that clear ?

7) Okay so far ?

8) Did you catch that ?

三、采访完成后的常用句型

一般而言，记者在采访完毕后，应该以一个明显的结束语告知采访对象采访结束。从礼貌上说，也应该在结束后对对方表示感谢。这样做，不仅能够使得采访有始有终，也能够给采访对象一个好印象，有利于对其再次采访。

常用的结束语，包括：

1) That's all. Thank you.

2) That's all for my work. Thank you.

3) Thank you for your meeting.

记者还可以说：

4) It's an honour to …

例句一：It's an honour to have the opportunity to talk to you today.

例句二：It's a great honour to be here and especially to interview you today.

5) I'm very glad/ delighted to …

例句一：I'm very glad to talk to you today.

例句二：I am very delighted to have the opportunity to meet you.

6) I am privileged to be here with you（能与您在一起交谈，我感到很荣幸/幸运）.

例句：I am privileged to be here with you this afternoon.

7) It's my honour talking to you!

8) Thank you very much for agreeing to talk to +某媒体. It's been very enlightening.

而电视台的演播室采访或电话连线采访，结束时可以这样说：

9) Thank you for joining us.

10) We really appreciate your joining us, and we appreciate your distinct insights into all of this. Thank you!

以上总结的，只是英文采访中的常用句型，并不是英文采访的全部句型。真正的英文采访，需要记者现场随机应变，灵活使用各种句型。有时，记者的话语只说出了关键词，不是完整的句子，不符合英语语法，但采访对象能够明白记者的意思，也是可以的。例如：Hello! What you mean?（What 后缺漏了 do 或 did）

参考资料：

[1] Lionel Barber. Transcript: Wen Jiabao. 英国《金融时报》网站，http://

www. ft. com/cms/s/0/795d2bca－f0fe－11dd－8790－0000779fd2ac. html? nclick_check＝1,2009-02-02/2009-03-29。

[2] 王慧莉,姜怡:《学术交流英语》,高等教育出版社2006年版。

[3] 梁成锦:《英语口语大全》,外语教学与研究出版社2002年版。

[4] 谢明波:《本刊专访:胡敏谈英语采访》,新闻写作网,http://news. bjd. com. cn/xwkt/200609/t20060908_83918. htm,2006-09-08/2009-03-29。

[5] 石晓杰:《实用新闻英语教程》,辽宁教育出版社2006年版。

[6] (英)萨利·亚当斯,文弗·希克斯:《新闻采访:第一线采访手边书》,上海三联书店2004年版。

第二节　奥运期间的英文采访

奥运会期间,世界各地的观众可以观赏到许多精彩纷呈、激动人心的体育赛事,当运动员们获取奖牌、打破纪录时,全世界都在为他们喝彩、欢呼,站在前线的新闻记者们更是不容错失这种绝好的机会,在第一时间内对他们进行采访报道,祝贺他们的成功、分享和传递他们的喜悦与感受。但是,要对外籍运动员用英语进行采访,新闻记者需要充分备好课,做好采访前的各项准备,确保采访愉快、顺利地进行。

一、出国采访前的准备工作

2008年北京奥运前,中国有关部门编写了小册子《奥运英语1000句》《奥运体育项目中英对照》《奥运英语天天学——日常会话》,计划采访奥运会的中国记者可到网上下载,提前熟读熟记,在伦敦采访期间随身携带。此外,《体育英语》《英语口语突击宝典——出国应急篇》等书籍也可提前购阅。

鉴于民族、文化的差异性,记者在拿到某一赛事可能获奖的运动员名单后,需要清楚了解这些运动员的国家、民族背景和文化传统,“入乡随俗”,按照他们国家的文化习惯和新闻采访模式(体育方面)进行采访。

比如说,在采访时,记者需要注意控制好自己的身体语言,注意采访距离、视觉交流、手势语言等。记者还需要了解运动员们自身的情况，尤其是近年来所取得的成绩、获奖情况，了解越详备越好，以备采访中可用来组织提问。

此外，并非所有的外籍运动员均来自于母语为英语的国家，他们的英语可能带有浓重的口音，这就更加要求记者要掌握好该赛事的常见英语词汇，避免因没有听懂对方的关键词汇而出现冷场。当然，记者在提问时也需要力求发音准确、清晰，尤其是体育词汇。

另外，大部分赛场可能气氛十分热闹，记者需要控制好自己的声音和语速。录音设备也要准备充分，完整、清楚的录音在英语采访中很有帮助。

记者除了要在采访前做好以上各项准备外，在现场赛事采访中，还要掌握赛事采访中经常使用的习语和句型结构，准确、流利、地道地加以使用，确保采访顺利地进行。

二、赛事采访的常用习语和句型

现场体育赛事采访一般历时较短，问题很少，但和其他新闻采访一样，有开始采访、采访中、采访结束三个阶段，每个阶段都有一些常见的英语习语和句型结构。

首先，开始体育赛事采访时，对采访对象的称呼、问候，习惯上这样说：

Mr. ××(姓)		Good morning!
Miss ××(姓，未婚女子)	+	Good afternoon!
Ms. ××(姓，已婚女子)		Good evening!

或者，直接说：

Hi/ Hello, Mr. ××(姓).

更多的情况是，直接以“Hi”或“Hello”和采访对象的名(英文名字中的第一个单词)，向对方打招呼。

例如：采访网球球员 Roger Federer，向对方打招呼时，直接说：Hi，Roger。

其次，自我介绍(向采访对象表明身份)，一般只需介绍新闻单位即可，可采用以下常用结构：

I'm a journalist from China's + 某媒体.

或：

I'm a reporter for + 某媒体 + of China.

例句：I'm a journalist from China Daily(《中国日报》).

I'm a reporter for China's Southern Metropolis Daily(《南方都市报》).

再次，称赞采访对象的比赛，并表示祝贺。称赞时，常使用：

Your match is amazing / fabulous / perfect!

You are great /brilliant!

How wonderful / fantastic / terrific!

What an exciting game!

祝贺时，常用：

Congratulations! You won the world championship! 祝贺你获得了世界冠军！

Congratulations on your success! You beat the record holder. 你战胜了世界冠军，太伟大了！

Congratulate you on winning the world championship!

Congratulations on your breaking the world record! 祝贺你打破了世界纪录！

然后，进入采访、提问阶段时，常用以下句型结构进行过渡：

Right at this moment, you must have a lot to say. 此时此刻，你肯定有很多话要说。

At this very moment, there must be so much you want to say.

Right now, you must be most excited as we are. 此时此刻，你肯定无比激动。

以下是赛事采访时主要提及的问题及常用句型结构：

1)能告诉我们，你今天比赛获胜的关键是什么吗？

What do you think is the key to your game / match / success / winning?

What is the secret of your victory?

What are your winning secrets?

2)你是如何看待自己今天的表现的？你满意自己的表现吗？

How do you see / view / evaluate your performance today?

Are you proud of your performance today?

Are you happy / satisfied / contented with your performance today?

Have you found everything satisfactory in today's match / game?

3)比赛中你对自己最满意的是哪一点？

Could you tell us, what was the most satisfying part / point in today's match / game?

What was the part you are most satisfied / contented with in your game / match / success / winning?

4)你有什么话想对家人、朋友、粉丝说吗？

Do you have anything to say to your family / friends / fans?

What do you want to tell your family / friends / fans?

Have you got any message for your family / friends / fans?

最后,如需深入采访,记者可以争取获取采访对象的联系方式,与之另约一个具体的时间与地点继续采访。询问采访对象联系方式时,可以使用以下的句型:

For a further interview, could you tell me where you live in the Olympic village?

If you have time for a further interview, where can I find you in the Olympic village?

If you have time, would you mind telling me your way of contact in the Olympic village?

另约时间时,可以说:

We will interview on +某时间+at+某地点. Do you agree with our plan?

Our next interview will be set on +某时间+at+某地点. Is it OK / all right with you?

We are scheduled to meet you on +某时间+at+某地点 again. Is it OK?

三、采访结束后的常用习语和句型

在赛事采访完毕后,记者应以一个明显的结束语告知采访对象采访结束,具体见本章第一节,但其总结的英文采访中常用的习语和句型结构,并不是英文采访的全部句型。实际上,真正优秀的英文采访,重要的是根据赛事的实际情况和选手的具体发挥,记者现场随机应变,灵活使用英语,提出适当、关键、有价值的问题,这些问题不但把握到了采访对象的真切、深切感受,而且还能引起大多数读者、观众的共鸣。

因此,在赛事采访中,英语习语和句法结构并不是绝对的,往往,记者的话语只说出了关键词,不是完整的句子,甚至不符合英语语法,有时只是通过身体语言来表达,采访对象就能够立刻明白记者的意思。例如:Your last shot, quite …(你最后一次投篮,实在太……)当然,良好的英语语言知识和交际能力是作为一个肩负跨文化采访记者必备的资质条件。

参考资料:

[1] 王卫明等:《校园新闻实战手册》,江西人民出版社2011年版。

[2] 孟莲芬:《体育英语——组织与竞赛》,上海交通大学出版社2009年版。

[3] 金莉主编:《英语口语突击宝典——出国应急篇》,世界图书出版公司2010年版。

第三节　国际新闻报道概要

国际新闻是“超越了国家界限并具有跨文化性的新闻，或者说是新闻在国际的流动”。

国际新闻报道，是媒体对发生在本国之外的世界各地新闻进行报道并传播。由此可见，国际新闻是一个与国内新闻相对的概念，它的新闻事件发生地范围清晰——本国之外，但传播对象却是广泛的——无论本国受众还是国外受众。

正因如此，国际新闻与对外新闻（传播）是两个不同的概念，对外新闻是国内新闻的延伸，指的是一国对本国发生的新闻进行对国外（境外）受众进行传播。从这个意义上讲，不应属于国际新闻的范畴。

国际新闻报道关系到媒体的国际传播力，更是国家软实力的一个重要载体。在全球化进程的推动下，国际社会日益成为一个“你中有我、我中有你”的利益共同体。伴随中国国家实力的上升，中国与世界的联系更紧密，参与国际与地区事务更频繁、更深入。中国需要更多地了解世界，世界也需要更多地了解中国，而国际新闻报道成为促进相互了解不可或缺的一环。从这个角度出发，国际新闻报道需要秉持中国立场、传递国际新闻。

2017 年 1 月 1 日，中国国际电视台（中国环球电视网）正式开播，其英文 CHINA GLOBAL TELEVISION NETWORK，简称 CGTN，包括 6 个电视频道、3 个海外分台、1 个视频通讯社和新媒体集群。CCTV 西班牙语、法语、阿拉伯语和俄语频道更名为 CGTN 西班牙语、法语、阿拉伯语和俄语频道。CCTV 纪录国际频道变更为 CGTN 纪录频道。CGTN 网页上还提供三个手机应用下载：CGTN、CGTN LIVE 和 CGTN HD。中央电视台在包括脸书、推特、YouTube、Instagram 以及 Tumblr 等社交媒体上的账户也都更名为 CGTN。在 CGTN 这个全新的全球化平台上，将会出现更多更丰富的国际新闻报道和更专业的国际新闻作品，为全球受众提供更好的新闻服务。

一、国际新闻的特点

国际新闻除具备一般新闻的特点之外，还具有国际性、政治性、国内新闻的互动性这三个鲜明特点。

（一）国际性

国际性首先体现在新闻事实发生地处于本国之外，具备跨国界的特点；其次，国际性也体现在报道该新闻的媒体具有国际化特色，发生在一国之内的新闻事件，如果未经其他国际媒体报道，也就不能成为国际新闻；第三，国际性还指受众的国际性，相对于新闻事件发生国的受众来说，国际新闻的受众国籍一般与本国受众不同。

（二）政治性

国际新闻从出现之日起就带有鲜明的政治特征。世界上第一批职业驻外记者就是英国《泰晤士报》为了报道1789年法国革命而派出的，对法国革命的报道不仅促进了英国近代报刊的发展，而且传播了当时先进的资产阶级革命思想。而中国近现代国际新闻从诞生之日起，就打上了鲜明的爱国主义烙印，“五四运动”的爆发，马克思主义在中国的传播都与国际新闻报道的发展密不可分。

从20世纪初到20世纪80年代，国际新闻报道的政治性特征不断地凸显出来。这一时期经历了两次世界大战和长期的冷战阶段，国际政治环境严重影响了国际新闻的发展轨迹。而媒介自身发展也经历了从报刊逐渐进入广播和电视的黄金时代。新闻的国际化传播由此开始发展起来。这一时期国家开始成为国际新闻的重要传播者，国际新闻有着明显的宣传特征。在第一次世界大战中，各国逐渐认识并开始运用国际新闻的宣传作用，战后尤其是在第二次世界大战中，这种认识和运用到了登峰造极的地步。最为经典的代表就是在一战期间，传播学的创始人拉斯韦尔早在1927年就出版了《世界大战中的宣传技巧》一书。冷战时期延续了这一传统，直到20世纪末苏联解体、东欧发生剧变，美国成为世界上唯一的超级大国，国际形势发生了很大的变化后，国际新闻报道浓烈的宣传色彩才开始在表面上有所减弱。

进入21世纪后，和平与发展成为时代的主流，经济全球化和政治多极化成为这个时代国际关系中势不可挡的两股大潮，在经济全球化的作用下，世界各国在经济领域的相互依存关系扩散到政治、军事、外交、社会等各领域，形成彼此共同利益不断扩大的局面。特别是2008年国际金融危机爆发以后，国际形势发生了深刻的变化。目前国际关系格局正处于大变革、大调整和大发展的阶段。在这种形势下，虽然国际新闻报道的政治性表面上继续弱化，但是只要有国家存在，只要有不同的意识形态存在，这一特征就永远不会消失，只会隐藏得更深入、更巧妙。

（三）与国内新闻的互动性

随着国际形势的变化和传播技术的发展，目前出现了国际报道国内化或国内报道国际化的倾向。所谓国际报道国内化，即国际新闻报道造成的影响又重新传回某国境内，对该国的影响重大。所谓国内报道国际化，是指由于传播技术的提高和传播渠道的多样化，媒体的覆盖已经很容易超越国界，本国新闻不经意间就转化成国际新闻。

随着我国综合实力的提升，国际影响力也与日俱增，发生在国外的涉华事件就很可能出现这种国际新闻报道国内化的情况。这方面最具代表性的实力就是中国产品质量安全问题。2007 年以来，从食品到日化产品，美国媒体对中国商品质量问题的报道铺天盖地，波及面越来越广，不良影响甚至波及美国的中国餐馆，美国媒体的指责论调也越来越高。对中国产品避忌的态度甚至还波及了南美、日本甚至东南亚，致使不少国家的民众对中国的产品退避三舍。这种现象引起了国内有关部门的高度重视。为了应对突如其来的中国产品质量问题，我国质监部门对相关产品多次进行严格检验，并请部分驻华外国媒体记者亲眼见证检测过程或赴相关企业进行采访，最终又经外国媒体予以报道，呈现国际新闻报道国内化和国内新闻报道国际化的情形。

二、国际新闻报道的基本原则

（一）真实性原则

新闻报道的真实性，是指新闻报道与所反映的客观事实的一致性。新闻真实性的科学含义主要包括三点：首先，做到事实真实。新闻报道中的时间、地点、人物、事件、经过、细节、环境、条件、结果等每个细节都要做到准确无误。新闻中引用的各种资料，如背景材料、数字、史实、引语、典故等也必须准确地反映客观事实；其次，做到整体真实。新闻报道不仅要保证所报道的某一个事实是真实的，新闻报道中的事实与实际生活中的同类事实也要完全一致，这就要求在报道中既讲好的一面，也讲不好的一面；既讲记者喜欢的一面，也讲记者不喜欢的一面；既注意局部，也通观全局；再次，本质要真实。要求能够通过对事实的报道而揭示该事实发生、发展的原因及本质。

（二）客观性原则

客观性既是国内新闻报道的重要特征，当然也是国际新闻报道的重要特征。从唯物主义的观点出发，客观性应是国际新闻最重要的特征，是国际新闻报道必须遵守的基本原则。

新闻报道的客观性，是指新闻按照事物的本来面目如实进行报道的特性，包括内容与形式两个方面。就内容而言，新闻中的事实，必须是客观存在的事物或者客观上正在发生与发展的事实。就形式而言，新闻的客观性要求通过新闻事实的客观叙述等手段，运用事实自身的逻辑力量来显现新闻传播的倾向性，也就是说记者的立场、观点不是通过新闻事实的客观叙述等手段，运用事实自身的逻辑力量来显现新闻传播的倾向性，不是通过记者自己的直接讲话或议论，而是依据事实的客观陈述表达出来。

(三)公正性原则

公正性是客观报道的一个组成部分。新闻实践证明，客观报道的最基本方法是“用事实说话”。这与西方新闻界强调的“注重事实”相吻合。

用事实说话是指在忠实地报道事实的基础上，通过对事实的适当选择与表述，巧妙地把记者自己的思想观点隐藏在新闻事实之中，让受众在接受新闻报道时自然而然地悟出与记者倾向一致的道理或结论，从而表达出记者的立场与观点的一种报道原则与报道手法。“用事实说话”成功的关键在于不是通过记者的直接议论，而是运用事实自身的逻辑力量，充分而含蓄地表达作者的倾向与观点。这样不仅能够潜移默化地影响受众，而且更具说服力。

三、国际新闻报道的要求

(一)国际新闻报道要“讲政治”

国际新闻传播的突出特点表现在它的政治性。周恩来有句名言：“外交无小事。”其实，国际新闻报道也同样无“小事”，尤其是涉及“世界互动中的中国立场”的时候，更不是小事。除了中国外交部和新华社等官方渠道外，在传播中国在重大国际问题上的立场和主张方面，各级媒体都应该在国际新闻报道中肩负着相同的政治责任。

国际新闻报道的“讲政治”，简单来说就是以一国视角坚持一国立场。

1. 议程设置

国际新闻报道的议程设置通常是媒体的政治立场与态度彰显的最重要途径，并以此掌握新闻话语权。美国传播学者乔治·格伯纳曾指出，任何新闻，同时也是一种见解。甚至报道什么或不报道什么，也反映了媒介一定的世界观[2]。

从实际的新闻操作来看，国际新闻报道在选题层面：

第一，应突出和一国总体国家利益有关的国家和地区的新闻报道。这同时也是媒体监测环境的重要职能的体现。如，与中国外部安全环境、经济发展有关的国际新闻，中国媒体通常会优先报道，围绕黄岩岛对菲律宾的相关报道，围绕一带一路对沿线国家的相关报道。

突出国际新闻报道中的国家利益，是世界各国媒体的通行做法。以美国《时代》周刊评选出的“2010 年十大国际新闻”为例：(1)海地地震，(2)维基解密，(3)智利矿工，(4)巴基斯坦洪灾，(5)朝鲜的举动，(6)南非世界杯，(7)也门：反恐战争新前线，(8)欧洲财政紧缩，(9)墨西哥反毒战争，(10)泰国红衫军。这十大新闻，都与美国国家利益密切相关。维基解密直接撼动美国在国际社会的地位及影响力；朝鲜半岛局势是美国在东北亚战略利益的重要关注点；基地组织的发展让美国时时提防并高度关注；欧洲财政紧缩势必会波及华尔街，从而影响美国经济；而世界范围内的禁毒比比皆是，唯有与美国接壤的墨西哥禁毒势必会极度影响美国这个全球最大的毒品市场；红衫军的闹事势必造成中国-东盟自贸区推进受阻，阻碍东盟放弃美国、靠近中国的步伐，符合美国的南亚战略利益。在国家战略利益上，美国主流媒体对政府的主动迎合甚至在某些共同利益上与政府“合谋”的倾向是显而易见的，在“国际新闻”的符号表象之下，实际上是媒体从本国的利益视角做出的选择与安排。

第二，国际新闻报道在选题上应侧重国家外交的核心。中国外交关系的重要国家或地区所占报道份额相对更大。一直以来，中美关系、中俄关系、中日关系中国与欧洲各国的关系等，都是中国外交的核心问题，以发生在这些国家和地区的相关新闻为报道对象，既符合国家利益与原则，也符合受众的新闻接受心理。

第三，从地缘角度考量，所在洲的新闻选题所占份额相对更大。中国是亚洲国家，本地区发生的新闻，无论是从地理上，还是心理上，都和受众最为接近，也与中国在本地区的对外影响力直接相关。中央电视台中文国际频道专门开设《今日亚洲》栏目，每天 30 分钟，报道亚洲最新热点新闻及评论。

以中央电视台 2014 年 7 月 28 日《国际时讯》为例，当日所选择报道的五条国际新闻：《菲律宾总统发表国情咨文民众抗议》《乌克兰局势俄联邦委员会指责美国很荒唐》《俄罗斯：庆祝海军节　多城市高调庆祝　新军舰集中入列》《安倍政府妄图解禁集体自卫权》《〈卫报〉记者卧底鸡肉加工厂》。

其中前四条，都属于亚洲新闻，有明显的地缘政治的重要性；其次，事关中国外部安全的国际事件纳入选题。时值菲律宾军方指控中国海警船在黄岩岛以水炮驱逐菲律宾渔船，菲方重申要以国际仲裁来解决南海问题，对菲律宾国内政局及民众抗议事件，纳入选题进行报道；而日本安倍政府通过解禁集体自卫权决议案及大幅转变战后日本防卫政策的系列安保法案是当时影响中日关系的重要事件，成为很长时间里中国国际新闻报道的重要选题。

2. 媒体立场

策划、采写和编排过程中,始终坚持以下原则:

第一,无论是记者综述还是专家解读,都要坚持与国家立场保持一致、维护国家利益的最高原则。

在2014年中日关系跌入谷底之际,《新闻晨报》借“甲午战争120周年”之机,在2014年7月21日推出多达10个版面的“甲午再祭　不安倍增”专题报道(如图8-1)。特派记者赴日本面对面采访了5位知名日本教授、1位学者和2位媒体记者,其中包括曾与习近平总书记会见的关键人物、日本公明党党首山口那津南。除了高层政要以外,记者还通过与东京、山口县多名日本民众进行面对面访谈,获得了大量日本朝野对中日关系的一手看法和消息。同时,还前往北京采访到了2名前中国驻日大使、5名中国军事专家,并在专题开篇之处,配发中国学者2000字的评论文章,所有选用的中外采访对象的内容及相关评论,均与中国对日本外交态度与立场一致,通过新闻传递中国声音、保证导向正确,旗帜鲜明地表明中国立场。

第二,不回避敏感话题,兼听则明。

第三,借助“版面语言”体现正确的舆论导向。

第四,积极开展国际舆论斗争。

新闻晨报
SHANGHAI MORNING POST

●1894年,7月25日,中日甲午战争爆发　●2014年,7月1日,安倍内阁解禁集体自卫权

甲午再祭　不安倍增

特别报道>>> A5-A13

■倾听权威声音:谁在赌?要珍惜!

徐敦信　外交部原副部长　中国原驻日本大使

王泰平　中国驻日本大阪原总领事(大使衔)

王少普　上海交通大学日本研究中心主任

■专访日本政要:安倍在下什么棋?

山口那津男　公明党党首、参议员

武见敬三　自民党参议员

浜田和幸　无党派参议员

绪方靖夫　日本共产党副委员长

西田实仁　公明党参议员

村田忠禧　横滨国立大学教授

■对话军事专家:我们如何应对挑战?

彭光谦　少将

张召忠　少将

刘明福　大校

曹卫东　大校

李杰　三略研究院海洋研究中心首席专家

洋快餐再沦陷
上海封存检查
福喜供应肉品
A4

上海电信国庆起关闭机场贵宾厅
取道移动暂未跟进

图8-1　《新闻晨报》2014年7月21日头版

（二）国际新闻报道要“讲事实”

国际报道既要尊重新闻的政治性原则，同时也要遵循事实的报道原则，对新闻的选择既考虑到及时性、重要性、显著性原则，也要顾及读者的关注点，突出接近性和趣味性原则，在客观准确的前提下，做到政府议程与受众议程的结合。

1. 遵从新闻的价值取向

重大新闻价值的事件，是新闻报道的永恒主题，在国际新闻报道中，体现尤为鲜明。政治、反恐、战争、灾难、经济、军事、体育，跌宕起伏、风起云涌的国际大事，是人们认知世界的重要入口，也是媒体报道的热点。

一般来说，国际新闻报道分为两大类：以政治新闻、经济新闻、外交新闻、战争新闻、灾难新闻、科技新闻、医药新闻等为主题的硬新闻，和以社会新闻、体育新闻、娱乐新闻为主题的软新闻。硬新闻往往具备更多元的新闻价值：从及时性、重要性到显著性；而软新闻的新闻价值则在接近性与趣味性上有不错的体现。从世界各国媒体的国际新闻报道实践来看，在事实的选择上，更倾向于以政治、经济领域的硬新闻为主，软新闻比重较低。

对美国三大电视网晚间新闻的相关研究表示，硬新闻数量占美国国际新闻报道总量的70%，软新闻占20%，剩余10%左右属于破坏性新闻，如自然灾害、突发性事件、政治暴力以及恐怖活动等。通过对美国驻外记者的调查发现，他们对国际新闻质量的最大抱怨是认为编辑更加倾向于国外趋势性报道，而忽略突发新闻报道。美国对发展中国家的新闻报道，不仅数量少，且关注点也在破坏性事件上，在公众对该国认知感方面产生了负面影响。据调查，美国国内新闻，破坏性事件的新闻报道只占数量的6%，国际新闻中，比例高达21%。

2. 客观性是报道的基础

客观性原则是一切新闻报道的首要原则，国际新闻报道的客观性主要体现在内容的客观与报道形式的客观。内容的客观要求报道必须与事物本身一致，反映事物的本来面貌；报道形式的客观，是指在表述形式上要避免随意性，避免作主观的猜测、推断或结论。其中，报道内容的客观是首要的，是基石，报道形式则是基石上的建筑物，必须以内容的客观为前提。

2014年7月28日，中央电视台《国际时讯》播出的新闻《安倍政府妄图解禁集体自卫权》（如图8－2），该报道以月初安倍政府宣布解除日本集体自卫权以来，招致国内外多方批评为背景，选取在野党之一的社民党的一位地方议员近期发布的一张反对解禁的海报为报道事实，强调解禁集体自卫权对日本普通民众的影响。而事实上，社会民主党是日本的左翼政党，在国会有5个议席（众议员2人，参议员

3 人)，而日本国会众议院议员 480 席、参议院议员 242 席。事实本身客观无疑，在此基础上，才能传递与表达在对待日本政府解除集体自卫权的问题上，中国媒体及政府的态度与立场。

图 8－2　中央电视台《国际时讯》新闻画面

3. 提升自采新闻比重，追求独家新闻报道

同样是事实的报道，自采与转发或引用，会在事实的呈现上，缺乏很多的魅力。国际新闻报道的过程中，一定要注意提高媒体自采新闻的比重。如果国际新闻报道大量引用外国通讯社的报道和画面，势必会受到外国媒体的议程设置和叙事框架的影响，在重大热点国际新闻报道中，一国应派出优秀的本国记者，用本国人的视角报道新闻。例如，在对利比亚的报道中，《环球时报》及其旗下的环球网派出战地记者，发表了许多独家报道，其中不乏视角新颖的优秀作品[3]。

4. 善用权威信源，提升媒体公信力

记者获得新闻的来源被称为信源。乔姆斯基认为美国的主流媒体之所以成为主流，是因为它们掌握了重要新闻的信源。美国记者汤姆·弗兰奈瑞说："如果非要指出我成功的秘诀，那么这就是我建立、保持和培养信源的能力。"新闻的传播路径是由主流媒体记者对重要信源进行采访，经过编辑部加工后，由主流媒体刊发。由于主流媒体具有强大的议程设置力和影响力，其他媒体和网络媒体转载引用此新闻，或对主流媒体采访的信源做进一步的采访报道，进一步扩大其传播效果。

从这个意义上讲，信源是重要新闻的源头，能否掌握重要信源、采访何种信源、引用信源的哪些直接引语，是媒体传播力的起点。

信源有层次之分，依据信源对新闻事件的卷入程度、相关程度、身份角色等，可将信源分为核心信源、外围信源和无效信源;根据信源的功能,又可划分为事实性信源、分析性信源、评论类信源,其重要性依次降低。

提高国际新闻传播力,很重要的一点就是善用权威信源。要经常通过披露和独家专访的形式,让国际新闻报道真正具备新闻价值,特别是重大的国际新闻事件,如突发事件、危机处理、重大政策披露和人事变动,权威信源会极大提高新闻价值,提高境外媒体对该条报道的引用率和转载率,从而提升其传播力和影响力。

（三）国际新闻报道要“有深度”

1. 深度源自记者摆脱主观认知性偏见

虽然客观性是新闻报道的主要原则,但是记者自身社会文化背景下产生的认识偏见在所难免。一项针对美国知名新闻媒体驻外记者的调查显示,当问到记者种族、语言以及文化认同感是否会对新闻报道产生影响时,他们都承认这种认知偏见的存在以及对新闻报道会产生程度不同的影响。东方/欧洲中心主义的认知偏见在国际新闻报道中具体体现为:

第一,驻外记者身处完全陌生的异国,与当地生活方式和语言方式的脱节,导致国际新闻报道中出现的无知和偏见。

第二,双重评价体系,比如在巴以冲突事件中,以色列以武力确保自身安全被视为“鹰派”,而同样的声明在巴勒斯坦出现则被冠以“恐怖主义”头衔。

第三,片面性新闻报道。

CNN 在电视网中对中东地区的新闻报道总是带有强烈的暴力色彩,但实际上,那里的生活同全球其他和平地区并无两样。受众是通过媒体的平台认识世界的,直接影响到他们对世界局势的把握,如果媒体所报道的国际新闻只局限于该国某个地区或某类事件,则会影响受众认识世界的眼界和对该国家与地区的了解,形成刻板印象。

因此,要深刻报道国际新闻,需要记者克服旧有的对某国或某地区的刻板印象,注重新闻报道的平衡性和规模性,既要报道热点地区,又要兼顾其他地区;既要能突出热点,又要能包罗万象。

第四,报道框架化,同样的新闻事件可由多种角度报道,而每一种角度的报道都代表着不同的立场和偏见。

2. 深度源自记者对他国的认知与国际关系的深刻理解

人类赖以生存的这个世界日益复杂化且日益密切联系,这要求各国记者,尤其是从事国际报道的记者比以往任何时代的记者都更需要深度理解所报道的国家、深度理解复杂的国际关系、深度理解各种全球性问题,以便通过报道帮助人们理解这个复杂的世界,并发挥媒体力量促进人类的和平与发展。

在全球化环境里工作的记者必须具备的素养包括批判性与分析性思维,对所报道对象的深度知识,跨文化知识、意识与敏感性,重要新闻的识别能力与报道能力,多媒体报道技能,灵活性、适应性与持续学习的意愿。这些素养基本都离不开深度知识。没有深度知识很难具备优秀的批判与分析思维,很难具备跨文化敏感性,很难具备识别重要新闻的能力。缺乏对复杂议题的深度知识、激烈的媒体竞争环境、抢时效的压力都会成为优质新闻的巨大障碍,往往导致肤浅的甚至错误的报道。基于此,累积所在国的深度知识、增强深度性理解是国际新闻记者提高报道的深度性的重要目标。

3. 深度源自记者报道的完整性和连续性

根据社会心理学原理,外界对一件事物的认识和态度上的影响可以通过说服、暗示和感染来产生。所以,在报道该事实的时候,务必要注重事实的完整性和连续性,因为完整性和连续性可以在一段时间内对受众起到潜移默化的作用,增强对事实的长期关注和深度理解。

国际新闻往往都是意义重大且复杂多变的,这类事件产生的自然地理环境和社会政治背景一般都是交错纵横,不为他国受众所熟悉的。因此,为了增强报道的深度,让受众能更加深刻了解事实,应强化报道的完整性和连续性。

第一,新闻事实各个要素齐全是保障完整性的前提。

国际新闻报道应尽可能提供详细的相关资料背景,通过翔实而丰富的、具有注释说明和分析解释作用的新闻背景的添加,为受众提供一个丰富的信息网络,使今天的事件置于昨天的背景之下,从而揭示出新闻事件在未来的意义,使受众对事件形成整体的认识。如果没有提供这些背景资料,受众对事实的了解可能会不全面,或者不能把握事实的真正内涵。

如中央电视台《国际时讯》2016 年 12 月 8 日对日本一幼儿园重启《教育敕语》来教育幼儿一事的报道,以《日本一家幼儿园重新启用〈教育敕语〉》《〈教育敕语〉:军国主义教育工具》《专家解读〈教育敕语〉战前给日青少年洗脑》《日本未来发展方向令人担忧》四则新闻形成组合报道,以幼儿园启用 1948 年已被排除出义务教育阶段的、宣扬军国主义的《教育敕语》这一事实为出发点,继而指明《教育敕语》是日本军国主义教育的重要组成部分,分析为何此时军国主义教育会在幼儿园死灰复燃,这一推广过程直接以安倍晋三的妻子安倍昭惠为名誉开展,以及通过专家的解读,表达对日本此举的担忧及不满。整个新闻报道的过程中,通过不断提供新闻背景资料,补充来自历史层面对《教育敕语》的内容、功能、取缔的过程的介绍,现实层面对推动代表军国主义思想的《教育敕语》在义务教育阶段普及的日本极右翼力量的涌动的介绍，让观众更能理解这一事件背后的意义，及其对日本未来走向的认识与了解。

第二，注重事实的连续性。

从辩证法的角度分析，运动是事物的普遍本性，是一切物质的根本存在方式。任何事物都是在不断变化发展的，都呈现出阶段性的特点。重大的国际事件更是如此，它从发生到解决几乎都要经历一个较长的时期，战争的起因、爆发、过程与结束、影响，经济的摩擦、纠纷、和解与作用，即使是某个国际会议，它做出的决议也需要时间才能付诸实施、产生的影响也需要时间才能逐渐呈现。正如马克思所言，“只要报刊有机运动着，全部事实就会完整地被揭露出来”。重大国际事件的报道都不是一次就完成的。

国际新闻报道需要重视受众关注的重大事件的发展变化，随着事件在每一个阶段的新特点、新动向而进行追踪报道，力图向受众传递最新的信息。例如，世界媒体对2016美国总统大选的新闻报道，在竞选的各个不同时期、不同环节，竞选人的不同言行，竞选活动的不同内容，围绕竞选美国国内从政界到商界到民众的不同反响，各国媒体都紧扣事件的进展，进行追踪报道。追踪报道与一次性报道不同，对一个事件从不同角度进行多次连续报道，在受众看来，每次报道都有新鲜的内容、新颖的角度，无形中加大了新闻的信息含量，使得整个事件呈现出一种连续性的动态过程。重大事件除了呈现动态之外，还是一个涉及方方面面的庞大的有机体，连续的追踪报道，就可以陆续交代其中重要的人物和事件，能够加深新闻的广度和深度，使得整个事件在受众的脑海中形成了一整条连续不断的线，受众对这一事件的感知和认识也就更加清晰和完整。

4. 深度可通过加强记者队伍的本土化、谋求专业化补充

国际新闻报道的深度，除了可以通过对媒体驻外记者个人在专业素质、报道方法上的要求实现之外，还可以通过媒体灵活的记者队伍建设来补充实现。如聘用当地记者(特约记者)，增强本地视角。

驻外机构高额的维护成本，使得很多媒体不得不放弃海外记者站。传统驻外新闻模式存在自身弊端，记者在异国他乡对事件进行新闻报道，很难深入开展，有时驻外记者只能简单编译当地媒体报道。同时，由于文化差异，驻外记者很容易产生偏见，使得报道的主观性遮住客观性，甚至会产生报道失误。因此，很多媒体在构建他国信息获取平台的时候，选择聘用当地记者为特约记者，彻底实现国际新闻的本土化报道，不仅可以使报道更有深度，还能节约成本。

凤凰卫视资讯台助理台长兼采编部总监刘粤瑛在谈到凤凰卫视选择使用兼职的特约记者问题时，谈到了特约记者相对于外派记者的三大优势：一是语言交流没有问题；二是特约记者在当地社会有一定的人脉和基础，对社会的了解度比外派记者要高；三是工作起来比较方便，因为是本地人，当地国会以本地人对待，避免了很多程序上的烦琐。

因此，凤凰卫视建立了一套行之有效的特约记者制，如辨识度最高的外籍特约记者之一——叙利亚特约记者哈桑·阿巴斯，他的报道风格与其自成一派的语音、语调，给受众留下了深刻的印象。身为叙利亚人的阿巴斯，1990 年进入北京语言大学学习了四年中文。在成为凤凰卫视的特约记者前，他还是叙通社的中文翻译。他不仅是叙利亚战争的见证与报道者，同时也是战争的受害者：一枚迫击炮弹曾经击中他女儿所在的学校，造成了伤亡，女儿侥幸躲过一劫，此后，他把家人送到黎巴嫩安置，自己则留在叙利亚坚持工作。而在叙利亚进行采访也是需要冒极大的风险，阿巴斯的好几位媒体同行被绑架或暗杀，哈桑自己在一次街头出镜播报重要新闻时，一枚迫击炮弹就在附近爆炸，离他仅 15 米。哈桑的手因此受伤，在完成了新闻制作后，仍然头晕耳鸣。植根于阿巴斯血脉之中的叙利亚风土人情、历史人文的积淀，加之战争的切身感受与体会，使他的报道更具备真实性与感染力，这是完全没有当地文化熏陶和生活经验的驻外记者较难实现的传播效果。

图 8－3　凤凰卫视叙利亚特约记者哈桑·阿巴斯

特约记者虽具备本土化、便捷化的优势，但在媒体日常的对接与管理中，需要进行更灵活高效的管理。除了对特约记者的挖掘、培养与管理的工作外，在日常的审稿与改稿环节，需要媒体编辑付出更大的精力，毕竟，汉语不是母语的外籍特约记者，往往需要编辑的协助才可以做到表达的精准与灵活，这往往需要编辑在理解其原意的基础上，对稿件进行适当“翻修”。

（四）国际新闻报道要“讲方法”

新华社从事对外报道的老记者常讲一句话：“对外报道无禁区，如何表达有技巧。”面对世界各地的受众进行新闻报道，在遵循政治原则与新闻事实原则的基础上，增强并提高报道的亲和力、感叹力，使之更能吸引世界各地，尤其是不同文化背景的国外受众，建立并掌握话语权，是摆在国际新闻报道者面前的迫切课题。

1. 故事化叙事

美国普利策新闻奖获得者富兰克林对新闻故事化是这样解释的：采用对话描写和场景设置等，细致入微地展现事件中的情节和细节，凸显事件中隐含的能够让人产生兴奋感、富有戏剧性的故事，引起受众阅读欲望的新闻报道。

在报道新闻时，很多记者总是将注意力放在受众对信息的需求，而忽视了受众对信息的普遍需求——故事性。使用故事化叙事来讲述国际新闻的现象，并不是少数记者个人风格上的尝试，而是当前国际主流媒体的报道趋势。将国际新闻中抽象的形式“化”到人物的言行和事例当中，让读者自然而然地从这些故事中去发现并认知国际事件，才是成功的国际报道。

常见的几种新闻故事化的报道方式有：

第一，华尔街日报体。其结构为：与新闻有关的人物故事+人物所涉及的新闻+深化新闻主题+回到人物或总结。国际新闻报道中，尤其是纸媒的报道中，华尔街日报体的叙事方式运用相对较广。

第二，新闻故事人物化。新闻故事的人物化，往往就是以一个典型人物的故事、体验为切入点和线索来报道一个重大的新闻事件。人物化的新闻往往能够在报道的一开始就抓住受众注意力，激起受众极大的阅读兴趣。这类报道在《南方周末》“天下”栏目中较为常见，该栏目非常注重对具有国际影响力的人物进行报道，往往先在文章的开头展示他们的成就，接着叙述他们的成长环境、过去的奋斗史以及如何战胜困难并最终获得如今的成就。

例如，《林书豪：“左宗棠”之后纽约最爱的亚洲人》（载《南方周末》2012 年 2 月 24 日天下版），报道首先展示了林书豪在 2 月突然崛起，带领纽约尼克斯队在 NBA 豪取七连胜、打破一系列记录，引发了一波媒体风暴和民众热议出发，接着报道他的求学经历与篮球生涯以及自身的成长背景，突出亚裔球员在美国篮球之路的艰辛与成功之路的不易，并以网友在推特上对林书豪的一句诙谐的评论点题：“林书豪是左宗棠之后纽约人最喜欢的亚洲人”，向读者呈现林书豪对美国民众的影响力，继而在国内造成影响的事实。

第三，故事化手法与倒金字塔式相结合。倒金字塔结构是先将文章中的核心部分放在导语中,吸引读者继续往下读,正文和结尾则按照内容的主次来排列文章的顺序,而故事化的写法一般是按照事件的开端发展结尾这样的顺序来叙述。看似矛盾的两者,在《南方周末》“天下”栏目的国际新闻中结合得很巧妙。

《南方周末》“天下”栏目的国际新闻很多都是先将重点放在文章的导语部分,接着再按照事件的开端、发展、结尾的顺序进行叙述,并且以小标题的形式,将内容分成几部分。将这个片段中最精彩的或最重要的内容在小标题下的开头部分展示出来,以此调动读者的阅读兴趣,使之继续往下读。

例如,《20 年后,俄罗斯想起苏联的好》(载《南方周末》2011 年 11 月 26 日天下版)导语这样写道:

1991 年 12 月 25 日 19 时 32 分,红旗在克里姆林宫降下,这是苏联的旗帜最后一次在这里飘扬。成千上万的人在红场,或者通过电视目睹了这一刻。

2011 年 12 月,随着俄罗斯杜马选举落幕,人群再一次在街头大规模聚集。他们要么高喊着“普京,走人!”要么喊着“普京,挺住!”最紧张的时候,大批军警让人依稀想起 20 年前。只不过,这一次他们不需要面对政变的国家干部,更不必用坦克炮轰议会大厦。

文章导语部分先把最重要的内容展现出来,俄罗斯伴随着两种声音走过 20 年,这里吊足了读者的胃口,使他们想得到事件的真正答案,以及引发读者的思考。《南方周末》国际新闻中以深度报道居多,内容较长,篇幅较大,为了避免读者产生疲劳感,常常出现将故事化手法与倒金字塔相结合的写作手法。

2. 新闻的软处理

国际新闻因其题材偏硬新闻、地域非本土性,往往容易造成严肃、刻板有余,通俗化、可读性不够的情况,也让大多数读者对国际新闻关注度不够,尤其对国际新闻的深度报道避而远之。记者既要全面客观地报道国际新闻,又要写得出彩,好的国际新闻除了能准确客观地将事实的全貌反映给读者,还要能揭示出国际事件背后的意蕴,这就是理想的国际新闻追求的可读性与通俗性。

成功的软化处理能够让国际新闻为受众带来重新审视事件的接受行为,受众在接受新闻的过程中产生了新的感知,对原本严肃的国际新闻报道有了新的理解、新的审视和新的推理,延长了受众的审美感受和想象空间,为受众提供了一个开阔的思维空间。

那么,如何使国际新闻实现“软着陆”呢?

首先,要从提高记者的职业素质出发。记者要有独特的视野、独家的观点,揭示出新鲜、深刻的主题。

其次，以平民化的视角、本地化的思维切入，来报道国际新闻事件。

国际新闻报道平民化，就是指国际新闻能及时报道与百姓生活密切相关的事情，以一种平民意识和态度来选择、处理新闻，使异域新闻能以生动活泼的形式、熟悉且相关的生活体验，或者内容上与本地的相关性，为广大受众所接受。

第三，运用典型国际性人物，以增强国际新闻的可读性、通俗性。

第四，适当地给国际新闻报道注入一些感情色彩，体现人文关怀。

第五，语言的鲜活以及修辞的运用。

国际新闻不受读者欢迎的一个重要原因，就在于报道的语言太过严谨，缺乏生动性、形象感，太过深奥的专业语言或者字数太长太陌生的人名地名，往往使受众远离国际新闻。记者在运用语言时，要有意识地对主观语言进行物化处理，并且根据报道主题使用属于自己风格的语言来叙事，而不是千篇一律使用机械的、固化的表述，做到语言明白、晓畅，让发生在遥远的异国他乡的新闻娓娓道来、清晰明朗。

杨宝军博士曾指出，创新“亲近性文本”是实现跨文化有效传播的重要基础。他认为，“这种‘亲近性’体现在传播者所创造的精神文化文本中，在符号表达方式上，能够与文本解读者比较容易接受的方式相一致，在心理上与文本解读者能够形成某种默契，在时间、空间，特别是利益上与文本解读者相接近”。

如《环球时报》2016 年 12 月 22 日报道的《塔塔集团“宫斗戏”闹上法庭》，以印度国内经济界最热闹的事件——已被罢免的塔塔集团董事长塞勒斯·米斯特里向印度公司法法庭提出上诉，要求罢免其前任同时也是目前塔塔代理董事长拉丹·塔塔和所有董事会成员的职务，这一印度最大的集团公司“前任”与“现任”的争斗为报道对象，以国内受众常见的通俗易懂的语言，形象化地展示异国重大经济新闻，让受众没有经济新闻刻板、硬朗的疏离感，反倒增加更多的趣味性。

四、国际新闻报道的融媒体转型

全媒体时代是传播差距不断扩大的时代，国际新闻竞争从简单的新闻稿件竞争、媒体较量，上升到了技术竞争、媒介环境竞争，甚至整个社会体系、社会结构乃至国民素质的竞争，从根本上说，是国家综合实力的竞争。

在新媒体时代的冲击下，传统国际新闻在生产与传播的所有方面，都进行着迅速的调整与转型，以适应新的变化。

（一）在新闻采集上，主要体现为更加及时、灵活、方便和快捷

由于商业化的冲击和新媒体的快速发展，西方媒体实体驻外机构和人员不断减少。美国研究机构的统计显示，2010 年，美国报纸驻外记者数量较 2003 年

减少了20%以上,但机动灵活的采访则在增加,海外站点布局思路和运作模式悄然生变。如今,当一个重大国际新闻事件发生后,从事国际报道的媒体通常都会派出一个团队“空降”到新闻现场开展报道。“空降式采访”日益普及,在一定程度上降低了建设实体性驻外分社的必要性。美国一些研究者称,就海地地震报道而言,从美国本土空降记者到现场,与从海地首都派出记者效果是一样的。在新媒体技术的支持下,“背包记者”也成为国际新闻界的风潮,一个记者可以完成以往需要一个驻外团队才能完成的工作。“背包记者”的出现,不仅对“蹲守式”海外站点运作模式形成冲击,同时表明,在数字时代海外站点的人员和机构在不断“瘦身”。

另外,在非自采的消息源方面,“公民记者”的作用日益突出,同时由于西方国家网络技术发达,借助互联网提供的交流和传输平台,英美等国的媒体同国外新闻机构的直接合作更多,国际新闻资源向西方媒体流动的渠道更加多样。通过这种跨越国界的合作,媒体无须自己在海外建设实体传播网络,就可获得他国的新闻素材。值得关注的是,这种媒体间的跨国直接合作常常是“跨媒体形态”的。例如,英国《独立报》2009年与法兰西24新闻台和半岛电视台英文频道建立了合作关系,获准在网站上使用这两家的视频素材,而这两家电视台也借助《独立报》延伸了在英国本土的新闻触角。

(二)在新闻生产中,主要体现在多媒体的一体化生产和传统生产方式的变革方面

例如,CNN利用新媒体技术全面改革内部组织结构,打造适合“全媒体”的新闻制作流程。以前,CNN各个频道以及网站都有自己的节目制作部门。在非线性编辑普及和节目全面数字化后,CNN内部建立起了一个能够统管所有素材的总任务台(Media Operation),专门负责处理每天从世界各地传送过来的新闻素材,供各频道和网站以及其他新媒体编辑使用。CNN的电视记者和网站记者不分彼此,有的时候电视记者为网站写稿,有的时候则是网站记者以报告人的身份在电视上露面。这种高效的信息共享机制和组织结构实现了媒体优势资源的共享,节省了人力、物力,也提高了信息传播的效率。

2015年7月,新华社全媒体报道平台开启了“中央厨房”模式。“阵地前移”的同时,在新媒体环境下,随着传统的目标管理向过程管理转化,粗放式向集约式方向发展,记者编辑单打独斗、部门分割,资源信息少协调、少共享的局面正在改变,“大编辑部”成为变革的方向。编辑平台就是一个“会诊”的过程,就是把“团队的位置放到个人前面”,让更多思想和视角释放出来,改变一个记者一个编辑决定一

篇稿子的状态。而同时新闻“策划”的意味更加突出了。

在新闻的写作上,《洛本多矶时报》2012 年开发了机器人写作,2014 年美联社也宣布采用自动化技术报道,利用数据自动生成犯罪、地震或公司新闻,2015 年 8 月,中国的腾讯公司也开始用机器写财经新闻。

（三）在新闻产品方面,融合新闻生产出了综合性的特殊新闻产品

例如,在很多人看来,2012 年 12 月的“雪崩”(Snow Fall)报道,预示着“全媒体”“融合媒介”时代的到来,《纽约时报》还因此获得了 2013 年普利策新闻奖的特稿奖。《纽约时报》不仅设有技术部门,负责将新闻内容实现数字化,延伸到平板电脑和智能手机上,并且还专门设立了以“互动新闻技术部”(Interactive News Technologies Department)为核心的自主研发团队。在《纽约时报》的网站中,专门设有一个名为“Special Issues”的开拓性板块,作为该部门研发媒介融合新技术的演练场,最终成就“雪崩”报道的很多技术手段和制作模式,都是在这里试验出来的。仅 2012 年,《纽约时报》就推出了 60 个互动信息图,每一张都有大量数据在底层作支撑,最终以读者更加容易理解的方式呈现出来。

再如,2014 年 4 月,英国《卫报》因“棱镜门”报道获得了普利策新闻奖中分量最重的公共服务奖,这也是其新媒体转型中“开放新闻”实践的一次成功证明。从 2006 年的开放评论平台、2009 年的开放数据平台、2010 年的开放技术平台到 2011 年以后形成的开放式新闻,在网络和自媒体平台上向读者开放从选题到制作的全过程,不仅重建了媒体平台上的传受关系,使《卫报》占据了世界新闻的前沿,而且还使《卫报》成了数据新闻的先驱者。

（四）在新闻传播过程中,主要体现在多平台的一体化传播和个性传播方面,以求更加有效、快捷、精确地到达目标受众,实现全球化及品质化传播

例如,CNN 利用新媒体集群式发展实现了传播渠道的多样化。通过与社交网站、微博等新媒体的深入合作,对新闻信息进行病毒式传播,获得了信息接触效率的最大化。而通过用户充分的网络共享和互动,CNN 又为自己赢取更多最新新闻和视频内容。

又如,新华电视在 2012 年设立了 CNC 点播台,改变了传统电视的线性播放方式。通过个性化的服务打造“随时、随心、随地收看的‘CNC 全球点播’”,同时还利用 YouTube、Facebook、Twitter 等新媒体推送内容。

目前在美国的新闻发布领域,既有专业的短平快的《华尔街日报》和彭博社,也有草根聚集的推特等各种平台,还有完全订阅化的高端发布 The Information 和 Workaround,等等。

（五）在新媒体环境下，非新闻机构开始进入新闻领域，给国际新闻生产与传播带来了新的变化，传统的传受分离正在被传受互动、传受合一所取代

最早为人所知的是“公民记者”和“公民新闻”。互动新闻则以维基百科为典型，自2001年出现之后到2013年初，维基百科的英文条目已经达到了400多万，而全球282种语言的条目总数超过了2100万，许多重大的新闻事件都可以在这里找到解释，2012年的解密“叙利亚文件”事件还成为重大的国际事件。维基百科实际上是所谓网络“众包”（Crowd sourcing）新闻的一种，由于其人力成本低、参与度高而受到了媒体的欢迎，一些网络及传统媒体网站也开始了“众包”实验。

此外，英美国家一些非媒体机构开始介入国际新闻报道，他们通过培养独立记者，打造国际新闻报道新力量。独立记者能够以比较低的成本完成驻外新闻采访工作，特别是在传媒手段现代化的今天，背包记者成为新闻界的一股潮流。一名独立记者，只要携带电脑、电话和相机，就可以横跨一国进行新闻流程作业。美国霍普金斯大学创办的公共机构“国际报道项目”（International Report Project），就试图通过培养和资助独立记者来填补海外记者站消失后的空白。目的就是资助独立记者去国外采写新闻，并帮助他们寻找发表平台。到2012年，该机构已经资助了300多位新闻工作者，采访范围涉及90多个国家，几乎所有美国主流媒体都曾刊登过IRP受助者的报道。普利策危机报道中心也属于此类。实践证明，通过此种方式，也能顺利地完成质量较高的国际新闻。

“公民新闻”和专业国际新闻的出现具有打破传统媒体的传播垄断，使新闻从“报道”走向“共享”的积极意义。但是从相对消极的角度去理解，这类新闻也进一步消解了国际新闻原本就很脆弱的“专业性”。

在新的媒介环境下，新闻生产与传播环境已经发生了显著的变化。我们可以把这一切用“融合传播”“全景化报道”等概念来加以概括。“融媒时代”的背景主要是经济方面的经济全球化，传播技术方面的新媒体发展和媒介融合，国际政治方面的“软实力”竞争，以及最终呈现的传播全球化的四个方面。“融媒时代”的到来，也为国际新闻的社会影响方面带来了巨大的变化。

“融媒时代”的传播具有传播下沉、受众扩大、速度更快、范围更广、意见更多、易变性强、传播方式更为极端化以及应对和管理难度更高等特点。“融媒时代”的国际报道是传播全球化的深化，也会对国际新闻功能的新开发、国家传播能力的新建设和国际传播格局的新形成产生影响。

参考资料:

[1] 蔡帼芬,徐琴媛:《国际新闻与跨文化传播》,北京广播学院出版社 2003 年版。

[2] 郭庆光:《传播学教程》,中国人民大学出版社 2002 年版。

[3] 李希光,郭晓科:《国际新闻报道的选择性建构和认知框架》,《新闻战线》2011 年第 5 期。

[4] 李希光,郭晓科:《主流媒体的国际传播力及提升路径》,《重庆社会科学》2012 年第 8 期。

[5] 梅婷,袁谦:《当前美国媒体国际新闻报道的特征探究》,《传媒》2014 年第 11 期。

[6] 任峥:《〈南方周末〉"天下"栏目国际新闻报道研究》,河南大学硕士论文,2013 年。

[7] 刘笑盈:《融媒时代国际新闻的新特征》,《新闻战线》2015 年第 10 期。

附　　录

附录一　新闻传播学 CSSCI 来源期刊投稿方式

期刊名称	投稿方式	投稿地址
新闻与传播学(15 种)		
《编辑学报》	E-mail 投稿	邮箱:bjxb_@163. com
《新闻与传播研究》	在线投稿	http://www. xwycbyj. org/
《中国科技期刊研究》	在线投稿	http://cjstp. ijournals. cn/cjstp/ch/index. aspx
《新闻大学》	E-mail 附打印稿	邮箱:xwdx@fudan. edu. cn 地址:上海市邯郸路 440 号复旦大学新闻学院内 邮编:200433　电话:021-65643630
《出版发行研究》	E-mail 投稿	邮箱:cbfx001@sohu. com 邮箱:cbfx001@163. com
《国际新闻界》	在线投稿	http://cjjc. ruc. edu. cn
《现代传播》(中国传媒大学学报)	E-mail 投稿	邮箱:journaicuc@163. com
《出版科学》	在线投稿	http://www. cbkx. com/
《中国出版》	E-mail 投稿	邮箱:zgcb@vip. sina. com
《编辑之友》	E-mail 投稿	邮箱:bianjizhiyou@126. com
《当代传播》	在线投稿	http://www. xjdaily. com/
《新闻界》	E-mail 投稿	邮箱:xinwenjie66@163. com
《新闻记者》	E-mail 投稿	邮箱:xwjz@sumg. com. cn(标题注明“投稿”字样)
《现代出版》	E-mail 投稿 在线投稿	邮箱:xdcbzz@163. com http://www. xdcbzz. cn/
《科技与出版》	在线投稿	http://www. kjycb. com/CN/model/index. shtml
艺术类(10 种)		
《电影艺术》	E-mail 投稿	邮箱:fimart1956@126. com

（续表）

期刊名称	投稿方式	投稿地址
《当代电影》	E-mail 投稿	邮箱：dddyzztg@ 163. com
《世界电影》	E-mail 投稿	邮箱：sjdy@ chinajournal. net. cn
《中国电视》	E-mail 投稿	栏目主持东方：dongfangtv@ vip. sina. com 摄影：Chinatvfx@ vip. sina. com 栏目主持一申：mtv1210@ vip. sina. com 栏目主持大木：damutv@ vip. sina. com 责编闫伟：YanWei8202@ vip. sina. com
《北京电影学院学报》	E-mail 投稿	xuebaobfa@ bfa. edu. cn
《戏剧艺术》	纸质投稿	地址：上海市华山路 630 号 邮编：200040　电话：021-62482920
《戏曲艺术》	E-mail 投稿	邮箱：xqys@ nacta. edu. cn
《文艺研究》	E-mail 投稿	戏剧、影视、音乐、舞蹈、曲艺等：Wyyj04@ sina. com 书法、绘画、摄影等：Wyyj03@ sina. com
《民族艺术》	E-mail 投稿	邮箱：minzuyishu001@ 126. com
《艺术百家》	E-mail 投稿	邮箱：yishubaijia@ 126. com

附录二　新闻传播学 CSSCI 来源集刊投稿方式

集刊名称	投稿方式	投稿地址
《新媒体与社会》	E-mail 投稿	邮箱：sjtuydsy@ 163. com
《符号与传媒》	E-mail 投稿	邮箱：semiotics_media@ 163. com
《北大新闻与传播评论》	E-mail 投稿	邮箱：pkuxwpl@ sina. com

（续表）

集刊名称	投稿方式	投稿地址
《新闻与传播评论》	E-mail 投稿	邮箱:wdjcreview2017@ 126. com
《中国网络传播研究》	E-mail 投稿 另加打印稿	邮箱:cjccnju@ 126. com 通讯地址:中国江苏省南京市汉口路 22 号南京大学新闻传播学院《中国网络传播研究》编辑部 邮编:210093
《中国新闻传播研究》	中国传媒大学出版社发行,高晓红主编,投稿方式未公开	
《中国传媒产业发展报告》	清华大学出版社发行,崔保国主编,投稿方式未公开	

附录三　新闻传播学 SSCI 来源期刊投稿方式

序号	英文刊名	中文译名	类型	投稿地址
1	ARGUMENTATION	《论证》	季刊	E-mail:Gift. Daniel@ springer. com 在线投稿:https://www. editorialmanager. com/argu/default. aspx
2	ASIAN JOURNAL OF COMMUNICATION	《亚洲传播杂志》	半月刊	E-mail:txmhao@ ntu. edu. eg
3	CHINESE JOURNAL OF COMMUNICATION	《中国传播杂志》	季刊	E-mail:cjocrx@ gmail. com 在线投稿:http://cjc. nccu. edu. tw/member. asp
4	COMMUNICATION AND CRITICAL-CULTURAL STUDIES	《传播与批判/文化研究》	季刊	在线投稿:https://mc. manuscriptcentral. com/rccc
5	COMMUNICATION MONOGRAPHS	《传播论丛》	季刊	在线投稿:https://mc. manuscriptcentral. com/rcmm

（续表）

序号	英文刊名	中文译名	类型	投稿地址
6	COMMUNICATION RESEARCH	《传播研究》	半月刊	E-mail：communication_research@ osu. edu
7	COMMUNICATION THEORY	《传播理论》	季刊	E-mail：cs-journals@ wiley. com
8	COMMUNICATIONS -EUROPEAN JOURNAL OF COMMUNICATION RESEARCH	《传播：欧洲传播研究杂志》	季刊	E-mail：communications@ uni-bremen. de 杂志网站：www. communicationsonline. eu
9	COMUNICAR	《传播与教育研究》	半年刊	期刊网站：http://www. revistacomunicar. com/ 期刊网站（中文译版）：http://www. revistacomunicar. com/index. php? &idioma=cn 微博账号：GrupoComunicar
10	CONTINUUM-JOURNAL OF MEDIA & CULTURAL STUDIES	《媒体与文化研究杂志》	半月刊	在线投稿：https://mc. manuscriptcentral. com/ccon
11	CONVERGENCE-THE INTERNATIONAL JOURNAL OF RESEARCH INTO NEW MEDIA TECHNOLOGIES	《融合：国际新媒体技术研究杂志》	季刊	E-mail：Convergence@ beds. ac. uk 在线投稿：http://mc. manuscriptcentral. com/convergence
12	CRITICAL DISCOURSE STUDIES	《批判性话语研究》	季刊	在线投稿：https://mc. manuscriptcentral. com/rcds
13	CRITICAL STUDIES IN MEDIA COMMUNICATION	《媒体传播批评研究》	半月刊	E-mail：authorqueries@ tandf. co. uk 在线投稿：https://mc. manuscriptcentral. com/rcsm

（续表）

序号	英文刊名	中文译名	类型	投稿地址
14	DISCOURSE & COMMUNICATION	《话语与传播》	季刊	E-mail:vandijk@ discourses. org 网站:http://discourses. org/journals/dac 投稿指南:http://www. discourses. org/journals/dac/aims
15	DISCOURSE & SOCIETY	《话语与社会》	半月刊	E-mail:vandijk@ discourses. org 网站:http://discourses. org/journals/das 投稿指南:http://www. discourses. org/journals/das/aims
16	DISCOURSE STUDIES	《话语研究》	半月刊	E-mail:vandijk@ discourses. org 网站:http://discourses. org/journals/dis 投稿指南:http://www. discourses. org/journals/dis/aims
17	ECQUID NOVI-AFRICAN JOURNALISM STUDIES	《非洲新闻学研究》	年三刊	在线投稿:https://mc. manuscriptcentral. com/recq
18	ENVIRONMENTAL COMMUNICATION-A JOURNAL OF NATURE AND CULTURE	《环境传播》	双月刊	在线投稿:https://mc. manuscriptcentral. com/renc 网址:http://www. tandfonline. com/toc/renc20/current
19	EUROPEAN JOURNAL OF COMMUNICATION	《欧洲传播杂志》	半月刊	在线投稿:https://mc. manuscriptcentral. com/ejc
20	GAMES AND CULTURE	《游戏与文化》	半月刊	在线投稿:https://mc. manuscriptcentral. com/games
21	HEALTH COMMUNICATION	《健康传播》	月刊	在线投稿:http://www. editorialmanager. com/hc/default. aspx
22	HUMAN COMMUNICATION RESEARCH	《人类传播研究》	季刊	E-mail:cs-journals@ wiley. com 在线投稿:https://mc. manuscriptcentral. com/hcr

（续表）

序号	英文刊名	中文译名	类型	投稿地址
23	IEEE TRANSACTIONS ON PROFESSIONAL COMMUNICATION	《IEEE 专业传播汇刊》	季刊	E-mail：ieee-tpc@ ieee. org 书评：akr@ txstate. edu 投稿指南：http：//sites. ieee. org/pcs/transactions-of-professional-communication/for-prospective-authors/guidelines-to-follow/
24	INFORMATION COMMUNICATION & SOCIETY	《信息、传播与社会》	月刊	在线投稿：https：//mc. manuscriptcentral. com/rics
25	INTERACTION STUDIES	《交互作用研究》	年三刊	E-mail：k. dautenhahn@ herts. ac. uk E-mail：a. cangelosi@ plymouth. ac. uk 在线投稿：http：//www. editorialmanager. com/is/default. aspx
26	INTERNATIONAL JOURNAL OF ADVERTISING	《国际广告杂志》	半月刊	在线投稿：http：//www. edmgr. com/I-J-A/default. aspx
27	INTERNATIONAL JOURNAL OF COMMUNICATION	《国际传播杂志》	不定期	E-mail：lpgross@ usc. edu 投稿指南：http：//ijoc. org/index. php/ijoc
28	INTERNATIONAL JOURNAL OF CONFLICT MANAGEMENT	《国际冲突管理杂志》	季刊	在线投稿：http：//mc/manuscriptcentral. com/ijcma 投稿指南：http：//www. emeraldgrouppublishing. com/products/journals/call _ for _ papers. htm? id=6964
29	INTERNATIONAL JOURNAL OF MOBILE COMMUNICATIONS	《国际移动通信杂志》	半月刊	在线投稿：https：//www. indersciencesubmissions. com
30	INTERNATIONAL JOURNAL OF PRESS-POLITICS	《哈佛国际新闻与政治杂志》	季刊	书评：cristian. vaccari@ rhul. ac. uk 在线投稿：http：//mc. manuscriptcentral. com/ijpp 投稿指南：https：//uk. sagepub. com/en-gb/asi/the-international-journal-of-presspolitics/journal201283#submission-guidelines

（续表）

序号	英文刊名	中文译名	类型	投稿地址
31	INTERNATIONAL JOURNAL OF PUBLIC OPINION RESEARCH	《国际公众舆论研究杂志》	季刊	在线投稿:https://mc. manuscriptcentral. com/ijpor
32	JAVNOST-THE PUBLIC	《欧洲传播与文化研究院学报》	季刊	E-mail:editor@ javnost-thepublic. org 投稿指南:http://www. tandfonline. com/action/authorSubmission? journalCode = rjav20&page =instructions
33	JOURNAL OF ADVERTISING	《广告杂志》	季刊	在线投稿:https://mc. manuscriptcentral. com/ujoa
34	JOURNAL OF ADVERTISING RESEARCH	《广告研究杂志》	季刊	在线投稿:http://www. editorialmanager. com/jar/default. aspx 投稿指南:http://www. editorialmanager. com/jar/default. aspx E-mail:jareditor@ warc. com
35	JOURNAL OF AFRICAN MEDIA STUDIES	《非洲媒体研究杂志》	年三刊	主编:manow@ wmin. ac. uk 副主编:mchibita@ ucu. ac. ug 评论编辑:Nkosi. Ndlela@ osir. hihm. no
36	JOURNAL OF APPLIED COMMUNICATION RESEARCH	《应用传播研究杂志》	季刊	在线投稿:https://mc. manuscriptcentral. com/rjac
37	JOURNAL OF BROADCASTING & ELECTRONIC MEDIA	《广播与电子媒介杂志》	季刊	在线投稿:https://mc. manuscriptcentral. com/hbem

（续表）

序号	英文刊名	中文译名	类型	投稿地址
38	JOURNAL OF BUSINESS AND TECHNICAL COMMUNICATION	《商务与技术传播杂志》	季刊	E-mail：engljbtc@ iastate. edu 在线投稿：https：//mc. manuscriptcentral. com/jbtc 书评：teston. 2@ osu. edu. 投稿指南：https：//uk. sagepub. com/en – gb/asi/journal – of – business – and – technical – communication/journal200791 # submission –guidelines
39	JOURNAL OF COMMUNICATION	《传播杂志》	半月刊	在线投稿：https：//mc. manuscriptcentral. com/jcom
40	JOURNAL OF COMPUTER–MEDIATED COMMUNICATION	《计算机媒介传播》	季刊	E-mail：jcmceditor@ gmail. com 在线投稿：https：//mc. manuscriptcentral. com/jcmc 投稿指南：http：//onlinelibrary. wiley. com/journal/10. 1111/（ISSN）1083–6101/homepage/ForAuthors. html
41	JOURNAL OF HEALTH COMMUNICATION	《健康传播杂志》	月刊	在线投稿：https：//mc. manuscriptcentral. com/uhcm
42	JOURNAL OF LANGUAGE AND SOCIAL PSYCHOLOGY	《语言与社会心理学杂志》	季刊	在线投稿：https：//mc. manuscriptcentral. com/jlsp E-mail：howiegiles@ cox. net 投稿指南：https：//uk. sagepub. com/en – gb/asi/journal – of – language – and – social – psychology/journal200830 # submission – guidelines
43	JOURNAL OF MASS MEDIA ETHICS	《大众媒介伦理学杂志》	季刊	在线投稿：https：//mc. manuscriptcentral. com/hmme
44	JOURNAL OF MEDIA ECONOMICS	《媒体经济学杂志》	季刊	在线投稿：https：//mc. manuscriptcentral. com/hmec

（续表）

序号	英文刊名	中文译名	类型	投稿地址
45	JOURNAL OF MEDIA PSYCHOLOGY-THEORIES METHODS AND APPLICATIONS	《媒介心理学：理论、方法与实务》	季刊	主编邮箱：nicole. kraemer@ uni-due. de 编辑助理邮箱：german. neubaum@ uni-due. de 在线投稿：http://www. editorialmanager. com/jmp. 投稿指南：https://us. hogrefe. com/fileadmin/user_upload/global/journals/Hogrefe_Publishing/Journal _ of _ Media _ Psychology/zmp _ author _ instructions_general_2016-09-07. pdf
46	JOURNAL OF PUBLIC RELATIONS RESEARCH	《公共关系研究杂志》	季刊	E-mail：bsha@ mail. sdsu. edu 在线投稿：https://mc. manuscriptcentral. com/HPRR 投稿指南：http://www. tandfonline. com/action/authorSubmission? journalCode = hprr20&page =instructions
47	JOURNAL OF SOCIAL AND PERSONALRELA-TIONSHIPS	《社会与人际关系杂志》	半月刊	在线投稿：https://mc. manuscriptcentral. com/jspr 投稿指南：https://uk. sagepub. com/en - gb/asi/journal/journal - social - and - personal - relationships#submission-guidelines
48	JOURNAL OF THE SMPTE-SOCIETY OF MOTION PICTURE AND TELEVISION ENGINEERS	《电影与电视学会杂志》	月刊	E-mail：membership@ smpte. org 官网：http://www. smpte. org/publications/journal
49	JOURNALISM	《新闻业》	半月刊	E-mail：h. tumber@ city. ac. uk 在线投稿：https://mc. manuscriptcentral. com/journalism 投稿指南：https://uk. sagepub. com/en - gb/asi/journal/journalism#submission-guidelines

（续表）

序号	英文刊名	中文译名	类型	投稿地址
50	JOURNALISM & MASS COMMUNICATION QUARTERLY	《新闻学与大众传播季刊》	季刊	E-mail:louisah@ bgsu. edu E-mail:jmcq. electronic@ gmail. com 在线投稿:https://mc. manuscriptcentral. com/jmcq 投稿指南: https://uk. sagepub. com/en – gb/asi/journalism–mass–communication–quarterly/journal202061#submission–guidelines
51	JOURNALISM STUDIES	《新闻学研究》	半月刊	在线投稿:https://mc. manuscriptcentral. com/rjos
52	LANGUAGE & COMMUNICATION	《语言与交流》	季刊	在线投稿: https://www. evise. com/profile/#/LAC/login
53	MANAGEMENT COMMUNICATION QUARTERLY	《管理传播季刊》	季刊	E-mail:psias@ E-mail. arizona. edu 在线投稿:https://mc. manuscriptcentral. com/mcq 投稿指南: https://uk. sagepub. com/en – gb/asi/management–communication–quarterly/journal200821#submission–guidelines
54	MASS COMMUNICATION AND SOCIETY	《大众传播与社会》	半月刊	在线投稿:https://mc. manuscriptcentral. com/mcas
55	MEDIA CULTURE & SOCIETY	《大众媒介、文化与社会》	半月刊	在线投稿:https://mc. manuscriptcentral. com/MCS 投稿指南: https://uk. sagepub. com/en – gb/asi/journal/media – culture – society # submission –guidelines
56	MEDIA INTERNATIONAL AUSTRALIA	《澳大利亚国际媒体》	季刊	在线投稿:https://mc. manuscriptcentral. com/mia 投稿指南: https://uk. sagepub. com/en – gb/asi/media–international–australia/journal202478%20#submission–guidelines
57	MEDIA PSYCHOLOGY	《媒介心理学》	季刊	在线投稿:https://mc. manuscriptcentral. com/mep 投稿指南:http://www. tandfonline. com/action/authorSubmission? journalCode = hmep20&page =instructions

（续表）

序号	英文刊名	中文译名	类型	投稿地址
58	NARRATIVE INQUIRY	《叙事探究》	半年刊	E-mail：narrinquiry@ clarku. edu 在线投稿：http://www. editorialmanager. com/nain/default. aspx 期刊网站：https://www. benjamins. com/catalog/ni
59	NEW MEDIA & SOCIETY	《新媒体与社会》	半月刊	E-mail：sjones@ uic. edu 在线投稿：https://mc. manuscriptcentral. com/nms 投稿指南：https://uk. sagepub. com/en - gb/asi/journal/new - media - society # submission-guidelines
60	PERSONAL RELATIONSHIPS	《人际关系》	季刊	在线投稿：https://mc. manuscriptcentral. com/pere 期刊网站：http://onlinelibrary. wiley. com/journal/10. 1111/(ISSN)1475-6811 投稿指南：http://onlinelibrary. wiley. com/journal/10. 1111/(ISSN)1475-6811/homepage/ForAuthors. html
61	POLITICAL COMMUNICATION	《政治传播》	季刊	在线投稿：https://mc. manuscriptcentral. com/upcp 投稿指南：http://www. tandfonline. com/action/authorSubmission? journalCode = upcp20&page =instructions
62	PUBLIC OPINION QUARTERLY	《公共舆论季刊》	半月刊	在线投稿：https://mc. manuscriptcentral. com/poq E-mail：cindy. d. kam@ vanderbilt. edu
63	PUBLIC RELATIONS REVIEW	《公共关系评论》	半月刊	在线投稿：https://www. evise. com/profile/#/PUBREL/login
64	PUBLIC UNDERSTANDING OF SCIENCE	《科学的公众认识》	半月刊	E-mail：Public. Understanding. Science. Journal. Editor@ lse. ac. uk 书评：angela. cassidy@ gmail. com 投稿指南：https://uk. sagepub. com/en - gb/asi/journal/public - understanding - science # submission-guidelines

（续表）

序号	英文刊名	中文译名	类型	投稿地址
65	QUARTERLY JOURNAL OF SPEECH	《演说季刊》	季刊	在线投稿：https://mc. manuscriptcentral. com/rqjs
66	RESEARCH ON LANGUAGE AND SOCIAL INTERACTION	《语言与社会应对研究》	季刊	E-mail：rolsi@ Lboro. ac. uk 投稿指南：http://www. tandfonline. com/action/authorSubmission? journalCode = hrls20&page =instructions
67	RHETORIC SOCIETY QUARTERLY	《社会学研究》	半月刊	在线投稿：https://mc. manuscriptcentral. com/rrsq 投稿指南：http://www. tandfonline. com/action/authorSubmission? journalCode = rrsq20&page =instructions
68	SCIENCE COMMUNICATION	《科学传播》	半月刊	E-mail：editorscicom@ gmail. com 在线投稿：http://mc. manuscriptcentral. com/sc 书评：billingslinda1@ gmail. com 投稿指南：https://uk. sagepub. com/en – gb/asi/journal/science – communication # submission –guidelines
69	SOCIAL SEMIOTICS	《社会征候学》	半月刊	E-mail：socialsemioticsjournal@ gmail. com. 投稿指南：http://www. tandfonline. com/action/authorSubmission? journalCode = csos20&page =instructions
70	TECHNICAL COMMUNICATION	《技术传播》	季刊	在线投稿：https://mc. manuscriptcentral. com/tcq
71	TELECOMMUNI-CATIONS POLICY	《电信政策》	月刊	在线投稿：https://www. evise. com/profile/#/JTPO/login

（续表）

序号	英文刊名	中文译名	类型	投稿地址
72	TELEVISION & NEW MEDIA	《电视与新媒体》	半月刊	E-mail:tvnmeditorial@ tulane. edu E-mail:tvnm. editorial@ ucd. ie E-mail:diane. negra@ ucd. ie 书评:celesteg@ email. arizona. edu 或 J. V. A. Cabanes@ leeds. ac. uk 在线投稿:http://mc. manuscriptcentral. com/tvnm 投稿指南: https://uk. sagepub. com/en – gb/asi/television – new – media/journal200756 # submission-guidelines
73	TEXT & TALK	《文章和谈话》	半月刊	E-mail:TEXTandTALK@ cardiff. ac. uk 主编邮箱:textandtalk@ cardiff. ac. uk 投稿指南: https://www. degruyter. com/view/j/text
74	TIJDSCHRIFT VOOR COMMUNICATIE WETENSCHAP	《传播研究学刊》	季刊	E-mail:tvc@ uva. nl 投稿指南:http://www. nefca. eu/page/tvc. aspx
75	THE TRANSLATOR	《翻译者》	年三刊	在线投稿: http://www. edmgr. com/rtrn/default. aspx 投稿指南:http://www. tandfonline. com/action/journalInformation? show=aimsScope&journal Code=rtrn20
76	VISUAL COMMUNICATION	《视觉传播》	季刊	E-mail:teal. triggs@ rca. ac. uk E-mail:jeffbezemer@ gmail. com E-mail:paul. white@ aut. ac. nz 在线投稿:http://mc. manuscriptcentral. com/vcj
77	WRITTEN COMMUNICATION	《书面传播》	季刊	E-mail:writtencomm@ umn. edu 投稿指南: https://uk. sagepub. com/en – gb/asi/written – communication/journal200767 # submission-guidelines

附录四　新闻传播学全国中文核心期刊投稿方式

刊物名称	投稿邮箱	联系电话
《青年记者》	qnjzbj@ qq. com	0531-85196410
《出版广角》	cbgj48-84@ 163. com	
《电视研究》	dshyj@ hotmail. com	
《中国广播电视学刊》	gdxk3458@ 163. com	010-86093458
《中国编辑》	zgbj@ vip. sina. com	
《新闻界》	xinwenjie66@ 163. com	
《当代电视》	dangdaitv@ sohu. com dangdaitv@ vip. 163. com	010-64258661
《中国记者》	zgjz@ xinhua. org	010-63073082 010-63074754
《新闻战线》	rmrbnewsfront@ 163. com	010-65091917
《新闻与写作》	xwyxz@ bjd. com. cn	010-85204036
《新闻爱好者》	xwahz@ sina. com	0371-65795932
《戏剧》	xuebao@ zhongxi. cn	
《电影评价》	filmreview@ 163. com	0851-5825939
《电影新作》	nfw52@ sh163. net	021-64335788
《传媒》	chuanmeizazhi@ 163. com	010-51259175
《读书》	sdxdushu@ vip. sina. com	

附录五　新闻传播学非核心类学术期刊投稿方式

刊物名称	投稿邮箱	联系电话
《视听界》	shitingjie@ tom. com	025-83287969
《声屏世界》	jxspsj@ 126. com	0791-8316904
《军事记者》	jsjz@ jfjb. com. cn	010-66720796
《传媒评论》	mediacircle@ sina. com	0571-85310312
《传媒观察》	cmgc@ xhby. net	025-84702171
《新闻知识》	xwzs@ sohu. com	029-82267260
《今传媒》	sxjcm@ sohu. com	
《新闻传播》	xwcbe@ 163. net	
《浙江传媒学院学报》	zjcmxb@ 163. com	
《湖南大众传媒职业技术学院学报》	PY1719@ Yahoo. com. cn	
《现代视听》	xiandaishiting@ 163. com	
《中国传媒科技》	cmkj@ xinhua. org	
《新闻前哨》	xwqs@ cnhubei. com	
《新闻采编》		
《东南传播》	dncbtougao@ 163. com	
《国际传播》	gjcb@ cri. com. cn	010-68891385

（续表）

刊物名称	投稿邮箱	联系电话
《国际广播影视》	gjgb@ cri. com. cn	
《中国广播影视》	gbys7166@ sina. com	
《中国广播》	zggb@ cnr. cn	
《新闻窗》	gzxwc@ vip. sina. com	
《南方电视学刊》	southtv@ 21cn. com	
《西部电视》	xbds@ vip. 163. com	
《西部广播电视》	scyingxiang@ 163. com	
《荧屏内外》	ypnw@ webmail. ahtv. cn	
《广告大观》	adp@ vip. 163. com	
《写作》	writing@ whu. edu. cn	
《网络传播》	wlcb6688@ 126. com	
《教育传媒研究》	jycmyj@ 163. com	010-66490099 转 8301
《法治新闻传播》	wlwu_hl@ 126. com	
《现代交际》	xiandaijiaoji2009@ 163. com	
《新闻研究导刊》	xwdk66@ 163. com	
《新传播》	1754352384@ qq. com xin_chuanbo@ foxmail. com	
《传播与版权》	cbybqzz@ 163. com	
《城市党报研究》	csdb@ wxrb. com	
《传媒透视》	chuanmeitoushi@ 163. com	（内刊）
《传媒纵横》	hzjx1108@ qq. com	（内刊）

附录六 中外新闻传媒投稿邮箱[①]

一、新闻类投稿邮箱

■《人民日报》

总邮箱 rmrb@ peopledaily. com. cn

读者来信版 rmrbdzlx@ 126. com rmrbdzlx@ sina. com 010-65368495

绿色家园版 rmrbls@ yahoo. cn

文教周刊 rmrbjy@ 163. com

民生周刊 rmrbmszk@ sina. cn

国防周刊 rmrbgf@ 126. com

民主政治周刊 rmrbmzzz@ 126. com

统一战线版 rmrbtyzx@ 126. com

理论版“学术信息”栏目 lilunbu@ peopledaily. com. cn

“国际副刊”栏目 gjfk@ pd. people. com. cn(风貌通讯)

经济周刊 rmrbjjzk@ sina. com

科技视野版 rmrbkj@ yahoo. com. cn

财经纵横版 rmrbcjzh@ 163. com

新青年版 rmrbyouth@ 126. com

■《人民日报·海外版》 peoplehwb@ VIP. 163. com

要闻版 dieryw@ sina. com

神州速览版 hwbjjb@ sina. com

海西周刊 gtbhwb@ people. cn

旅游天地版 hwbtravel@ 126. com

① 由于版面调整、编辑变动等原因,一些媒体的投稿邮箱可能发生变更。

台港澳版　gtbhwb@ people. cn

■《光明日报》

要闻版　gmrbjjsh@ gmw. cn

教科新闻版　gmrbjk@ gmw. cn

文化新闻版　gmrbwhxw@ gmw. cn

大视野版　gmrbgc@ 163. com

军事版　jsb@ gmw. cn

人物版　gmrbrw@ 126. com

教育周刊　wqh1219@ gmw. cn

大学生活版　xiaoyuan@ gmw. cn

职业教育版　lyc@ gmw. cn

同舟版(政协新闻)　gmrb@ 139. com

平安版　pazg@ gmrbwhxw@ gmw. cn

书林　jmjjb@ gmw. cn

经济周刊　jmjjb@ gmw. cn

■《经济日报》

创周刊　jjrbczk@ 163. com

人物　jjrbrw@ 163. com

企业　jjrbqyb@ 163. com

今日财经　jjrbjrcj@ 163. com

环球财经　gjb@ ced. com. cn

经济观察　mzjjgc@ 163. com

企业报道　jjrbqybd@ 126. com

三农报道　jjrbncxwb@ sina. com

民生观察　jjrb_ms@ 163. com

新视野　xinshiye@ foxmail. com

文化产业　qiaosy@ ced. com. cn

旅游经济　sheying@ ced. com. cn

理论周刊　plb100909@ yahoo. com. cn

观察与借鉴　gjb@ ced. com. cn

经济与法　jjrb_jjyf@ 163. com

文化副刊　hedx@ sina. com

国防天地　jjrbgftd@163.com
自主创新周刊　chenjh@ced.com.cn
新兴产业　hanji@ced.com.cn
自主品牌　jjrbzzpp@126.com
生态经济　jjrb_earth2012@163.com
调研之页　jjrbdyzy@126.com

■《中国教育报》

新闻线索征集　xinwen@edumail.com.cn
课程周刊　jybjiaoshi@vip.163.com
区域周刊　jybqyjy@sina.com
高教周刊　tang8438@aliyun.com
职教周刊　zjzk@edumail.com.cn
校长周刊　jybxiaozhang@126.com
读书周刊　dushuzhoukan@163.com
家庭教育版　jiatingjiaoyu@edumail.com.cn

■《中国青年报》

头版　cyd@cyd.net.cn
综合新闻版　zqbzbs@sina.cn
经济版　jingji@cyd.net.cn
聚焦版　fengsheng@cyd.net.cn
教育·科学版　jiaoyu@cyd.net.cn
青春热线版　cydqcrx@163.com
青年调查版　qingdiao@cyd.net.cn
共青视点版　gongqing66@126.com
数字青年版　digitalyouth@126.com
冰点周刊　xinyuzhou@vip.sina.com
冰点·人物版　qqyx@live.cn
冰点·探索版　yangfang@cyd.net.cn
特别报道版　tebiebaodao@sina.com
摄影版　zqbsyb@163.com
法治·社会版　fzsh2000@126.com

■《解放军报》

要闻版　jfjbeb@ jfjb. com. cn

军旅文化版　jbjlwh@ 163. com

军网天地版　jwtd81@ 126. com

部队新闻版　jbzgxw@ 163. com　jsztjfjb@ 163. com

军民视窗版　jmsc@ jfjb. com. cn

人物纪实版　sbmk81@ 126. com

读者之友版　jfjbdzzy@ 163. com

体育新闻版　jbtycool@ 163. com

专题新闻版　jbzgzt@ 163. com

热点观察版　jfjbrdgc@ 163. com

国防后备军版　jbgfhbj@ 163. com

党的建设版　jfjbhc@ sina. com

■《人民公安报》　zbs@ cpd. com. cn　010-83731018

■《人民武警报》　rmwjb@ 163. com　010-68794468

■《中国国防报》(民兵预备役、军训新闻)　zggfb@ jfjb. com. cn

■《人民法院报》　fyxw@ rmfyb. cn

■《检察日报》

综合新闻　zbs@ jcrb. com

廉政周刊　zhangx@ jcrb. com

预防版　sym@ jcrb. com

阳光版　gaobin@ jcrb. com

清风版　xbl@ jcrb. com

基层采风版　jccf@ jcrb. com

视点版　lhfk8@ vip. 163. com

■《法制日报》

综合新闻版　zhengfazongzhi@ 126. com

政法司法版　sifaxw@ 126. com

政府法治版　jingji813@ 126. com

案件版　shidianxinwen@ 126. com

人大立法版　rendaxw@ 126. com

社区版　fzrbsqb@ 126. com

■《科技日报》

新闻中心　电话 010-58884080　传真 010-58884050

综合新闻版　zbs@ stdaily. com

教育观察版　linlj@ stdaily. com

中国武警版　beijingzq@ gmail. com

■《文汇报》　whb@ whb. cn

二、评论类投稿邮箱

■《人民日报》

评论版　rmrbpl@ 163. com

读者来信版　rmrbdzlx@ 126. com　rmrbdzlx@ sina. com

百姓生活版　rmrbsmz@ 126. com

文艺评论版　wenyipl@ 163. com

文教周刊　rmrbjy@ 163. com

“今日谈”栏目　rmrbjrt@ 163. com(标明“今日谈投稿”)

“人民论坛”栏目　rmrbltan@ 163. com

“环球走笔”栏目　gjpl@ pd. people. com. cn(国际新闻评论)

“国际论坛”栏目　gjpl@ pd. people. com. cn(国际新闻评论)

“经济透视”栏目　gjjk@ pd. people. com. cn(国际财经评论)

“文苑”　wenyuan@ peoplemail. com. cn(文化评论)

“读书管见”　rmdushu@ sina. com

“党员论坛”栏目　jiangjie@ peopledaily. com. cn

“党员来信”　rmrbdylx@ 126. com

“民生·民声”栏目　rmrbmszk@ sina. com

■《光明日报》

“光明时评”　gmpinglun@ gmail. com

“光明论坛”栏目　pinglunbu@ gmw. com. cn

书评　shuping@ gmw. cn

理论实践版　gmrbsj@ gmw. cn

■《经济日报》时评版　mzjjgc@ 163. com

■《中国教育报》

评论版　jybpinglun@ vip. 163. com

“教育论坛”栏目　lil@ edumail. com. cn

■《中国青年报》青年话题（评论版） myear@ vip. sina. com

■《南方周末》读者来信 nfzmreview@ vip. 163. com

■《新京报》时事评论部 shepingbj@ vip. sina. com shepingbj@ vip. 163. com

■《南方都市报》时评版 shipingban1@ vip. sina. com

■ 中国台湾《旺报》 tw@ wangt-daily. com

■ 中国台湾《中国时报》 news. ct@ chinatimes. com. tw

■ 中国香港《大公报》 tkporg@ takungpao. com

■《半月谈》“校园话题”专栏 xiaoyuan_byt@ 163. com

■《新民周刊》 bdwl3801@ yahoo. com. cn

■《中国新闻周刊》 reader@ chinanews. com. cn

■《瞭望新闻周刊》 liaowang@ public. fhnet. cn. net

■《南风窗》 dzgdnfc@ vip. sina. com

读者来信 window@ vip. 163. com

■《人民论坛》 rmlt@ peopledaily. com. cn

■ 中国《China Daily》 opinion@ chinadaily. com. cn letters@ chinadaily. com. cn

■ 英国《泰晤士报》 letters@ thetimes. co. uk

■ 英国《独立报》 letters@ independent. co. uk

■ 美国《华盛顿邮报》 letters@ washpost. com

■ 美国《纽约时报》 letters@ nytimes. com

■ 美国《今日美国报》 editor@ usatoday. com

■ 美国《芝加哥论坛报》 ctc-TtibLetter@ tribune. com

■ 新加坡《联合早报》 zbyanlun@ sph. com. sg

■ 日本《朝日新闻》中文网 xxrb@ asahi. com

■ 澳大利亚《悉尼先驱晨报》 newsdesk@ smh. com. au Letters@ smh. com. au

■ 澳大利亚《澳洲每日电讯报》 letters@ dailygraph. com. au

■ 澳大利亚《澳大利亚人报》 feedback@ theaustralian. com. au

■ 澳大利亚《澳大利亚金融观察报》 afreditor@ afr. com. au

■ 澳大利亚《时代报》 newstips@ theage. com. au

附录七　学术论文格式规范

学术论文的格式规范多种多样。不同期刊的格式规范、不同培养单位的学位论文格式规范、不同学术会议的论文格式规范,都可能不同。撰写论文之前,最好比照规定的格式规范完成论文。

论文的格式规范,涉及标题、摘要、关键词、字体、字号、图标序号等方面,比较容易出错的是注释、参考文献的格式。

注释是对正文的补充说明,参考文献则是对撰写过程中参考过的文献作出说明。在论文撰写过程中,如有对他人著作的引用,一定要加以说明,以示对他人著作权的尊重(否则涉嫌抄袭剽窃),并为编辑、读者、后来的研究者提供核实、查阅的便利。

参考文献的格式规范,不同于注释的格式规范,更加严格一些。注释可以采用参考文献的常用格式,也可以不采用,其形式较为灵活。

参考文献是作者写作论著时所参考的文献书目,一般集中列于文末;注释是对论著正文中某一特定内容的进一步解释或补充说明,一般排印在该页地脚。参考文献序号一般用方括号标注,而注释用数字加圆圈标注(如①②)。

参考文献按在正文中出现的先后次序列于文后:以“参考文献”(左顶格或居中)作为标识;参考文献的序号左顶格,并用数字加方括号表示,如[1][2],以与正文中的指示序号格式一致。每一参考文献条目的最后均以“.”结束。

在《中国学术期刊(光盘版)检索与评价数据规范》①中,各类参考文献条目的编排格式及示例如下:

(一)专著、论文集、学位论文、报告

[序号]主要责任者. 文献题名[文献类型标识]. 出版地:出版者,出版年. 起

① 详见 http://www.journal.tzc.edu.cn/caj.htm。

止页码(任选).

专著

[1] 刘国钧,陈绍业,王凤翥. 图书馆目录[M]. 北京:高等教育出版社,1957. 15-18.

论文集

[2] 辛希孟. 信息技术与信息服务国际研讨会论文集:A 集[C]. 北京:中国社会科学出版社,1994.

学位论文

[3] 张筑生. 微分半动力系统的不变集[D]. 北京:北京大学数学系数学研究所,1983.

报告

[4] 冯西桥. 核反应堆压力管道与压力容器的 LBB 分析[R]. 北京:清华大学核能技术设计研究院,1997.

(二)期刊文章

[序号]主要责任者. 文献题名[J]. 刊名,年,卷(期):起止页码.

[5] 何龄修. 读顾城《南明史》[J]. 中国史研究,1998,(3):167-173.

[6] 金显贺,王昌长,王忠东,等. 一种用于在线检测局部放电的数字滤波技术[J]. 清华大学学报(自然科学版),1993,33(4):62-67.

(三)论文集中的析出文献

[序号]析出文献主要责任者. 析出文献题名[A]. 原文献主要责任者(任选). 原文献题名[C]. 出版地:出版者,出版年. 析出文献起止页码.

[7] 钟文发. 非线性规划在可燃毒物配置中的应用[A]. 赵玮. 运筹学的理论与应用——中国运筹学会第五届大会论文集[C]. 西安:西安电子科技大学出版社,1996. 468-471.

(四)报纸文章

[序号]主要责任者. 文献题名[N]. 报纸名,出版日期(版次).

[8]谢希德. 创造学习的新思路[N]. 人民日报,1998-12-25(10).

(五)电子文献

[序号]主要责任者. 电子文献题名[电子文献及载体类型标识]. 电子文献的出处或可获得地址,发表或更新日期/引用日期(任选).

引自网页

[9] 王明亮．关于中国学术期刊标准化数据库系统工程的进展[EB/OL]. http://www.cajcd.edu.cn/pub/wml.txt/980810-2.html,1998-08-16/1998-10-04.

引自光盘

[10] 万锦坤．中国大学学报论文文摘(1983-1993)英文版[DB/CD]. 北京：中国大百科全书出版社,1996.

(六)各种未定义类型的文献

[序号]主要责任者．文献题名[Z]. 出版地:出版者,出版年．

[11] 沈颢.21 世纪新闻学院教程(第一卷)[Z]. 广州:21 世纪报系,2006.

后　　记

2008年至今，我在南昌大学执教“高级新闻写作”“报刊实务”“高级新闻采编实务”“新闻采编研究”等研究生课程。在过去的10年里，我四处调研，不断积累资料，撰写发表相关论文，寻找合作伙伴，只为出版本书。

本书涉及的题材丰富而前沿，许多师生、传媒人参与编写。

参与第一章编写的有：王卫明（南昌大学）、刘园园（南昌大学）、李珊（南昌大学）、李志锋（南昌陆军学院）、甘昕鑫（“法律眼”联合创始人）、吴锋（西安交通大学）。

参与第二章编写的有：王卫明（南昌大学）、曾绯（南昌大学）、李铧生（东华理工大学）、陈斯洁（南昌大学）、雷敖（南昌电视台《特攻组》栏目负责人）、张绪鸿（中国江西网编采中心）。

参与第三章编写的有：王卫明（南昌大学）、黄仕琼（南昌日报社）、张力（民生银行）、彭淑明（德林社）、陈文刚、戴玉婷等。

参与第四章编写的有：胡玉菡（正义网）、甘昕鑫（“法律眼”联合创始人）、王卫明（南昌大学）。

参与第五章编写的有：王卫明（南昌大学）、王建华（新华社）、吕俊平（《军事记者》杂志社）、陈海强（陆军驻京某部）、林晶珂（南昌大学）、高兴（南昌大学）、袁鹏（中铁建设集团）。

参与第六章编写的有：王卫明（南昌大学）、刘文浩（南昌大学）、书红（新京报社）、许英剑（新京报社）、钟鸣（南昌大学）。

参与第七章编写的有：黄仕琼（南昌日报社）、王卫明（南昌大学）。

参与第八章编写的有：王卫明（南昌大学）、王娟（南昌大学）、邓惠兴（南昌大学）、沈栋琴（杭州恩牛网络技术有限公司）、纪佩吉（江西科技师范大学理工学院）、熊婧婧（南昌大学）。

本书的出版受到南昌大学研究生院创新人才培养经费资助，亦获得南昌大学新闻与传播学院院长陈信凌教授、南昌大学新闻与传播学院副院长周云倩教授、南昌大学新闻与传播学院研究生办公室主任卢洁萍的推动。南昌大学研究生郑艳琦、王媛媛、程飞、周碧娇、李华龙、王楠、蔡妤荻和南昌大学本科生程高祥、江西科技师范大学本科生王文瑾帮我整理了论文和投稿方式。王媛媛帮我收集了 SSCI 期刊的投稿方式。

感谢南昌大学教师曾绯、李淑欢、楼宁和江西商务技师学院教师况水平协助我搜集资料。

在一线调研过程中，本书编写组还得到江西日报社社长王晖、江西手机报总编辑黄新阳、江西日报社新媒体部主任吴志刚、德林社黄利明、证券时报社记者胡飞军、新京报社记者李春平、新京报社记者赵朋乐、新京报社记者游天燚、经济观察报社记者韩宋辉、马孔多(北京)文化有限公司艾国永、人民日报社记者魏本貌、南昌电视台记者雷敖、南昌电视台主持人陈亦楠等传媒人的支持。

中国应用新闻传播学研究委员会会长张志安(中山大学传播与设计学院院长)、北京师范大学新闻传播学院副院长张洪忠教授、浙江大学传媒与国际文化学院副院长韦路教授、清华大学新闻与传播学院专业硕士项目主任曾繁旭等专家也为本书提供了支持。

研究生课程是开放的、探索性的，研究生教材也是如此。欢迎各位读者对本书的完善提供宝贵意见，欢迎其他专家参与后续版本的编写！

@新闻教师-王卫明

2017年3月5日